汽车维修专项能力提升书系

汽车电路图识读
从入门到精通

（基础篇）

刘青山 等 编著

机械工业出版社

鉴于汽车后市场对维修电动汽车智能网联系统的需求日益增长，本书特别聚焦于不同车型的电路图识读与理解，旨在帮助读者从基础开始，掌握系统工作原理和汽车电路图的识读技巧。本书主要内容包括汽车电路基础、汽车电路图种类与识读方法、汽车基础电气系统组成及电路图识读、汽车动力系统基本组成与电路图识读、安全舒适系统基本组成与电路图识读、高级驾驶辅助系统（ADAS）基本组成与电路图识读、常见品牌汽车电路图特点及识读方法。

本书可作为汽车电器维修工入门自学用书，也可作为职业院校汽车类专业学生的参考用书。

图书在版编目（CIP）数据

汽车电路图识读从入门到精通.基础篇 / 刘青山等编著. -- 北京：机械工业出版社，2025.1. --（汽车维修专项能力提升书系）. -- ISBN 978-7-111-77812-7

Ⅰ.U463.62

中国国家版本馆 CIP 数据核字第 2025QU5791 号

机械工业出版社（北京市百万庄大街22号　邮政编码100037）
策划编辑：谢　元　　　　　　责任编辑：谢　元
责任校对：王荣庆　刘雅娜　　封面设计：张　静
责任印制：单爱军
中煤（北京）印务有限公司印刷
2025年5月第1版第1次印刷
184mm×260mm・20印张・484千字
标准书号：ISBN 978-7-111-77812-7
定价：99.90元

电话服务　　　　　　　　网络服务
客服电话：010-88361066　　机　工　官　网：www.cmpbook.com
　　　　　010-88379833　　机　工　官　博：weibo.com/cmp1952
　　　　　010-68326294　　金　书　网：www.golden-book.com
封底无防伪标均为盗版　机工教育服务网：www.cmpedu.com

前言

随着传统能源及环境问题的日益凸显，电子技术的迅猛发展，以及民众对汽车舒适性要求的不断提升，汽车产业正逐步迈向电动化、网联化、智能化、共享化的"四化"新时代。众多汽车制造商积极响应，纷纷推出纯电动汽车与混合动力汽车。与此同时，以5G技术为引领的通信技术革新，更是加速了汽车网联化的进程，使高级驾驶辅助系统（ADAS）与汽车的电动化、网联化形成良性互动，相得益彰。

在此背景下，汽车内部"四化"设备的普及，对系统安全稳定运行提出了更高要求，促使了控制模块的增多与线束的复杂化，汽车电路的复杂程度也随之急剧攀升。汽车电路图作为这些系统的基础，不仅是汽车设计、制造的核心要素，更是汽车维修与故障诊断不可或缺的重要依据。针对纯电动汽车与混合动力汽车特有的高低压双电路设计，本书深入剖析了高压安全与干扰防护，以及维修保养人员在高压电路安全断电、检测、维修方面的专业技能需求。同时，对于网联化与智能化领域，通过详尽阐述相关传感器（如探测雷达、摄像头等）与控制器的原理及功能，强调了掌握传感器原理与系统控制方式对于维修检测此类系统的重要性。

鉴于汽车后市场对维修电动汽车智能网联系统的需求日益增长，本书特别聚焦于相关电路图的识读与理解，旨在帮助读者掌握系统工作原理。针对汽车制造商间电路图绘制标准不统一的问题，本书从基础入手，详细解析了汽车高低压电路的组成、基础元器件、各品牌电路符号、导线颜色等关键要素，并辅以丰富的识图方法示例与"四化"系统电路识读技巧。

本书可作为汽车电器维修工入门自学用书，也可作为职业院校汽车类专业学生的参考用书。鉴于编者水平有限，书中难免存在不足之处，恳请各位读者批评指正。

编　者

目录

前言

第1章　汽车电路基础 1

1.1 汽车电工基本知识 2
- 1.1.1 电荷产生的过程 2
- 1.1.2 电压 3
- 1.1.3 电流 3
- 1.1.4 电阻 3
- 1.1.5 电压、电流、电阻之间的关系（欧姆定律） 4

1.2 汽车电路组成与特点 4
- 1.2.1 电路基本组成 4
- 1.2.2 汽车电路特点 6

1.3 汽车低压电器元件 11
- 1.3.1 导线、线束、插接器 11
- 1.3.2 继电器和熔丝 18
- 1.3.3 开关、配电盒 23
- 1.3.4 组合仪表及智能座舱 31

第2章　汽车电路图种类与识读方法 33

2.1 原理框图特点、组成及识读方法 34
- 2.1.1 原理框图特点及组成 34
- 2.1.2 原理框图识读方法 35

2.2 电路原理图特点、组成与识读方法 35
- 2.2.1 电路原理图特点及组成 35
- 2.2.2 电路原理图识读 37

2.3 线束图特点、组成及识读方法 42
- 2.3.1 线束图特点及组成 42
- 2.3.2 线束图识读 44

2.4 电气系统元件位置图组成、特点及识读方法 45
- 2.4.1 电气系统元件位置图组成与特点 45
- 2.4.2 电气系统元件位置图识读 45

第3章　汽车基础电气系统组成及电路图识读 48

3.1 起动系统基本组成与电路图识读 49
- 3.1.1 起动系统基本组成 49
- 3.1.2 起动机控制电路 49
- 3.1.3 起动系统电路图识读 51

3.2 充电系统组成原理与电路图识读 54
- 3.2.1 充电系统组成原理 54
- 3.2.2 交流发电机结构 54
- 3.2.3 日产天籁充电系统电路图识读 56
- 3.2.4 吉利帝豪车系充电系统电路图识读 58

3.3 低压电气配电系统功能及电路图识读 60
- 3.3.1 低压电气配电系统功能 60
- 3.3.2 丰田车系低压配电系统电路图识读 60

目录

- 3.4 电动汽车高压配电系统基本组成及电路图识读 …… 63
  - 3.4.1 高压配电系统组成 …… 63
  - 3.4.2 小鹏 G9 高压配电系统电路图识读 …… 64
- 3.5 照明系统基本组成及电路图识读 …… 66
  - 3.5.1 前照灯系统基本组成及电路图识读 …… 66
  - 3.5.2 转向信号灯及闪光器基本组成及电路图识读 …… 71
  - 3.5.3 制动信号灯和倒车灯基本原理及电路图识读 …… 78
- 3.6 电动辅助系统基本组成及电路图识读 …… 81
  - 3.6.1 电动车窗系统基本组成及电路图识读 …… 81
  - 3.6.2 电动座椅系统基本组成及电路图识读 …… 87
  - 3.6.3 电动后视镜系统电路图识读 …… 92
  - 3.6.4 风窗玻璃刮水器电路图识读 …… 96

第 4 章　汽车动力系统基本组成与电路图识读 …… 104

- 4.1 发动机控制系统 …… 105
  - 4.1.1 发动机控制系统基本组成 …… 105
  - 4.1.2 卡罗拉/雷凌 8ZR-FEX 发动机控制系统电路图识读 …… 113
  - 4.1.3 增程电动汽车增程器控制系统电路图识读 …… 118
- 4.2 电动汽车动力电池基本组成与电路图识读 …… 123
  - 4.2.1 动力电池系统概述 …… 123
  - 4.2.2 小鹏 G9 动力电池管理系统电路图识读 …… 125
  - 4.2.3 车载充电机电路识读 …… 127
- 4.3 双离合器自动变速器控制系统与电路图识读 …… 129
  - 4.3.1 双离合器自动变速器概述 …… 129
  - 4.3.2 长城魏派 VV7 双离合器自动变速器电路图识读 …… 130
- 4.4 电动汽车电力驱动系统基本组成与电路图识读 …… 137
  - 4.4.1 电力驱动系统基本组成 …… 137
  - 4.4.2 小鹏 G9 电力驱动系统电路图识读 …… 138
  - 4.4.3 问界 M7 前驱双电机增程系统电路图识读 …… 139
  - 4.4.4 问界 M7 后电机驱动系统电路图识读 …… 142
  - 4.4.5 红旗 E-HS9 后驱电机驱动系统电路图识读 …… 142

第 5 章　安全舒适系统基本组成与电路图识读 …… 147

- 5.1 安全气囊系统基本组成与电路图识读 …… 148
  - 5.1.1 安全气囊系统基本组成 …… 148
  - 5.1.2 小鹏 G3 安全气囊系统电路图识读 …… 148
  - 5.1.3 问界 M9 安全气囊系统电路图识读 …… 153
- 5.2 中控与防盗系统基本组成与电路图识读 …… 157
  - 5.2.1 中控与防盗系统基本组成 …… 157
  - 5.2.2 问界 M5 中控门锁系统电路图识读 …… 159

5.2.3 小鹏 P7 中控门锁系统电路图识读 ………………………… 161

5.2.4 小鹏 P7 隐藏式门把手控制系统电路图识读 …………… 163

5.3 ABS/ASR/ESC 基本组成与电路图识读 ………………………… 169

5.3.1 ABS/ASR/ESC 基本组成 … 169

5.3.2 问界 M5 ESC 电路图识读 … 169

5.3.3 小鹏 P7 电子稳定控制系统电路图识读 …………………… 172

5.4 电动助力转向系统基本组成与电路图识读 …………………… 175

5.4.1 电动助力转向系统基本组成 …………………………… 175

5.4.2 问界 M5 电动助力转向系统电路图识读 ………………… 176

5.4.3 卡罗拉/雷凌电动助力转向系统电路图识读 …………… 177

5.5 空调系统基本组成与电路识读 ………………………………… 179

5.5.1 空调系统基本组成 ………… 179

5.5.2 问界 M5 自动空调控制系统电路图识读 ………………… 180

5.5.3 长城魏派 VV7 自动空调控制系统电路图识读 ………… 183

第 6 章 高级驾驶辅助系统（ADAS）基本组成与电路图识读 ………………………… 187

6.1 ADAS 传感器类型 ……………… 188

6.2 激光雷达系统基本组成与电路图识读 …………………………… 188

6.2.1 激光雷达系统基本组成 …… 188

6.2.2 问界 M9 激光雷达系统电路图识读 …………………………… 189

6.3 毫米波雷达系统基本组成与电路图识读 …………………………… 191

6.3.1 毫米波雷达系统基本组成 … 191

6.3.2 毫米波雷达在 ADAS 系统中的应用 …………………………… 191

6.3.3 问界 M5 毫米波雷达电路图识读 …………………………… 193

6.3.4 小鹏 P7 前中距毫米波雷达电路图识读 …………………………… 195

6.3.5 小鹏 P7 短距毫米波雷达电路图识读 …………………………… 195

6.4 超声波雷达系统原理与电路图识读 …………………………… 198

6.4.1 超声波雷达系统原理及应用 …………………………… 198

6.4.2 问界 M5 自动泊车辅助系统电路图识读 …………………………… 198

6.4.3 小鹏 G9 自动泊车辅助系统电路图识读 …………………………… 200

6.4.4 长安深蓝 SL03 自动泊车辅助系统电路图识读 …………………………… 202

6.5 多功能摄像头系统作用、应用及电路图识读 …………………………… 203

6.5.1 多功能摄像头作用与应用 … 203

6.5.2 问界 M5 全景影像系统电路图识读 …………………………… 205

6.5.3 小鹏 G9 全景影像系统电路图识读 …………………………… 207

6.5.4 蔚来 ES8 全景影像系统电路图识读 …………………………… 207

6.5.5 问界 M5 驾驶员疲劳监控系统 …………………………… 210

6.6 车联网（T-BOX）系统组成与电路图识读 ………………… 210
  6.6.1 车联网（T-BOX）系统组成 …………………… 210
  6.6.2 问界 M5 车联网系统电路图识读 …………………… 212

第 7 章 常见品牌汽车电路图特点及识读方法 ………………… 214

7.1 大众汽车电路图 ………………… 215
  7.1.1 大众汽车电路图特点 ……… 215
  7.1.2 大众汽车电路图符号及导线颜色 ………………… 217
  7.1.3 大众汽车电路图识读方法 … 220

7.2 宝马汽车电路图 ………………… 221
  7.2.1 宝马汽车电路图特点 ……… 221
  7.2.2 宝马汽车电路图识图方法 … 225

7.3 奔驰汽车电路图 ………………… 226
  7.3.1 奔驰汽车电路图特点 ……… 226
  7.3.2 奔驰汽车导线颜色及用电设备图形符号 ………………… 226
  7.3.3 奔驰汽车电路图识读方法 … 228

7.4 捷豹路虎汽车电路图 …………… 228
  7.4.1 捷豹路虎汽车电路图特点 … 228
  7.4.2 捷豹路虎汽车电路图符号及插接器定义 ………………… 231

7.5 问界汽车电路图 ………………… 232
  7.5.1 问界汽车电路图特点及识读方法 ………………… 232
  7.5.2 问界汽车电路图识读基础 … 235

7.6 小鹏汽车电路图 ………………… 240
  7.6.1 小鹏汽车电路图特点及识读方法 ………………… 240
  7.6.2 小鹏汽车电路图识读基础 … 242

7.7 理想汽车电路图 ………………… 245
  7.7.1 理想汽车电路图特点及识读方法 ………………… 245
  7.7.2 理想汽车电路图导线颜色 … 247

7.8 蔚来汽车电路图 ………………… 247
  7.8.1 蔚来汽车电路图特点及识读方法 ………………… 247
  7.8.2 蔚来汽车电路图识读基础 … 247

7.9 北京汽车电路图 ………………… 254
  7.9.1 北京汽车电路图特点及识读方法 ………………… 254
  7.9.2 北京汽车电路图识读基础 … 257

7.10 小米 SU7 汽车电路图 ………… 259
  7.10.1 小米 SU7 汽车电路图特点及识读方法 ………………… 259
  7.10.2 小米 SU7 电路图线束插接器代码 ………………… 259

7.11 长安汽车电路图 ……………… 262
  7.11.1 长安汽车电路图特点及识读方法 ………………… 262
  7.11.2 长安汽车电路图识读基础 ………………… 262

7.12 广汽埃安汽车电路图 ………… 268
  7.12.1 广汽埃安汽车电路图特点及识读方法 ………………… 268
  7.12.2 广汽埃安汽车电路图元器件图形符号 ………………… 271

7.13 长城汽车电路图 ……………… 273
  7.13.1 长城汽车电路图特点及识读方法 ………………… 273
  7.13.2 长城汽车电路图识读基础 ………………… 274

7.14 上汽荣威汽车电路图 ………… 279

7.14.1 上汽荣威汽车电路图特点及识读方法 …………………… 279
7.14.2 上汽荣威汽车电路图识读基础 …………………………… 280

7.15 红旗汽车电路图 ……………… 285

7.15.1 红旗汽车电路图特点及识读方法 …………………………… 285
7.15.2 红旗汽车电路图识读基础 …………………………………… 287

7.16 吉利汽车电路图 ……………… 290

7.16.1 吉利汽车电路图特点及识读方法 …………………………… 290
7.16.2 吉利汽车电路图元器件图形符号 …………………………… 293

7.17 通用汽车电路图 ……………… 295

7.17.1 通用汽车（别克、五菱、宝骏）电路图特点及识读方法 …… 295

7.17.2 通用汽车电路图识读基础 …………………………………… 297

7.18 丰田汽车电路图 ……………… 301

7.18.1 丰田汽车电路图特点及识读方法 …………………………… 301
7.18.2 丰田汽车电路图元器件图形符号 …………………………… 303

7.19 本田汽车电路图 ……………… 306

7.19.1 本田汽车电路图特点及识读方法 …………………………… 306
7.19.2 本田汽车电路图中导线颜色对比 …………………………… 307

7.20 现代/起亚汽车电路图 ……… 307

7.20.1 现代/起亚汽车电路图特点及识读方法 …………………… 307
7.20.2 现代/起亚汽车电路图识读基础 …………………………… 310

第 1 章 汽车电路基础

Chapter 1

1.1 汽车电工基本知识

1.1.1 电荷产生的过程

电作为一种自然现象和能量形态，其存在具有不可见性，无法被我们直接观察到。然而，其影响和作用无处不在，我们可以通过电的作用感受到其存在。例如，电能使灯泡发出光芒，驱动电机运转，让喇叭发出声音等。这些都是电所发挥的作用，电在我们的日常生活中扮演着至关重要的角色。

（1）原子理论

我们周围的所有物体，无一例外，均由众多原子组成。原子理论为我们深入理解导体、半导体及绝缘体特性提供了有力的工具。图1-1-1所示为原子的组成。

原子由质子、中子和核外电子组成。其中，质子带正电，中子不带电，核外电子带负电。

（2）电子运动

如图1-1-2所示，核外电子被称为自由电子。由于其距离原子核（由质子和中子组成）相对较远，因此它们更容易摆脱轨道引力的束缚。当存在合适的通道或导体时，电子可以自由地从一个原子迁移到另一个原子。

在电子从某一原子移动至另一原子的过程中，电流随之产生。当原子失去一个电子时，其状态转变为正离子；相反，若原子获取一个额外电子，则形成负离子。离子总是倾向于达到稳定的状态，因此正离子倾向于捕获一个电子以达到平衡，而负离子则倾向于释放一个电子以恢复到平衡状态。

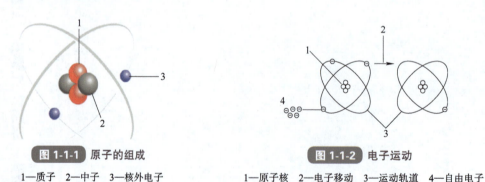

图1-1-1 原子的组成
1—质子 2—中子 3—核外电子

图1-1-2 电子运动
1—原子核 2—电子移动 3—运动轨道 4—自由电子

（3）导体

导体是指那些易于导电的物体。一般而言，导体的原子核外层电子数量小于4个。在实际应用中，常见的导体包括银、金、铜、铝、钢和水银等。其中，银和金均表现出优秀的导电性能，但由于其价格昂贵，因此通常仅用于高端或特定的场合。相比之下，铜因其良好的导电性、坚固的耐用性以及相对亲民的价格，被广泛应用于各种导电场合。

（4）绝缘体

绝缘体是指那些不擅长传导电流的物质。其特性在于其外层电子数量超过4个。在日常生活中，我们可以找到许多常见的绝缘体，包括塑料、玻璃、橡胶、瓷料以及蒸馏水等。值得一提的是，汽车导线表面所采用的材料正是绝缘体，其主要作用在于防止电路发生短路，确保汽车电气系统的安全稳定运行。

（5）半导体

半导体是指在常温条件下，其导电性能介于导体与绝缘体之间的物质。此类材料的一个显著特征是，其外层电子数量恰好为4个。在实际应用中，硅和锗是最常见的半导体材料。一般而言，半导体材料经常被加工成二极管或晶体管，并广泛应用于各种电子模块。

1.1.2　电压

电的三项基本要素包括电压、电流和电阻。

电压是推动电荷定向移动的动力源，它使得电流在导体中得以流动。这种动力源自两个原子之间，一个带正电，另一个带负电，所形成的电压不平衡。电压的单位为伏特，简写为V。在多数汽车电路中，蓄电池和发电机提供的电源电压为12V。在汽车电气系统中，常用的电压单位有伏特（V）和毫伏（mV），它们之间的换算关系是：1V=1000mV。

如图1-1-3所示，电压的概念可以类比于水塔内产生的水压。这种压力是由水塔顶部（相当于12V）和水塔底部或地面（相当于0V）之间的水位高度差所产生的。与此类似，电压差也是由电路中不同点之间的电位差引起的，电位差驱动电流的流动。

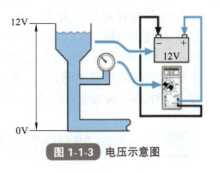

图 1-1-3　电压示意图

1.1.3　电流

电流是自由电子在原子结构中的定向移动所产生的。其计量单位为安培，简称安，简写为A。在汽车电路中，我们通常会接触到安培（A）和毫安（mA），它们之间的换算关系为：1A=1000mA。为了更直观地理解电流，我们可以将水塔比作电源，电流像是从水塔流向水龙头的水流。注意：电流的产生需要电压的驱动，就如同水流需要重力的作用。如图1-1-4所示，从水塔到地面的水流与电流在本质上具有相似性。

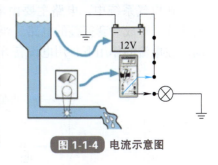

图 1-1-4　电流示意图

1.1.4　电阻

电阻，作为物理学中的一个关键概念，用于量化导体对电流阻碍作用的大小。其计量单位为欧姆，并以希腊字母Ω表示。在车辆电气维修实践中，我们经常会遇到kΩ和MΩ两种电阻单位。它们与基础单位Ω之间的关系如下：1kΩ=1000Ω，1MΩ=1000000Ω。

电阻的形象化理解可以类比于水管中的缩颈。正如缩颈会阻碍水流的流动，电阻在电路中起到类似的作用。在图1-1-5中，这种缩颈效应被用来解释电阻的工作原理。注意：

并非所有的电阻都是有害的。在正常的照明电路中，灯泡的灯丝即一个可测到电阻的元件。这种电阻的存在使电流受到阻碍，进而使灯丝加热至白炽状态，实现照明功能。

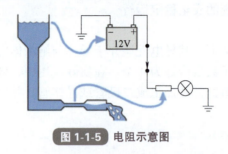

图 1-1-5　电阻示意图

1.1.5　电压、电流、电阻之间的关系（欧姆定律）

在同一电路中，电流与导体两端的电压存在正比关系，而与导体的电阻则存在反比关系。这一规律可通过公式 $R=U/I$ 进行表达，其中 R 代表电阻，U 代表电压，I 代表电流。图 1-1-6 所示为欧姆定律圆，是一种直观记忆欧姆定律基本内容的工具。在图 1-1-6 中，水平线代表除法运算"除以"，垂直线则代表乘法运算"乘以"。通过遮盖图中某一未知量对应的字母，可以便捷地求出该未知量的值。

图 1-1-6　欧姆定律圆

1.2　汽车电路组成与特点

1.2.1　电路基本组成

在电气系统中，电路主要由电源、开关、用电设备和导线组成。导线将各个部分紧密相连，形成一套完整的电路。当开关接通时，形成电流通路，电流开始在用电设备中流动。在电流的作用下，用电设备开始正常工作。基本电路如图 1-2-1 所示。

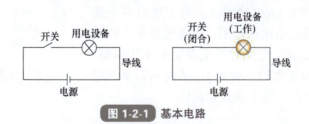

图 1-2-1　基本电路

在汽车中，所有的电路都是基于一个基本的电路演变而来的。这些电路可以通过并联或串联的方式变得更为复杂。然而，只要遵循电流从蓄电池或电源的正极流向负极的原则，就可以轻松地理解并解读这些电路图。

电路的状态通常分为三种：通路、开路和短路，如图 1-2-2 所示。通路是指电路构成一个闭合的回路，使得电流得以在其中流动。开路，也被称为断路，是指电路断开，电流无法通过。在此状态下，开关的作用在于断开电路，从而阻断电流的流动。短路则是一种特殊情况，此时电源未经负载而直接通过导体形成闭合回路。短路时，电源输出的电流远超过正常工作电流，导致电源消耗大量能量。一般而言，短路是绝不允许发生的，但在某些特定情境下，如保护接零时，我们可以利用短路状态，使电路产生动作以切断电源，从而达到保护人身安全的目的。

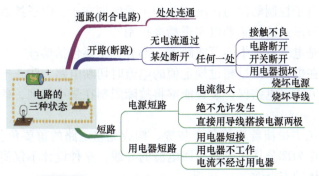

图 1-2-2　电路的三种状态（通路、开路和短路）

（1）汽车电路组成

汽车电路是指构成汽车用电设备工作通路的系统，该系统依据各用电设备的工作特性及其相互关系，通过导线和车体进行连接，形成电流的传输路径，从而构成一个完整的供电与用电体系。一般而言，汽车电路包含电源、用电设备、电路控制装置、导线以及电路保护装置等关键组成部分，如图 1-2-3 所示。

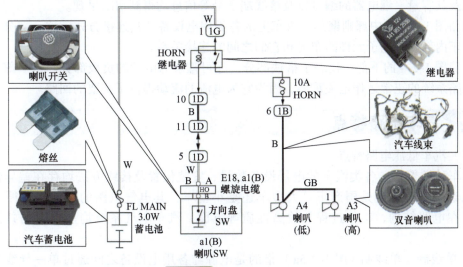

图 1-2-3　汽车电路的组成

电源是汽车电气系统的核心组成部分，负责向汽车电器设备提供低压直流电，确保汽车在行驶和停车时均能保持正常的工作状态。汽车内装设了两个电源，分别是蓄电池和发电机，两者共同维持着电气系统的稳定运行。

用电设备，也叫负载，涵盖电动机、电磁阀、灯泡、仪表、电子控制器件以及部分传感器等关键组件。这些用电设备在汽车的各项功能中发挥着至关重要的作用。

控制器件是汽车电气系统中的另一个重要组成部分。除了传统的各种手动开关、压力开关、温控开关，现代汽车还广泛采用电子控制器件。这些器件包括简单的电子模块，如电子式电压调节器，以及更为复杂的电子控制单元，如发动机电子控制单元和自动变速器电子控制单元等。电子控制器件与传统开关的主要区别在于，电子控制器件需要独立的工作电源，并配备各种形式的传感器以实现精准控制。

电路保护装置是电气系统中不可或缺的一部分，主要包括熔丝、继电器等。这些保护装置的主要功能是在电路中流过超过规定值的电流时切断电路，防止电路连接线和用电设备受损。通过这种方式，电路保护装置能够将故障限制在最小范围，确保汽车电气系统的整体安全。

导线在电气系统中扮演着连接各个装置、构成完整电路的重要角色。值得一提的是，汽车通常利用车体作为部分从用电器返回电源的导线，这种设计不仅简化了电路结构，还提高了电气系统整体的安全性。

（2）汽车电路图一般绘制方法

汽车电路图是一种电气文件，它遵循国家和厂家规定的图形符号、文字符号以及画法标准，旨在图解说明汽车电气系统的组成、工作原理、相互关系以及安装位置等信息。因此，在汽车设计、制造及维修流程中，汽车电路图发挥着不可或缺的工具作用。尤其在汽车维修环节，汽车电路图更是具备指导性作用，为故障的诊断与排除提供了极大的便利。在绘制汽车电路图时，通常会将整幅电路图分为上、中、下三部分，如图1-2-4所示。

电路图1-2-4的上部详细描述了配电盒电路，也叫电源电路。在这一部分，熔丝的具体位置及其容量、继电器的编号以及接线端子号等信息均得到清晰呈现。

电路图1-2-4的中部则聚焦于汽车上的各类用电设备及其连接方式。这一部分详细展示了汽车内部各种电子元件的布局和它们之间的连接关系。

电路图1-2-4的下部，代表了搭铁部分，亦可理解为电源的负极部分。这一部分对于整个电路系统的正常运作至关重要，因为它为电流的流动提供了必要的回路。

1.2.2 汽车电路特点

（1）汽车低压电路特点

汽车种类繁多，各类汽车的电器设备数量、安装位置及接线方法均存在差异性。然而，无论是进口车还是国产车、大型车还是小型车，其电气电路的设计均遵循一定的规律。在电路结构、工作过程和故障性质等方面，汽车电气系统均呈现出的共性特点如下。

① 单线制。单线制（图1-2-5a）指的是电源与各用电设备之间通过单一导线进行连接，而车体金属件（如车架、车身和发动机机身等）则作为电源与各用电设备之间的另一导线。单线制具有节省导线材料、降低成本、简化电路结构、便于安装与检修等优势，因此能够有效降低故障率。然而，对于需要形成可靠电气回路或精确电子信号的电气设备，双线制（图1-2-5b）则更为适用。

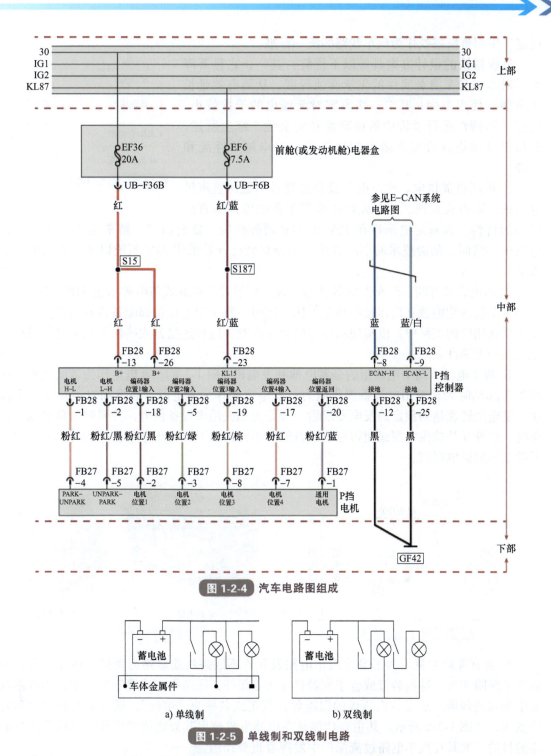

图 1-2-4 汽车电路图组成

图 1-2-5 单线制和双线制电路

② 负极搭铁。在使用单线制时，必须确保电源（包括蓄电池和发电机）的一个电极与车体金属件（如车架、车身和发动机机身等）相连，作为公共导线，这被称为搭铁接线制，简称搭铁。若电源的负极与车体金属件相连，则称为负极搭铁（图 1-2-6a）。相反，若电源的正极与车体金属件相连，则称为正极搭铁（图 1-2-6b）。我国遵循大多数国家的

规定，采用负极搭铁作为汽车线路的统一标准。

负极搭铁的设计方案具备以下优势：其一，它显著降低了对车架和车身金属件的化学腐蚀程度，从而有效延长了车辆的使用寿命；其二，该方案对无线电的干扰较小，确保了车辆在运行过程中的稳定性和安全性。综上所述，负极搭铁的设计方案在多个方面都表现出卓越的性能和优势。

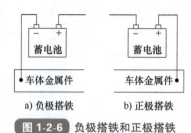

图 1-2-6 负极搭铁和正极搭铁

③ 低压直流供电。汽车电气设备主要采用低压直流供电系统，除点火系统。这一设计决策源于蓄电池作为直流电源的特性，其额定电压存在 12V 和 24V 两种标准。普遍而言，轿车主要选择 12V 供电系统。然而，随着技术的不断进步，部分车型已开始采用 24V 系统以适应更高的性能需求。

④ 用电设备并联。汽车上的各种用电设备均通过并联方式与电源相连（图 1-2-7），以确保每个设备均能独立运作且不相互干扰。同时，每个用电设备都配备有专用开关，该开关串联在相应的支路中，以实现对设备的独立控制。这种连接方式确保了汽车电气系统的稳定性和可靠性。

⑤ 两个电源。两个电源指的是蓄电池和发电机（图 1-2-8）。蓄电池作为辅助电源，在汽车未起动时为相关用电设备提供电力；发电机则作为主电源，当发动机运转至一定转速，发电机转速达到预定的发电要求后，开始为相关用电设备供电，并同时为蓄电池进行充电。这种互补的供电模式使得用电设备能在不同情况下维持正常工作，同时也有效延长了蓄电池的供电时间。

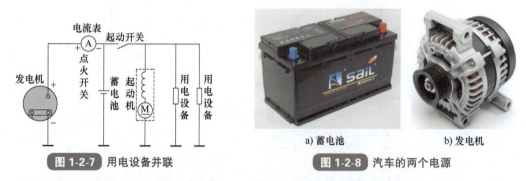

图 1-2-7 用电设备并联　　图 1-2-8 汽车的两个电源

⑥ 装有保险装置。为了确保汽车电路及元件不因搭铁或短路而受损，现在汽车普遍装备了保险装置。这些装置或置于元器件（或零部件）回路中，或置于支路中，用以防范发生潜在的风险。通常我们所说的保险丝，其正式名称为"熔丝"，通常安装在熔丝继电器盒内，如图 1-2-9 所示。其主要功能是在电路电流超出其额定值时熔断，以达到保护电路的目的，尤其在汽车电路过流保护中发挥着重要作用。

⑦ 大电流开关通常加中间继电器。在汽车电气系统中，对于起动机、电喇叭等大电流消耗设备，它们在运作时会产生相当大的电流负载，如起动机通常需要 100～200A 的电流。直接利用普通开关来控制这些高负载设备的工作状态，往往会导致开关被过早损坏。因此，针对这种大电流负载的控制，通常采取的措施是在开关与负载之间引入中间继

电器。中间继电器（图 1-2-9）的设计初衷，是以较小的电流来控制大电流负载电路的通断，其功能不限于开关，更在于对电气设备和开关组件提供额外的保护。

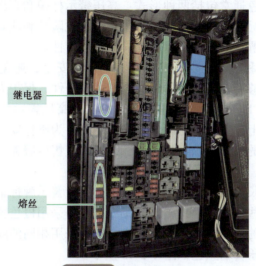

图 1-2-9 熔丝继电器盒

（2）汽车高压电路特点

① 同时具有直流和交流两种高压电。新能源汽车高压系统同时包含直流高压和交流高压两种类型。直流高压主要分布在动力电池到各个驱动部件的连接线上，如动力电池到驱动电机控制器之间以及动力电池到电动压缩机之间的连接，均采用直流高压。而交流高压则主要分布在电机控制器与驱动电机之间，以及充电接口与车载充电机之间的连接线上。值得注意的是，电机控制器与驱动电机之间的交流高压通常维持在 300V 左右，而充电接口与车载充电机之间的交流高压则与外部电网电压的 220V 保持一致。图 1-2-10 所示为小鹏 P7 两驱版纯电动汽车高压系统组成图，图中用不同颜色表示直流和交流的存在方式。

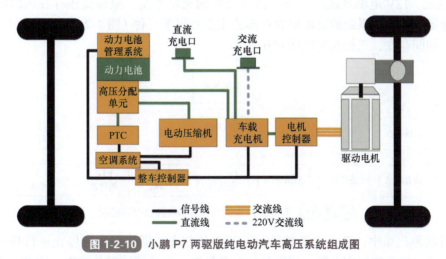

图 1-2-10 小鹏 P7 两驱版纯电动汽车高压系统组成图

② 高压系统具有明显的警示标识和颜色。为了防止意外触及高压系统，新能源汽车

采取了多种措施进行标识和警示。为了确保维修人员和车主能够清晰地识别高压部件，新能源汽车采用了特殊的标识和颜色，以引起他们的注意。

这些警示标识和颜色通常包括两种形式：高压警示标识和高压警示颜色。高压警示标识是一种明显的标牌或标签，上面标明了高压系统的危险性和注意事项。而高压警示颜色则是在相关部件上涂上醒目的颜色，以突出显示其危险性。

设置这些警示标识和颜色的目的是提醒人们注意安全，避免因误操作而造成意外事故。通过这些措施，能够有效地提高新能源汽车的安全性，保护人员和车辆的安全。

高压警示标识如图1-2-11所示，根据国际标准，高压警示标识应采用醒目的黄色或红色作为底色，并在其上布置有高压触电的国标图形。为确保安全，新能源汽车高压组件壳体上都附有一个清晰的高压警示标识。此标识旨在使售后服务人员或车主能够直观地了解高压可能带来的危险，从而采取必要的预防措施。

鉴于高压导线可能长达数米，仅在一处或两处设置警示牌标记可能效果有限。售后服务人员可能容易忽略这些标牌。因此，新能源汽车统一采用橙色警示色对所有高压导线进行标记，并对高压导线的部分插头以及高压安全插头采用相同的颜色进行设计，以增强视觉效果和警示作用。高压警示颜色如图1-2-12所示。

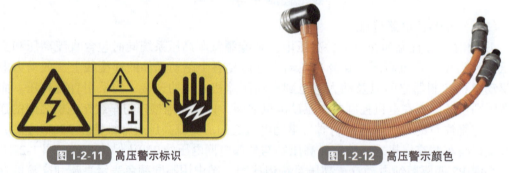

图1-2-11 高压警示标识　　　　图1-2-12 高压警示颜色

③ 高压电存在时间不同。新能源汽车的高压系统主要集中在车辆的驱动系统、空调与暖风系统、12V电源系统以及具备插电功能的充电系统。根据高压存在的时间进行分类，新能源汽车高压系统的高压电存在形式主要有以下三种（图1-2-13）：一是持续存在，二是运行期间存在，三是充电期间存在。

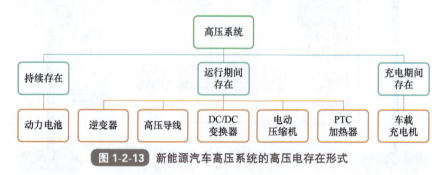

图1-2-13 新能源汽车高压系统的高压电存在形式

在新能源汽车中，动力电池持续处于高电压状态，即使在车辆停止运行期间也是如此。由于动力电池储存有电能，当满足放电条件时，它会持续对外放电。因此，需要特别关注动力电池的管理和保护,以确保安全。

此外,还有一些系统或部件在运行期间存在高电压。这些部件主要包括电机控制器、电动压缩机、PTC 加热器和 DC/DC 变换器等。当点火开关处于 ON、RUN 或其他运行状态时,这些部件会接通来自动力电池的高电压。其中,有一些部件只要点火开关处于 ON 或 RUN 状态,就会存在高电压,如电机控制器、DC/DC 变换器和连接的高压导线。另一些部件则需要系统功能被接通后才会加载高电压,如电动压缩机和 PTC 加热器。

最后,充电期间一些部件也存在高电压。这些部件主要包括来自外部电网的 220V 交流高压和车载充电机与动力电池之间的直流高压。因此,在充电时也需要特别注意。

1.3 汽车低压电器元件

1.3.1 导线、线束、插接器

(1) 导线

导线是将汽车用电器、开关或控制部件、电源、搭铁连接在一起的装置,是汽车控制和传递信号的枢纽。

导线可分为普通导线和屏蔽导线。

普通导线(图 1-3-1)通常由多股细铜线制成。导线采用多股形式可以具有较好的抗折性,不容易因反复振动而折断。普通导线由铜芯和外包的绝缘材料两部分组成。绝缘材料通常使用聚氯乙烯(PVC)材料。

PVC 材料有下列优势:
1) 大电流下不会融化。
2) 不会产生明火。
3) 重量轻。

屏蔽导线(图 1-3-2)的主要作用是防止电磁干扰。如果信号导线靠近大电流、高电压的线束或元件时,信号导线就会受到电磁干扰而导致信号失准。屏蔽导线外层包裹着铝箔或网状线束用于搭铁,电磁干扰被直接搭铁消除。

图 1-3-1 普通导线

图 1-3-2 屏蔽导线

1) 导线的线径。导线的线径是指导线的截面积,单位为 mm^2。所谓截面积,是指经过换算而统一规定的线芯截面积,不是实际线芯的几何面积,也不是各股线芯的几何面积之和。

导线的截面积主要根据其工作电流进行选择，但是对于一些工作电流较小的汽车电器，为保证其具有一定的机械强度，汽车电器中导线截面积不得小于 0.5 mm²。各种低压导线标称截面积允许的负载电流见表 1-3-1。

表 1-3-1　各种低压导线标称截面积允许的负载电流

导线标称截面积 /mm²	1.0	1.5	2.5	3.0	4.0	6.0	10	13
允许电流 /A	11	14	20	22	25	35	50	60

汽车 12V 电路主要线路导线标称截面积推荐值见表 1-3-2。

表 1-3-2　汽车 12V 电路主要线路导线标称截面积推荐值

标称截面积 /mm²	用途
0.5	尾灯、顶灯、指示灯、仪表灯、牌照灯、刮水器、时钟、燃油表、水温表、油压表等电路
0.8	转向灯、制动灯、停车灯、断电器等电路
1.0	前照灯、电喇叭（3A 以下）电路
1.5	前照灯、电喇叭（3A 以上）电路
1.5～4.0	其他 5A 以上电路
4～6	柴油车电热塞电路
6～25	电源电路
16～95	起动电路

2）导线颜色。为了便于汽车电路系统的连接和维修，汽车用导线一般都使用不同的颜色进行区分。有单色导线和双色导线，部分车型还有三色导线。

单色导线即整条导线颜色为某一种颜色，各国汽车厂商在电路图上大多以英文字来表示导线外皮的颜色及其条纹的颜色。国产车一般用单个字母表示一种颜色。日本车系常用单个字母表示一种颜色，个别用双字母表示一种颜色。丰田车系单色导线颜色字母代码见表 1-3-3。

表 1-3-3　丰田车系单色导线颜色字母代码

字母	B	W	L	V	R	G	P	Y	O	BE	BR	SB	GR	LG
线色	黑色	白色	蓝色	紫色	红色	绿色	粉色	黄色	橙色	米黄色	棕色	天蓝色	灰色	浅绿色

大众车系单色导线颜色字母代码与丰田车系不同，大众车系采用两个小写字母的组合表示单色导线，见表 1-3-4。

表 1-3-4　大众车系单色导线颜色字母代码

字母	sw	ws	bl	ro	gn	ge	br	gr	li	or	rs
线色	黑色	白色	蓝色	红色	绿色	黄色	褐色	灰色	淡紫色	橘黄色	粉红色

各国部分车型还有用3个字母作为导线的颜色代码,常见车型导线颜色代码见表 1-3-5。

表 1-3-5 常见车型导线颜色代码

颜色	全称	国产车型	丰田	本田	通用	福特	宝马	奔驰	三菱
黑色	Black	B	B	BLK	BLK	BK	BK	SW	B
棕色	Brow	Br	BR	BRN	BRN	BR	BR	BR	BR
红色	Red	R	R	RED	RED	R	RD	RT	R
黄色	Yellow	Y	Y	YEL	YEL	Y	YL	GE	Y
绿色	Green	G	G	GRN	GRN	GN	GN	GN	G
蓝色	Blue	Bl	L	BLU	BLU	BL	BU	BL	L
灰色	Grey	Gr	GR	GRY	GRY	GY	GY	GR	GR
白色	White	W	W	WHT	WHT	W	WT	WS	W
粉红色	Pink	P	P	PNK	PNK	PK	PK		P
橙色	Orange	O	O	ORN	ORN	O	OR		O
褐色	Tan		BR		TAN	T	TNSW		
深蓝色	Dark Blue				DKBLU				
深绿色	Dark Green				DKGRN				
浅蓝色	Light Blue		SB		LTBIU				SB
浅绿色	Light Green		LG		LTGRN				LG

汽车的部分电路系统导线采用双色导线。双色导线由上表中的两种颜色组成,用两个字母表示,前面的字母表示主色,后面的字母表示辅助色,辅助色为环绕布置在导线上的一条色带或螺旋色带。如丰田车系的 L-Y,即蓝色为主色、黄色为辅助色的导线,如图 1-3-3 所示。

大众车系双色导线为螺旋色带,同样是主色在前、辅助色在后。大众车系双色导线线色的表示方法如图 1-3-4 所示。

汽车电路中以双色为基础选用时,一般用电系统的电源、搭铁为单色,其余为双色。

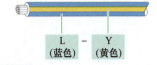

图 1-3-3 丰田车系双色导线表示方法

(2)线束

为使全车线路规整,安装方便及导线的绝缘保护,汽车上的全部线路除高压线、蓄电池电缆和起动机电缆,一般将同区域不同规格的导线用绝缘材料棉纱或薄聚氯乙烯塑料带缠绕包裹成束,称为线束,如图 1-3-5 所示。

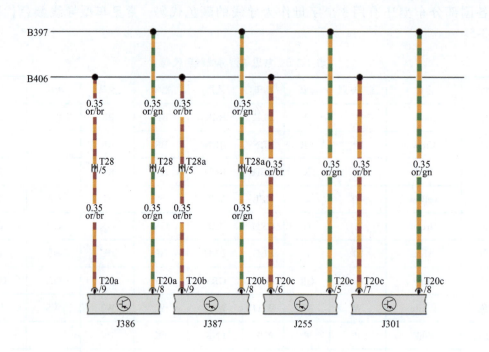

图 1-3-4 大众车系双色导线线色的表示方法

图 1-3-5 线束

线束是将各电器之间的连线通过最短的途径,把同一路径的若干导线用绝缘带包扎而成;其主要由各种颜色的低压导线以及相关的插接器、接线端子、绝缘包扎材料等组成。汽车线束可与前面提到的线束图、配合零件位置图及电路原理图配合使用。

(3) 插接器

插接器通常指插头和插座,用于传感器、执行器、控制单元与线束、线束与线束或导线与导线之间的连接,使之构成一个完整的电气系统。为了防止插接器在汽车行驶中脱开,所有的插接器均采用闭锁装置。

1)插接器的识别。插接器分为插座式和插头式,如图 1-3-6 所示。多端子插接器端子编号如图 1-3-7 所示。

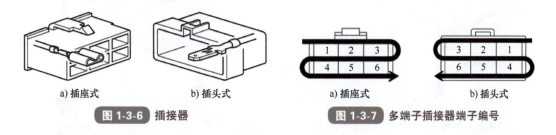

a)插座式　　b)插头式　　　　　　　a)插座式　　　　b)插头式

图 1-3-6　插接器　　　　　　图 1-3-7　多端子插接器端子编号

2)插接器的断开与连接方法。插接器按照锁定机构的不同可分为锁扣式、滑锁式、锁杆式三种。锁扣式插接器在插座上有一锁扣,在插头上有一个凸起,插头插入插座后,锁扣扣住凸出,可以避免插接器意外松动和断开。

在某些系统和元件中,特别是与 OBD(车载诊断系统)相关的系统和元件中,多采用了滑锁式插接器。在插头或插座上有一滑片,插接器插头插入插座后,滑片卡在插头或插座的某一特点凸起或凹槽内,可以避免插接器发生锁止不完全、意外松动或断开等情况。

锁杆式插接器主要应用于控制单元和控制模块上,如发动机 ECU(电子控制单元)、ABS(防抱死制动系统)控制单元、车身控制单元等。锁杆式插接器也在超级多路插接器上使用。在插接器上有一个可移动的锁杆,控制单元的壳体上有一个用于锁杆锁止的凸起或卡扣,锁杆压下后锁在凸起或卡扣内,使插接器很稳固地与 ECU 连接,避免因振动引起插接器脱落。

部分车型中还将线束端子分为阴极和阳极。在这些车型的电路图中,阳极端口的插头用黑色表示,阴极端口的插头用白色表示。阴阳极端口如图 1-3-8 所示。

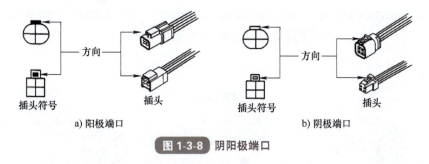

插头符号　　　　插头　　　　　插头符号　　　　插头

a)阳极端口　　　　　　　　　　b)阴极端口

图 1-3-8　阴阳极端口

① 锁扣式插接器的断开。锁扣式插接器通过按压或抬起锁片来断开连接,断开插接器时不要拉扯线束或配线。

锁扣式插接器的断开方法如图 1-3-9 所示。

② 滑锁式插接器的断开。滑锁式插接器通过压下或拉出滑动锁片来断开连接。断开插头时不要拉扯线束或配线,也不要损坏插接器支架。

防水型和非防水型滑锁式插接器的断开方法如图 1-3-10 和图 1-3-11 所示。

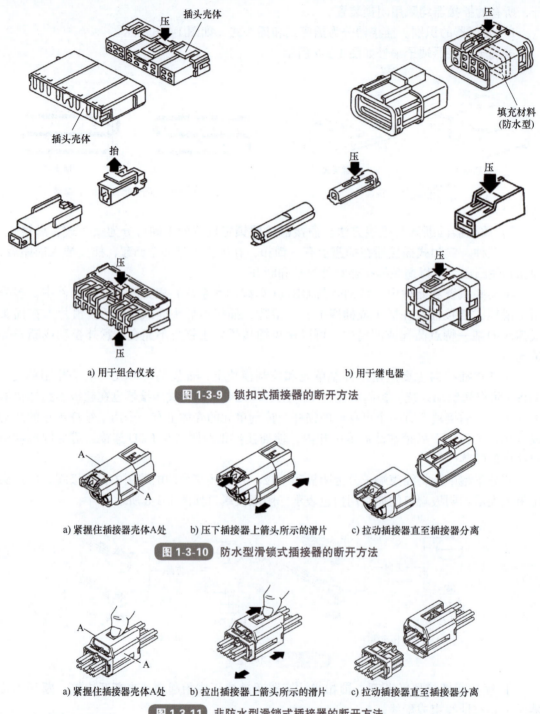

a) 用于组合仪表　　　　　　　　　b) 用于继电器

图 1-3-9　锁扣式插接器的断开方法

a) 紧握住插接器壳体A处　b) 压下插接器上箭头所示的滑片　c) 拉动插接器直至插接器分离

图 1-3-10　防水型滑锁式插接器的断开方法

a) 紧握住插接器壳体A处　b) 拉出插接器上箭头所示的滑片　c) 拉动插接器直至插接器分离

图 1-3-11　非防水型滑锁式插接器的断开方法

③ 锁杆式插接器的断开。在断开锁杆式插接器之前，先将移动杆完全释放（松开），切不可盲目拉扯线束，避免损坏插接器或端子。锁杆式插接器的断开方法如图 1-3-12 所示。

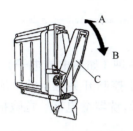 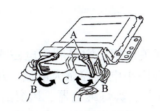 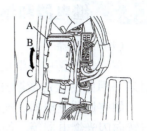

a) 单移动杆的锁杆式插接器　　　　b) 双移动杆的锁杆式插接器　　　　c) 单移动杆式超级多路插接器

A—紧固　B—松开　C—移动锁止杆　　A—移动锁止杆　B—紧固　C—松开　　A—移动锁止杆　B—紧固　C—松开

图 1-3-12　锁杆式插接器的断开方法

3）插接器的符号。插接器在不同的电路中有多种画法，电路图中常见的插接器符号见表 1-3-6。

表 1-3-6　电路图中常见的插接器符号

符号	说明	符号	说明
	直接连接到组件的插接器	0.5BN/RD 9—MD11 0.5GN 3 ─ 4 C103 0.5BN/RD 9—MD11 0.5GN	虚线代表导线端属于同一插接器
	连接组件导线的插接器（引出端）		有镀膜的插接器
	内嵌式插接器		母插接器
	公插接器		

4）插接器的编号。插接器在电路图中的编号由"类型编号 + 序号"组成。图 1-3-13 所示的电路图中，插接器的类型编号用"C"表示。插接器序号的编写没有规律，但须保证全车所有的插接器序号不重复。

图 1-3-13 中圈出来的插接器编号是 C219，"C"为插接器的类型编号，"219"为插接器的序号，"11"表明该电路在插接器 C219 中的 11 号引脚进行连接。

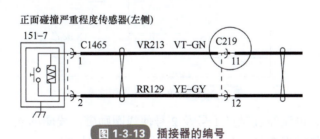

图 1-3-13　插接器的编号

1.3.2 继电器和熔丝

（1）继电器

在汽车电路中，继电器起开关作用，它是利用电磁或其他原理（如热电或电子），控制某一回路的接通或断开，实现用小电流控制大电流，从而减小控制开关触点的电流负荷。如空调器继电器、喇叭继电器、雾灯继电器、风窗刮水器/清洗器继电器、危险报警与转向闪光继电器等。如图1-3-14所示为汽车上常见的继电器。

① 继电器原理。汽车上广泛使用电磁式继电器，这种继电器一般是由铁心、线圈、衔铁、触点簧片等组成的。

继电器中的线圈起到控制作用。触点的状态取决于线圈是否产生磁场。当线圈中通电产生磁场、触点闭合后，被控制的用电设备开始工作。图1-3-15所示为继电器的结构，85号和86号端子是线圈两端，属于控制部分（即输入端）；87号和30号端子是触点两端，属于被控制部分（即输出端）。

图1-3-14 汽车上常见的继电器

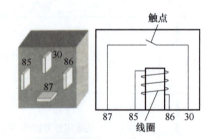

图1-3-15 继电器的结构

下面用电路图来说明继电器的工作原理。如图1-3-16所示，若一个由蓄电池、开关及灯泡组成的电器设备，要求用强电流直接接线，则开关及接线都要有承受此强电流的能力，但是可通过开关的弱电流去接通和断开一继电器，然后由后者通过的大电流去接通或断开灯泡。

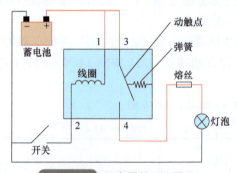

图1-3-16 继电器的工作原理

当开关闭合时，电流经过触点1号及2号使线圈励磁，线圈的磁力吸引点3号和4号之间的动触点，结果触点3号、4号接通，并使电流流向灯泡。

当开关断开时,线圈断电,线圈的磁力也随之消失,动触点就会在弹簧的反作用力下返回原来的位置,使动触点与原来的静触点释放。

② 继电器类型。继电器一般分为常开型、常闭型和混合型,三种继电器的工作状态如图 1-3-17 所示。

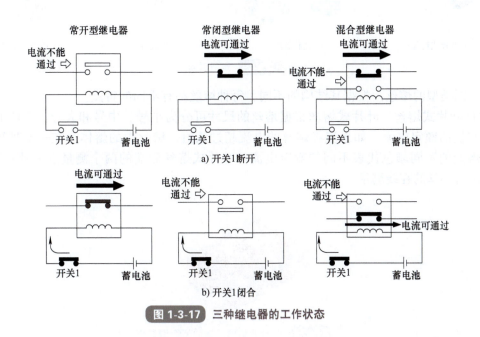

图 1-3-17　三种继电器的工作状态

（2）熔丝

熔丝是汽车的电路保护装置,用来保护导线和电子元器件,避免由于过大的电流导致电路及电气元件过热或燃烧。熔丝结构如图 1-3-18 所示。

熔丝安装方式基本是插在汽车的熔丝盒中,两端子之间接有一个可以熔化的熔丝,熔丝由铅锑合金或铅锡合金制成,当有过大的电流通过时,熔丝就会熔化,从而切断电路,避免电路和电路部件的损坏。熔丝由熔体、电极和支架组成。

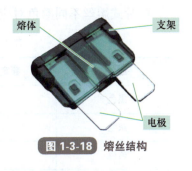

图 1-3-18　熔丝结构

熔体是熔丝的核心,熔丝熔断时起到切断电路的作用,同一种类、同一规格的熔体,材质要相同、几何尺寸要相同、电阻值尽可能小且要一致,最重要的是熔断特性要一致。

电极通常有两个,它是熔体与电路连接的重要部件。它必须有良好的导电性,不应产生明显的安装接触电阻。

熔丝的熔体一般都纤细柔软,支架的作用就是将熔体固定并使熔体、电极和支架三个部分成为刚性的整体,便于安装使用。

熔丝在汽车上有大量的应用,对于不同的电气系统,熔丝的种类和特点都有所不同,了解熔丝的种类和特点有利于对其进行检查和判断。汽车上常见的熔丝种类有叶片式熔丝、盒状熔丝、平板式熔丝和管式熔丝,如图 1-3-19 所示。

a) 叶片式熔丝　　　　b) 盒状熔丝　　　　c) 平板式熔丝　　　　d) 管式熔丝

图 1-3-19　熔丝种类

不同类型的熔丝，根据其结构的不同，每种熔丝都有不同的特点。

① 叶片式熔丝。叶片式熔丝根据熔丝的尺寸可分为小号、中号和大号。熔丝上都标明了它们的额定电流，如果流经熔丝的电流超过该值，熔丝中的熔体会在一定时间内熔断。熔丝的不同颜色代表不同的额定电流。叶片式熔丝后端的两个测量点（图 1-3-20），可以进行熔丝的在线测量。

图 1-3-20　叶片式熔丝后端的两个测量点

叶片式熔丝不同颜色对应的额定电流见表 1-3-7。

表 1-3-7　叶片式熔丝不同颜色对应的额定电流

颜色	额定电流 /A	特性
黑色	1	
灰色	2	
紫色	3	
褐色	5	在汽车电气系统的检测与诊断中，利用熔丝的金属特性进行诊断，可以大大降低诊断的难度，缩短诊断的时间 在 110% 的额定电流下，熔丝不会熔断 在 135% 的额定电流下，熔丝会在 60min 内熔断 在 150% 的额定电流下： 30A 以下时，熔丝会在 30s 内熔断 20A 以下时，熔丝会在 15s 内熔断
棕色	7.5	
红色	10	
蓝色	15	
黄色	20	
无色（透明）	25	
绿色	30	

② 盒式熔丝。盒式熔丝如图 1-3-21 所示，电路要求通过大电流时一般采用盒式熔丝。盒式熔丝上都标有额定电流的数值，盒式熔丝也可以通过颜色区分其额定电流的大小。

盒式熔丝同叶片式熔丝一样，都是插在熔丝盒中的，盒式熔丝的额定电流一般比较大。盒式熔丝不同颜色对应的额定电流见表 1-3-8。

表 1-3-8　盒式熔丝不同颜色对应的额定电流

颜色	额定电流 /A
黄色	20
浅绿色	30
橙黄色或淡黄色	40
蓝色	60
红色	50

③ 平板式熔丝。平板式熔丝（图 1-3-22）是一种重要的熔丝形式，它在汽车上使用的比较少，所以容易在诊断与维修中被忽视。平板式熔丝一般装在靠近电源处，其额定电流比盒式熔丝大，一般用在大的用电设备或汽车供电电路上。平板式熔丝是通过螺栓连接在电路中的，在难以使用断路器的场合，通常使用平板式熔丝，可以节约部分空间。

图 1-3-21　盒式熔丝

图 1-3-22　平板式熔丝

在分析系统电路图的过程中，如果涉及熔丝元件并需要对其进行检查或测量时，可以通过系统电路图确认此熔丝的编号和所属接线盒，小鹏 P7 电池管理系统电路图如图 1-3-23 所示。

熔丝的确认步骤通常如下：
① 查阅系统电路图。
② 在系统电路左上方找到供电电路并找到熔丝。
③ 确认熔丝编号，如图 1-3-23 中所示的 RF02 和 RF26 熔丝。
④ 确认熔丝所属接线盒，RF02 和 RF26 熔丝安装在后熔丝盒中。
⑤ 在后熔丝盒内找到 RF02 和 RF26 熔丝，如图 1-3-24 所示。

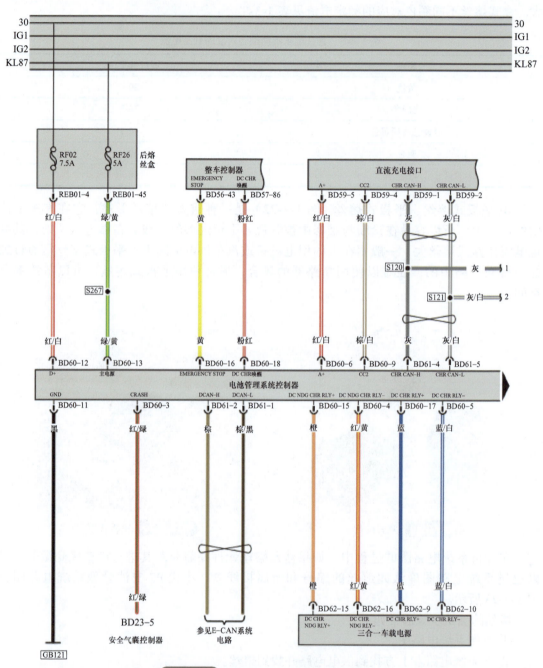

图 1-3-23 小鹏 P7 电池管理系统电路图

图 1-3-24 小鹏 P7 后熔丝盒中 RF02 和 RF26 熔丝位置

1.3.3 开关、配电盒

（1）开关的作用与分类

开关作为汽车电路通断的核心控制元件，其重要性不言而喻。在电路中，关键的开关节点常常承载着众多导线的连接，如点火开关和车灯总开关等。汽车的开关种类繁多，图 1-3-25 是依据不同的分类方法对开关进行的分类。

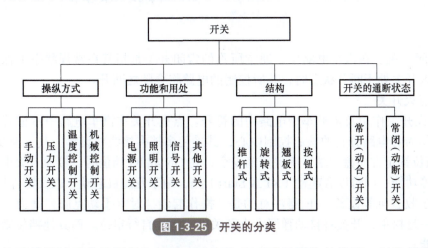

图 1-3-25 开关的分类

汽车的开关设计通常被设置在驾驶室或车内易于乘员操作的位置，以确保操作的便捷性和安全性。在汽车电气系统中，复合式开关是常见的组件之一，其设计特点在于具备两挡或两挡以上的操作动作，从而实现对两个或两个以上电路的通断控制功能。这些复合式开关包括但不限于点火开关、组合开关以及照明开关等，它们共同构成了汽车电器系统的重要组成部分。汽车中常见的开关如图 1-3-26 所示。

a) 点火开关　　　　　b) 组合开关　　　　　c) 照明开关　　　　　d) 车窗及后视镜调节开关

图 1-3-26　汽车中常见的开关

（2）开关在汽车电路中的状态
在汽车电路中，开关的状态分为常开与常闭两种。
① 常开开关。在汽车电气中，通常将处于断开状态的开关定义为常开开关。当常开开关被激活或闭合时，其所控制的电路将实现接通。常开开关符号如图 1-3-27 所示。

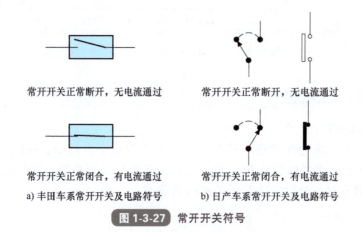

常开开关正常断开，无电流通过　　　　　常开开关正常断开，无电流通过

常开开关正常闭合，有电流通过　　　　　常开开关正常闭合，有电流通过
a) 丰田车系常开开关及电路符号　　　　　b) 日产车系常开开关及电路符号

图 1-3-27　常开开关符号

② 常闭开关。在汽车电路中，通常所称的常闭开关是指其在常规状态下保持闭合的开关。当该开关处于断开状态时，其所控制的电路将会随之断开。

（3）点火开关
① 点火开关作用及常见车型电路中的符号。点火开关在汽车电路中占据着至关重要的地位，作为各电路分支的核心控制中心，其采用多挡多接线柱设计。其主要功能包括：在 Lock 挡位锁定方向盘转轴，确保车辆安全；在 ON 或 IG 挡位时，接通点火电源，激活仪表指示等功能；同时设有起动（ST 或 Start）挡，用于发动机起动；以及附件挡（ACC，主要服务于收音机等设备）。值得注意的是，操作起动挡时需手动克服弹簧力，并持续握住钥匙，一旦松手，开关将自动弹回点火开关挡，无法自行定位。而其他挡位则具备自行定位的功能。

不同汽车制造厂家对于点火开关的电路符号表示方式可能存在差异。图 1-3-28 所示为几种常见车型点火开关电路符号。

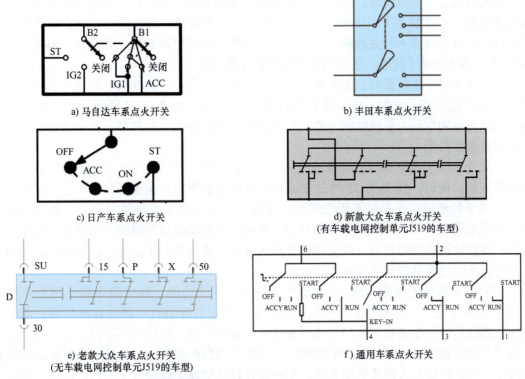

图 1-3-28 几种常见车型点火开关电路符号

② 点火开关挡位功能。在此,我们以大众车系为例,详细阐述点火开关各挡位的具体功能。对于大众老款车型,由于未安装车载电网控制单元 J519,点火开关直接起到控制各挡位通断的作用,其在起动挡位时会有较大的电流通过。然而,随着大众汽车上用电设备以及安全舒适系统的不断增加,传统的直接控制式点火开关已无法满足现在车辆的需求。

因此,在新款大众汽车中,均配备了车载电网控制单元 J519。在此类车型中,点火开关的主要作用是转变为向车载电网控制单元 J519 传递点火开关已打开至某一挡位的信号,而不再直接承担电流传输的职责。这种设计有效避免了点火开关中因大电流通过而可能造成的损坏,从而实现了对点火开关的保护。

没有安装车载电网控制单元 J519 车型上的点火开关,点火开关的符号展示如图 1-3-28e 所示。关于点火开关的具体工作原理和工作状态,如图 1-3-29 所示。

接线端子 位置	30	P	X	15	50	SU
0	●	●				●
Ⅰ	●		●	●		
Ⅱ	●			●	●	

0—关闭点火开关、锁止方向盘
Ⅰ—接通点火开关　Ⅱ—起动发动机
30—接蓄电池　P—接停车灯电源
X—接卸荷工作电源　15—接点火电源
50—接起动电源　SU—接蜂鸣器电源

a) 点火开关工作原理图示　　　　　　b) 位置说明

图 1-3-29 大众老款车型点火开关工作图示

点火开关位于 0 位置时，表示点火开关处于关闭状态，此时汽车方向盘将被锁死，具有防盗功能。在此状态下，电源总线 30 号与 P 号端子接通，允许操作停车灯开关以点亮停车灯，此操作与点火开关的拔下状态无关。若将点火开关钥匙插入并转动，将使电源总线 30 号与 SU 号端子接通，进而激活蜂鸣器的工作功能。

点火开关位于 I 位置时，为工作挡。在起动后松开点火开关钥匙，点火开关将自动逆时针旋转至该位置。此时，P 号端子将断电，而 15 号、X 号、SU 号端子将通电。15 号端子的通电将确保点火系统继续工作，X 号端子的通电将激活前照灯、雾灯等设备，以满足夜间行驶的需求。

点火开关位于 II 位置时，电源总线 30 号将与 50 号、15 号、SU 号端子接通，以驱动起动机运转。同时，30 号与 15 号的接通将确保点火系统的点火线圈等进入工作状态。由于 P 号端子的断电，停车灯将无法工作；而 X 号端子的断电将导致前照灯、雾灯等耗电量大的用电设备关闭，以达到卸荷的目的，从而满足起动时需要瞬间大电流输入起动机的要求。在发动机成功起动后，应立即松开点火开关，使其回到 I 位置，以切断起动机的电流供应，并促使起动机驱动齿轮退回。

安装有车载电网控制单元 J519 车型上的点火开关功能　在配备车载电网控制单元 J519 的大众车型中，点火开关（一键起动开关）并未直接进行电路电流的控制，而是主要作为挡位信号的生成装置。当点火开关（一键起动开关）切换至不同挡位时，会产生相应的信号并传递至 J519 车载电网控制单元。随后，J519 将基于这些信号进行控制继电器的操作，进而决定是否接通电路电源。这种设计显著增强了点火开关的保护功能。相较之下，传统汽车中的点火开关直接由蓄电池供电，总火线电流较大，导线规格也相应较粗。而在搭载 J519 的车型中，点火开关（一键起动开关）仅通过 J519 接收信号火线，该火线仅用于信号传输，其电流极小，几乎可忽略不计。大众迈腾起动/停止按钮（点火开关）电路如图 1-3-30 所示。

（4）一键起动式点火开关

在电子技术持续进步的推动下，一键起动式点火开关在汽车行业中的应用日益广泛。该类型的点火开关摒弃了传统钥匙插入的操作方式，而是通过精确控制起动按钮的按压次数，结合换挡杆的具体位置和制动踏板的踩踏状态，实现传统点火开关所具备的 OFF、ACC、ON（IG）等多种功能。如图 1-3-31 所示，丰田凯美瑞和卡罗拉车型均采用了此类一键起动点火开关设计。

一键起动式点火开关系统由瞬时开关、琥珀色与绿色 LED 指示灯、照明灯、天线线圈以及收发器钥匙放大器等组件组成。驾驶人可通过观察指示灯的亮灭状态，准确判断当前的电源状态，并确认混合动力控制系统是否具备起动条件。若主车身 ECU（仪表板接线盒总成）检测到智能上车和起动系统存在异常，该 ECU 将控制琥珀色指示灯进行闪烁警示。在此情况下，若混合动力控制系统已停止运行，可能存在无法重新起动的风险。点火开关电源状态和指示灯状态对比见表 1-3-9。

一键起动式点火开关具备多样化的电源模式，这些模式与不同的制动踏板状态及换挡杆位置相匹配，具体详情见表 1-3-10。

第 1 章　汽车电路基础

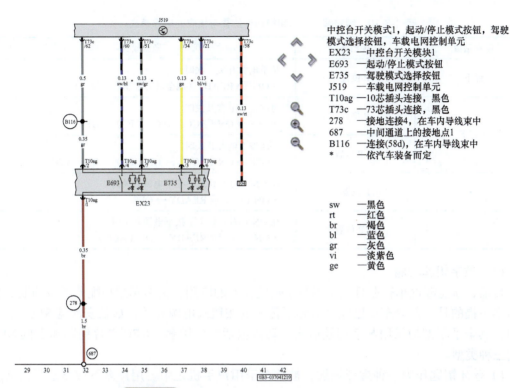

图 1-3-30　大众迈腾起动 / 停止按钮（点火开关）电路

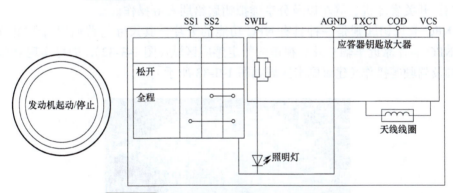

图 1-3-31　丰田凯美瑞一键起动点火开关示意图

表 1-3-9　点火开关电源状态和指示灯状态对比

电源状态	指示灯状态	
	未踩下制动踏板	踩下制动踏板且换挡杆置于"P"位置时
OFF	熄灭	点亮（绿色）
ON（ACC）、ON（IG）	点亮（琥珀色）	点亮（绿色）
READY	熄灭	熄灭
转向锁未解锁	闪烁（绿色）30s	闪烁（绿色）30s
智能上车和起动系统故障	闪烁（琥珀色）15s	闪烁（琥珀色）15s

表 1-3-10　制动踏板状态和换挡杆位置与相应的电源模式对比

制动踏板	换挡杆	电源模式
踩下	P 位置	按下电源开关一次时 • OFF → READY（混合动力控制系统起动）
未踩下	P 位置	每次按下电源开关时 • OFF → ON（ACC）→ ON（IG）→ OFF
未踩下	除 P 位置	每次按下电源开关时 • OFF → ON（ACC）→ ON（IG）→ ON（ACC）
—	P 位置	在 ON（IG）状态下按下电源开关时 • ON（IG）或 READY → OFF
—	除 P 位置	在 ON（IG）状态下按下电源开关时 • ON（IG）或 READY → ON（ACC）

（5）数字钥匙功能

目前，新能源汽车行业日益重视数字钥匙技术的应用，诸多车型均配备了该功能。特别值得一提的是，部分车型已完全摒弃了传统的按钮式电源开关，如长安深蓝 SL03 系列车型，其全系车型均采用数字钥匙形式，具体包括蓝牙钥匙、NFC 卡片钥匙和手机 NFC 钥匙三种类型。

1）蓝牙钥匙作为一种虚拟钥匙，被整合于用户手机之中。用户需下载指定手机 App 并激活蓝牙钥匙，随后通过蓝牙连接至车辆蓝牙钥匙控制器，实现汽车开关窗、开关锁、开关尾门、开关发动机、寻车以及分享虚拟钥匙给朋友等操作。

2）NFC 卡片钥匙则是一种具有 NFC 功能的卡片，其尺寸与普通银行卡相当。用户只需将 NFC 卡片靠近车辆左外后视镜的特定感应区域（图 1-3-32），即可实现对车辆的解锁、闭锁及驾驶等操作（建议刷卡区域如图 1-3-33 所示）。

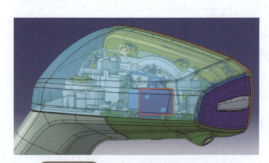

图 1-3-32　NFC 卡片钥匙感应区域

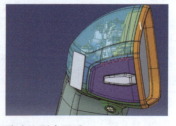

图 1-3-33　NFC 卡片钥匙建议刷卡区域

3）手机 NFC 钥匙作为另一种便捷的虚拟钥匙形式，被集成于手机 App 之中。支持的手机品牌及型号详见 App 说明。开通手机 NFC 钥匙后，用户只需将手机靠近车辆左外后视镜的感应区域，即可轻松完成对车辆的解锁、闭锁及驾驶等操作。

当车辆成功检测到数字钥匙后，整车控制器将随即起动对整车高低压系统的检测流程。在确保高压系统互锁信号无故障且高压电控系统自身无故障的情况下，动力电池管理系统将被唤醒，进而控制动力电池正负极高压接触器完成吸合动作，最终实现整车高压上电。

（6）组合开关

多功能组合开关集成了照明（包括前照灯与变光功能）、信号（涵盖转向、危险警告、超车等）以及刮水器（清洗器）等开关功能，安装于驾驶员便于操作的转向管柱上。该组合开关通常采用分体式设计，包含灯光手柄与刮水手柄两部分，如图 1-3-34 所示。该组合开关通过卡接方式固定在转向管柱上，其中左边为灯光控制区域，右边为刮水控制区域。

图 1-3-34　组合开关

① 灯光开关。用于控制转向信号灯、前照灯及其他灯光。

在车辆转弯之前，依据驾驶员转动方向盘的方向，前后推动灯光开关手柄，可相应起动左侧或右侧的转向信号灯。具体而言，当顺时针转动方向盘时，为右转信号，此时需将灯光开关手柄向前推动；当逆时针转动方向盘时，为左转信号，此时需将灯光开关手柄向后推动。同时，组合仪表中对应的转向指示灯应同步亮起。

目前，多数汽车在设计上实现了智能化操作，即在完成转弯动作后，当方向盘回正至初始位置时，灯光开关手柄将自动复位，相应的转向信号灯会自动熄灭。此外，灯光开关的末端还设有可绕手柄轴线扭动的功能，用以控制其他灯光的开启与调节，通常设有 3～4 个挡位以满足不同需求。

OFF——空挡，此挡位下，所有灯光将熄灭。

AUTO——自动灯光模式，该系统采用先进的感知技术，能够依据当前环境的光照条件，自动调整灯光的亮度和色温，以确保驾驶员在不同光线条件下获得最佳的视觉体验。

⋮○⋮——示廓灯，在当前状态下，除前照灯，所有其他相关灯光设备均已起动并处于工作状态，这些灯光设备包括但不限于仪表灯、前位灯、后位灯以及牌照灯等。

⋮D⋮——当前操作状态为前照灯开启时，近光灯将自动激活，同时其他相关车灯也将同步点亮。在此挡位下，用户仅需向下推动手柄，即可实现远光灯的切换。如需交替使用远近光灯以发出超车或提醒前车注意等信号，驾驶员可上下推拉手柄，系统将根据操作指令进行相应的灯光变换。

灯光开关的操纵及导通情况如图 1-3-35 所示。

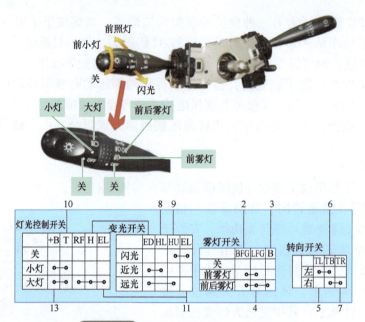

图 1-3-35 灯光开关的操纵及导通情况

② 刮水开关。方向盘右侧的操作手柄为刮水器和风窗洗涤器的控制开关。汽车刮水器旨在于各种天气条件下,优化驾驶员的视野清晰度。通过调节刮水开关的不同挡位,实现刮水及清洁功能。如需喷洒风窗洗涤液,可将操作手柄向上拉起。部分车型的手柄末端设置有专门的洗涤液按钮。一般而言,刮水开关分为5个挡位:

MIST——点动刮水。

OFF——空挡,刮水器不工作。

INT——间歇工作(每 4~5s 一次)。

LO——低速工作。

HI——高速工作。

刮水开关的操纵及导通情况如图 1-3-36 所示。

(7)特殊形式的组合开关

新能源汽车普遍集成了智能座舱系统,其中电气附件的操控多采取自动化设计,以实现便捷的开闭功能。电气系统的开关主要通过中控大屏进行集中控制,进一步提升了用户操作的便利性和直观性。组合开关的设计相较于传统汽车,也进行了相应的优化和调整。

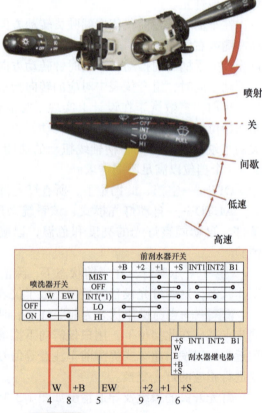

图 1-3-36 刮水开关的操纵及导通情况

具体而言，长安深蓝 SL03 系列车型在左侧设置了集成化的组合开关，该开关不仅包含了对刮水器的点动控制，还融合了转向灯以及远光灯的开关功能，形成了一体化的操作界面（图 1-3-37a）。而在车辆的右侧，组合开关则被巧妙地设计成了挡位开关，也被称为怀挡开关（图 1-3-37b），这样的设计使得挡位切换更加便捷。

此外，刮水器的开关操作、大灯的近光及自动点亮功能均可在中控大屏上进行直接控制，为用户提供了更为智能和直观的驾驶体验。

a) 刮水、转向、远光开关

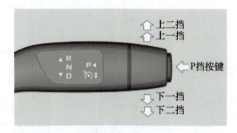
b) 挡位开关(怀挡开关)

图 1-3-37 长安深蓝 SL03 系列车型组合开关

（8）配电盒

在汽车制造中，为确保装配的便捷性和维护时故障排查的精确性，现在汽车通常整合了各种继电器和熔丝装置于一体，形成配电盒。配电盒的正面配置了多样化的继电器和熔丝装置，而其背面则配备有插座，旨在实现与线束插头的顺畅连接。通常，车辆会在发动机舱左侧和仪表板左侧分别设置一个配电盒。具体到小鹏 P7 车型，其在发动机舱、室内仪表板下方、行李舱下方以及蓄电池正极等关键位置，安装了前舱配电盒、室内配电盒、后配电盒等，以确保电力系统的稳定运作。小鹏 P7 的后配电盒如图 1-3-38 所示。

1.3.4 组合仪表及智能座舱

（1）组合仪表

组合仪表，作为一种车辆状态显示装置，其主要功能在于实时呈现车辆运行状况，并有助于驾驶员及时识别并解决潜在故障。在传统车型中，这一装置通过将车速表、冷却液温度表、燃油表、发动机转速表等多种仪表表芯、指示灯及警告灯等关键组件整合于同一外壳内，以实现信息的集中展示。

从技术分类的角度来看，组合仪表可区分为机械模拟式仪表与电子式仪表两大类别。前者依赖于机械结构来模拟并显示车辆各项参数，后者则借助电子技术实现更为精确、灵活的数据处理与显示功能。图 1-3-39 所示为传统燃油汽车电子式组合仪表。

新能源汽车组合仪表采用电子式设计，将功率表、车速表以及各类指示与警告灯集成于一体，实现了信息的集中显示与交互，如图 1-3-40 所示。

（2）智能座舱

智能座舱（Intelligent Cabin）作为一项前沿技术，旨在融合多元化人工智能技术，构建全方位的车内一体化数字平台。该平台旨在通过先进的智能化手段，为驾驶员提供卓越的使用体验，并有效提升行车安全性。

智能座舱作为智能网联汽车的核心组成部分，已逐渐演变成为该领域的标准配置。在智能座舱领域，各汽车厂商纷纷展现了各自独特的研发成果与技术实力。

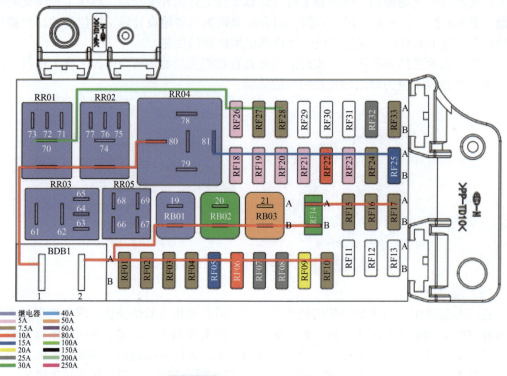

图 1-3-38　小鹏 P7 的后配电盒

图 1-3-39　传统燃油汽车电子式组合仪表

图 1-3-40　新能源汽车组合仪表

问界 M9 车型得益于华为技术的加持，推出了独具特色的鸿蒙座舱。该座舱配备了先进的一体环宇屏、激光投影巨幕以及 Magic-link 智慧屏系统等尖端功能，为人们打造了一个极致舒适的驾乘环境，问界 M9 鸿蒙座舱如图 1-3-41 所示。

图 1-3-41　问界 M9 鸿蒙座舱

第 2 章

Chapter 2

汽车电路图种类与识读方法

2.1 原理框图特点、组成及识读方法

2.1.1 原理框图特点及组成

在汽车领域中，由于电气系统的复杂性，常常需要以简明扼要的方式来表示各个电气系统或分系统的基本组成及其相互关系。为此，采用原理框图，也被称为系统图。原理框图（系统图）是一种简图，它使用符号或带有注释的框来概略地表示汽车电路的核心组成部分、相互关系以及主要特性。在原理框图（系统图）中，需要关注的是系统或分系统的主要特征，并以简化的方式呈现。图形符号和带注释的框用于描述系统或分系统的基本组成。原理框图（系统图）从整体上描述系统或分系统的结构，是了解汽车电气系统的初步参考依据。它根据系统或分系统的功能逐级分解绘制，有助于我们更好地理解汽车电气系统。图 2-1-1 所示为问界 M9 影音娱乐系统原理框图。

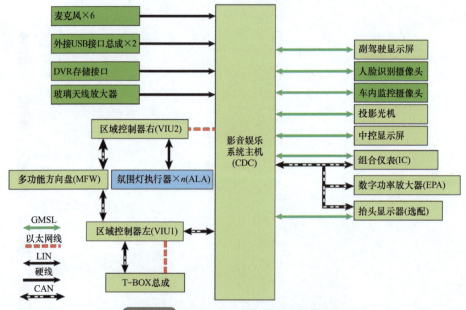

图 2-1-1　问界 M9 影音娱乐系统原理框图

问界 M9 影音娱乐系统及其相关电器元件的连接方式采用了多种通信技术。具体而言，该系统通过 GMSL（千兆多媒体串行链路）、以太网线、LIN 总线、CAN 总线和硬线（普通导线）等多种传输介质，实现了与其他关键组件的互联互通。其中，系统主机（CDC）作为核心组件，承担了图像信息处理、界面交互处理以及网络通信等重要功能；T-BOX 总成，即车载网络模块，负责提供数据流量服务，确保车辆与外界信息交互的畅通无阻；数字功率放大器则专注于音频输出，为驾乘提供高质量的音频体验。此外，系统还配备了人脸识别和车内监控摄像头，这些设备主要用于对驾驶员进行疲劳监控，确保行车安全。

在原理框图（系统图）中，我们能够清晰地观察到整个系统的连接架构，包括其构成的部件、与哪些电控单元存在交互，以及它所控制的特定部件等关键信息。需要明确的

是，原理框图仅是一种高层次的示意图，用于描述系统与部件之间的基本连接关系，并未详细展示电路的具体布局和流向。

2.1.2 原理框图识读方法

在汽车电路原理框图中，每个方框中所标注的内容一般是整车或系统的一个独立部件。每个方框之间的关系由方框之间的线条沟通，所用箭头表示信息或电量的流向。在分析电路工作原理之前，先阅读该电路的原理框图有助于加深了解电路的工作原理。

在分析方框图、了解信号或电流传输过程时，应认真查看图中的箭头方向，箭头方向表示信号的传输方向。如果没有箭头方向，则可根据方框图的图形符号来判断。箭头如果是双向的，表示信号既能输入也能输出；方框图中粗线条表示 CAN 总线，图 2-1-2 所示为问界 M9 后驱动电机系统组成原理框图。

识读原理框图时，应先查看电路图下方的图注，了解各种线条代表的含义，再从整体上对原理框图进行识读。对原理框图有整体的了解后，应进一步查看系统（整车或系统）共有几个框（多少部件），框与框之间存在何种关系，再对照电路原理图，就可以对电路理解得更为深刻。

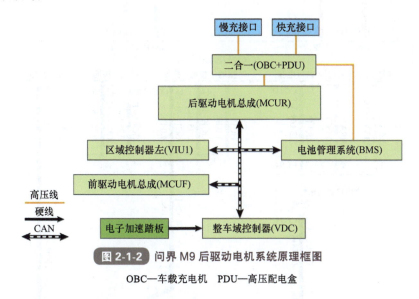

图 2-1-2　问界 M9 后驱动电机系统原理框图

OBC—车载充电机　　PDU—高压配电盒

2.2 电路原理图特点、组成与识读方法

2.2.1 电路原理图特点及组成

电路图是用电路元件符号，按工作顺序或功能布局绘制的，详细表示汽车电路的全部组成和连接关系，不考虑实际位置的简图。电路原理图可清楚地反映出电气系统各部件的连接关系和电路原理，如图 2-2-1 所示。

电路原理图的特点如下：

① 电路原理图不仅全面展现了整车的电路布局，更巧妙地将各系统内部的细节串联

成一幅完整而有序的局部电路图。它以其详尽而精炼的内容，为理解汽车的工作原理及系统间的相互作用提供了有力的视觉支持。在实际应用中，我们可以根据需要将特定的系统从整车电路中提取出来，形成独立的局部电路图，以便于进行深入研究。

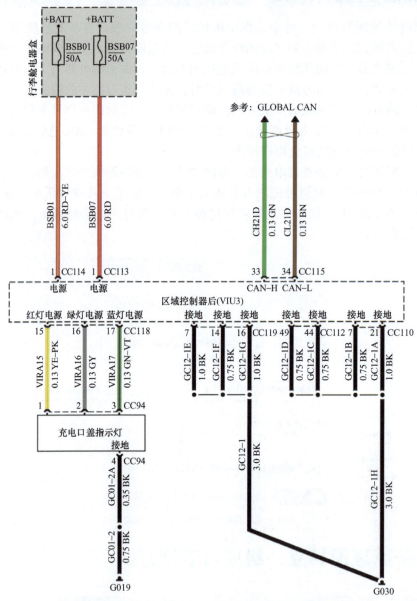

图 2-2-1　电路原理图（问界 M9 充电口盖、指示灯电路图）

② 图中采用标准化的电器元件符号来精确表示各种电器部件，这些符号具有明确的识别性，方便快速定位和理解。

③ 在电路原理图中，建立了清晰的电位高低概念。负极搭铁被绘制在图中的最下方，代表其电位最低；而正极连接线则位于最上方，代表其电位最高。电流的流动方向通常遵循从上至下的原则，其路径清晰可见：从电源正极出发，经过开关控制，流向用电器，最

后通过搭铁线回到电源负极。

④ 与常规的车上安装位置布局不同，电路原理图按照各电器的工作原理在图中进行了合理的布局。这使得各系统相对独立地展现在图中，为各用电设备单独的电路分析提供了极大的便利。

⑤ 每个电器旁边都标有清晰的电器名称及代码，如控制器件、继电器、过载保护器件、用电器、铰接点及搭铁点等，这些标注为识别和分析电路图提供了有利的参考。

⑥ 在电路原理图中，所有的开关及用电器都被设定为不工作的状态。例如，点火开关处于断开位置，发动机处于停止状态，车灯也未开启等。这样的设定是为了确保我们在分析电路图时能够更准确地理解电路的结构和原理。

⑦ 电路图的导线一般会标注颜色和规格代码，有的车型还会进一步标注该导线所属电器系统的代码。这些标注信息为对照定位图找到电器或导线在车上的具体位置提供了极大的帮助。

2.2.2　电路原理图识读

（1）汽车电路图识读基础

① 牢记回路原则。任何用电器正常工作时均需与电源构成回路。汽车电路由基本电路演变而来，可视为多条电路并联或串联。只要遵循电流从电源正极流向负极的原则，即可识读电路图。

② 汽车电路一般原则。

双电源原则：从一个电源正极出发，经过用电器回到同一电源的负极。

单线制原则：电源正极→导线→开关→用电器→同一电源的负极。

③ 了解图注含义。阅读图注，了解电器设备名称及代号，便于快速准确识读电路图。

④ 熟悉电路符号标记。电器设备接线柱有不同标志代号，便于绘制和识读电路图。

⑤ 熟悉开关和继电器作用。开关与继电器是电路通断调控的核心要素。在电路图的设计中，各类开关、继电器均以其初始状态进行绘制，如按钮处于未按压状态，开关处于断开状态，或继电器线圈未通电，其触点保持未闭合（常开触点）或未断开（常闭触点），此类情形被称为电路的初始配置。然而，在分析电路图时，不能单纯基于初始配置进行解读，因为这将导致难以理解电路的实际工作原理。事实上，大多数电器设备的功能实现，均依赖于开关、按钮以及继电器触点的状态变化，进而实现电路回路的调整，以达到不同电路的功能需求。

⑥ 导线颜色标注及规律。汽车导线颜色与电路图上线色代码相对应，导线颜色包括纯色型、条纹色型及螺旋条纹色型等。

⑦ 全面了解整车电路图。识读汽车电路图前，先了解整车电路图。通过软件或 PDF 格式，查看整车电路组成，对电器设备做全面了解。

（2）汽车电路图识读方法

① 全局概览。随着汽车电子技术的不断发展，汽车电路日益复杂。当前，汽车制造商通常不再提供完整的整车电路图，而是针对特定系统提供全面的电路图，并辅以相关系统的细分电路图。例如，EPS 系统则会提供一份完整的系统电路图以及若干份详细的分解图。如图 2-2-2a、b 和图 2-2-3 所示，分别是丰田混合动力车型 EPS 系统的整体电路图和系统分解电路图。

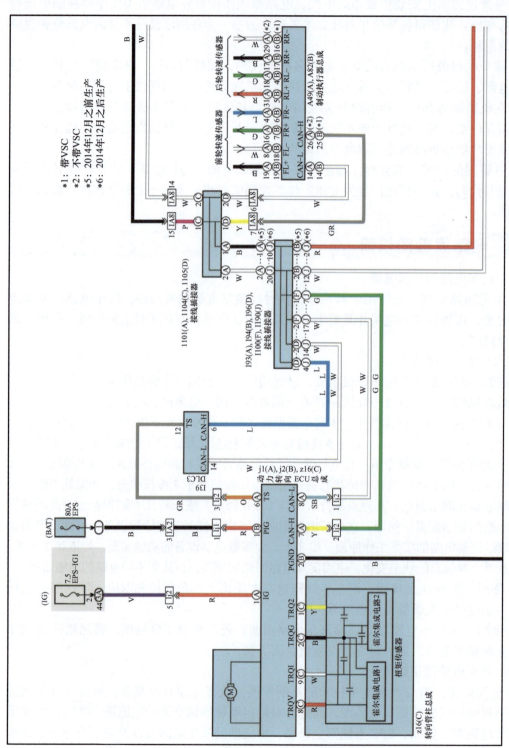

a) 电路全图(1)

第2章 汽车电路图种类与识读方法

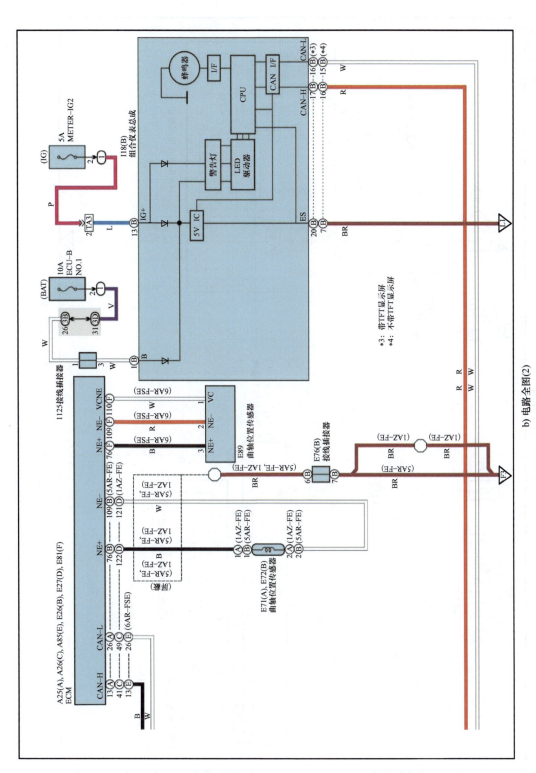

b) 电路全图(2)

图 2-2-2 丰田汽车 EPS 系统电路

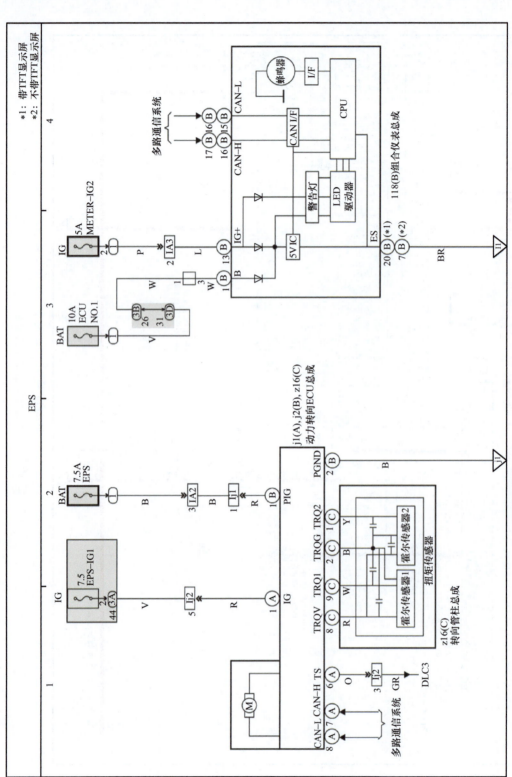

图 2-2-3 丰田车系 EPS 系统电路分解图

② 关注系统工作流程与交互关系。在解读某一系统的电路图时，首先需要明确该系统包含哪些部件以及各部件的功能。在解读过程中，应特别关注开关、继电器触点的工作状态，因为大多数电器系统都是通过这些部件的不同工作状态来改变电路回路，从而实现不同的功能。

③ 以典型电路为分析基础、触类旁通。在解读汽车电路图时，应善于剖析典型电路，以达到触类旁通的效果。目前，同一品牌下的不同车型电路图在结构上基本相同，差异主要在于外围接线端口的不同，或在某一基础上增加了某些电器设备以实现更多的功能。因此，一旦掌握了某一典型电路的分析方法，就可以通过举一反三、对照比较、触类旁通，进而掌握汽车电路的一些共同规律。再以这些共性为指导，去理解其他品牌汽车的电路原理，便可以进一步发现更多的共性以及不同车型之间的差异。

（3）汽车电路图识读步骤

① 首先对该车型所使用的电器设备结构及其工作原理进行深入了解，明确其规格标准、编号、导线色码以及导线走向，以确保对基础信息的全面掌握。

② 在识读电路原理图时，需详细了解主要电器设备的各接线端子与哪些电器设备的接线端子相连接，同时明确该设备的分线走向。此外，还需掌握分线路上开关、熔丝、继电器等元件的作用，以及整体的控制方式和工作基本过程，以确保对电路逻辑的全面理解。

③ 鉴于汽车电路中存在大量类似的部分，它们通常是由功能相同或基本相同的回路所构成，仅有个别情形存在差异。因此，在识读电路图时，应着重抓住典型电路进行分析，通过触类旁通的方式，快速而准确地理解整个电路的结构与功能。

（4）汽车电路图识读技巧

① 明确汽车电路的三类信号。为了深入理解汽车电路图，首要任务是理清电路中的信号类型。具体而言，需要识别某条线路所承载的信号类型，即其是否为输入信号、输出信号或控制信号，并明确该信号的作用、产生条件、来源和去向。

a）电源：必须清晰掌握蓄电池或经中央控制盒处理后的电源为哪些元器件供电。与电源正极相连的导线，在到达用电设备前，构成电源电路；而与接地点相连的导线，在到达用电设备前，则构成接地电路。汽车电路中的电源通常分为常电源和条件电源两种。

b）信号：汽车电路中常见的是开关输入信号和传感器输入信号。传感器通常共享电源线、接地线，但绝不会共享信号线。在分析传感器电路时，可采用排除法，即排除其不可能的功能以确定其实际功能。例如，在分析具有三根导线的传感器电路时，若已确定其电源电路、接地电路，则剩余部分即为信号电路。

c）控制：控制信号主要由控制单元发出，分布于各个执行器电路中，如点火电路中的点火信号、燃油喷射控制电路中的喷油信号、空调控制电路中的控制压缩机运转信号等。在汽车电路中，存在执行器共享电源线、接地线和控制线的情况。

② 简化电路结构。基于上述三类信号以及电气系统工作的基本原则，可将电路划分为电源电路（正极供电）、接地电路（回到负极构成回路）、信号电路和控制电路。

③ 准确判断电路的串并联关系。在解读汽车电路图时，应特别注意各元器件之间的串并联关系，特别是共享电源线、接地线和控制线。

④ 区分导线功能。直接相连的导线（也可能通过熔丝、接点连接）通常具有相同的功能，如均为电源线、接地线、信号线或控制线等。若一组导线不经用电设备而连接，且其中一根导线接电源或接地，则该组导线均为电源线或接地线。

⑤ 判断导线是否共享。在汽车电路图中，部分导线可能会被共享，如部分接地线和电源线。一些传感器可能会共享电源线、接地线，但绝不会共享信号线。部分执行器会共享电源线、接地线，有些还会共享控制线。

2.3 线束图特点、组成及识读方法

2.3.1 线束图特点及组成

随着汽车上用电设备和电控单元的增多，所需的连接导线也日趋增多。为确保安装便捷、导线保护得当且维修便利，通常会将同路的众多导线使用棉纱编织物或聚氯乙烯塑料带进行包扎，形成线束。

线束图是依据电气设备在汽车上的实际安装位置绘制的局部电路图，对于实际维修检测具有重要意义。它能帮助检测技术人员迅速确定插接器的位置、连接走线等关键信息。整车电路线束图在汽车厂总装线、修理厂的连接、检修与配线过程中，发挥着不可或缺的作用。

线束图主要展示了线束与各用电器的连接部位、接线端子的标记、插头、插接器（连接器）的形状及位置等详细信息。此类图纸通常不详细描绘线束内部电线的具体走向，而是将线束外部的插头与插接器进行详细编号或字母标记，以便于识别和管理。线束图按照布线位置和线束的功能可细分为发动机舱线束、仪表板线束、底板线束、车身线束、后部线束等。其中，发动机舱线束主要为动力控制系统、前照灯、转向灯等用电设备提供明确的安装位置。如图 2-3-1 所示，它直观地展示了发动机舱线束的布局和连接关系。

仪表板线束更为复杂，汽车大部分线束从这里出发，分别连接不同的用电设备，这里是线束的起源地。仪表板线束（长城欧拉电动汽车）如图 2-3-2 所示。

车身线束主要是车身顶部、前后门、行李舱等用电设备的连接线束。车身线束（长城欧拉电动汽车）如图 2-3-3 所示。

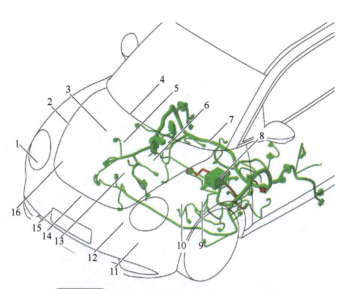

图 2-3-1 发动机舱线束（长城欧拉电动汽车）

1—连接前保险杠线束　2—直流充电插座　3—蓄电池传感器　4—接仪表线束　5—电子膨胀阀　6—四通阀
7—前刮水器电机　8—蓄电池　9—左前轮速传感器　10—冷却水泵　11—高音扬声器　12—电子驻车器
13—车载充电机　14—冷却液温度传感器　15—车外温度传感器　16—右前碰撞传感器

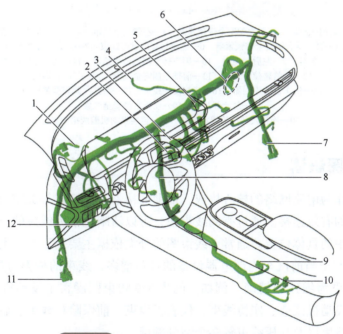

图 2-3-2 仪表板线束（长城欧拉电动汽车）

1—智能识别摄像头　2—车身电子域控制器2　3—车身电子域控制器1　4—单温区阳光传感器
5—连接仪表线束/阳光传感器线束　6—多媒体播放器　7—连接发动机舱线束　8—车内温度传感器
9—智能识别控制器　10—连接座舱线束P10　11—连接座舱线束P101　12—诊断接口

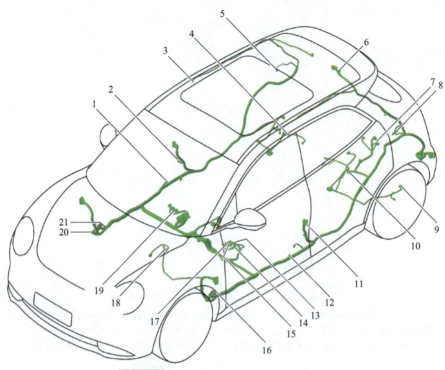

图 2-3-3 车身线束（长城欧拉电动汽车）

1—右侧碰撞传感器　2—副驾驶安全带预紧器　3—左侧安全气帘　4—第二排右侧乘员传感器
5—第二排右侧安全带预紧器　6—连接后背门过度线束　7—全景泊车控制器
8—行李舱灯　9—左后制动钳　10—第二排左侧乘员传感器　11—连接左后门线束
12—左侧碰撞传感器　13—前排左侧安全气囊　14—驾驶员座椅
15—泊车雷达控制器　16—连接仪表线束　17—前排左侧安全带插锁
18—制动灯开关　19—前排右侧安全气囊
20—连接发动机舱线束 H07　21—连接发动机舱线束 H116

2.3.2 线束图识读

汽车线束，作为电路网络的核心构成，借助插接器、交接点等关键组件，实现与车内各类电器及车体的有效连接。通过查阅线束图，可以清晰地掌握线束的布局走向以及各插接器在整体系统中的具体位置。通常，线束图的分类依据主要基于系统类型或在车辆上的实际安装位置。鉴于当前汽车内部电器设备的日益增多，线束的种类与数量也随之增长，线束图的分类也更为细致和精确。例如，问界 M9 线束图涵盖了发动机舱线束、底盘线束、顶棚线束、发动机线束、座椅线束、仪表板线束、前保险杠线束、后保险杠线束、空调线束、后空调线束以及高压线束等多个细分领域。

（1）线束图识读要领

① 在整车结构中，首要任务是明确线束的总组数，包括各组线束的具体名称，并精确掌握这些线束在车辆上的实际安装位置。

② 对于每一组线束，需详细辨识其上分支所连接的特定电器设备，进一步细化至每一分支包含的导线数量、导线颜色与标号信息，以及这些导线各自连接至电器设备的具体接线柱位置。

③ 此外，还需准确识别车辆中的插接器，并确保它们与对应电器设备上的插接器正确连接。

（2）线束图识读方法

① 结合电路图进行识读。汽车电器原理图作为汽车电器线束图的基础，具有至关重要的地位。线束图详细展示了线束各部分所连接的电气设备，以及电器设备插接器、搭铁在车身上的具体分布位置，为快速查找和定位相关插接器、搭铁等提供了便利。

② 精确定位主要元器件。在汽车线束图中，主要元器件的标注通常较为显著，易于识别。例如，电源系统中的发电机、蓄电池，起动系统中的起动机，灯光系统中的前照灯、灯光开关，点火系统中的点火线圈、分电器等。在明确了需要检查的单元电路主要元器件后，进一步与汽车上的实物进行对应确认，便可依据电器线路图上各导线的颜色和走向，精确找到所需的导线或其他元器件。

2.4 电气系统元件位置图组成、特点及识读方法

2.4.1 电气系统元件位置图组成与特点

电气系统元件位置图，旨在详尽展示汽车中各类用电设备零件的确切安装位置。这类图示通过精准地将汽车上的用电设备按其实际安装位置在图纸上予以标识，为维修人员提供了极大的便利。在进行维修与检测工作时，维修人员能够凭借这张图迅速、准确地定位到所需零件的位置，大幅提升了维修工作的效率与精准度。特别是发动机传感器和执行器等关键部件的位置，在维修过程中被频繁地引用和参考。图 2-4-1 所示为某车型发动机控制系统元件位置。

2.4.2 电气系统元件位置图识读

汽车电气系统元件位置图以其直观性、精准地展示了电气系统各零部件在车辆上的具体安装位置。在进行电气系统维护时，这一图件成为不可或缺的工具。首先，维修人员可以通过分析系统的完整电路，准确识别出该系统所需的关键零部件。接着，利用元件位置图，可以轻松地追踪到每一个零部件在车辆上的实际安装点。这一流程不仅提高了维修效率，而且为快速查找和精确定位故障部位提供了强有力的指引。图 2-4-2 所示分别为电动门窗系统、智能进入和起动系统元件位置。

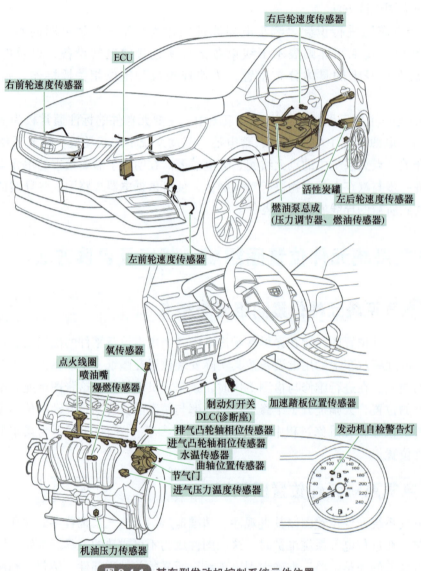

图 2-4-1 某车型发动机控制系统元件位置

第 2 章　汽车电路图种类与识读方法

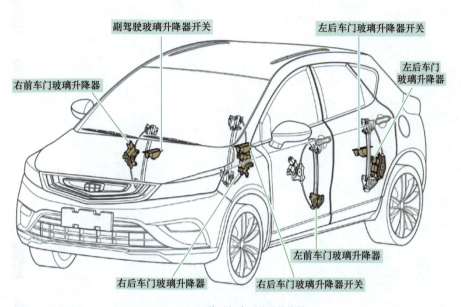

a) 电动门窗系统元件位置

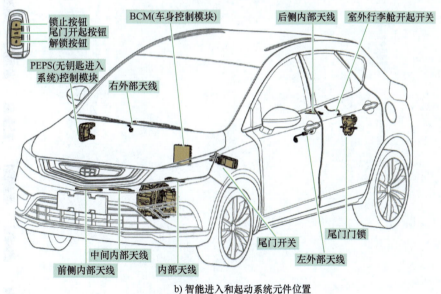

b) 智能进入和起动系统元件位置

图 2-4-2　电气系统元件位置

第 3 章

汽车基础电气系统组成及电路图识读

Chapter 3

3.1 起动系统基本组成与电路图识读

3.1.1 起动系统基本组成

电力起动系统以其操作便捷、起动迅速,以及具备重复起动和远程控制的特性,在现代汽车行业中得到了广泛应用。这里以当前汽车领域普遍采用的起动系统为例,详细阐述了电力起动系统的组成、架构、工作原理以及检修流程。

(1) 常规起动机的类型

目前,常规电力起动机主要涵盖以下三种类型:

① 电磁控制强制啮合式起动机(常规起动机),其磁极通常采用电磁铁,传动机构主要由驱动齿轮、单向离合器和拨叉等简易组件构成,无特殊结构或装置。

② 永磁电动机,其电动机的磁极采用永磁材料,取消了磁场线圈,使得结构更为简化,具有体积小、质量轻的特点。

③ 减速起动机,其特点在于采用高速、小型、低转矩电动机,并在传动机构中配置了减速装置。相较于普通起动机,其质量和体积减小了30%～35%,但结构设计和制造工艺较为复杂。

(2) 起动机的基本要求

为确保起动过程的高效与安全,所有类型的起动机均需满足以下基本要求:

① 起动过程应平顺无冲击,起动机的齿轮与发动机飞轮齿圈的啮合应柔和,避免产生冲击。

② 发动机起动后,起动机小齿轮应能自动打滑或脱离啮合,确保系统安全。

③ 发动机在运行过程中,起动机小齿轮不得再进入啮合状态,防止发生潜在冲击。

④ 起动系统结构应设计简单,以确保其工作的稳定性和可靠性。

(3) 常规起动机的组成、结构和工作原理

常规起动机主要由直流串励式电动机、传动机构以及控制装置(通常被称为电磁开关)组成。如图3-1-1所示,展示了常规起动机的齿轮和发动机飞轮齿圈之间的啮合关系;图3-1-2所示为常规起动机的组成。当点火开关被旋转至起动挡位时,直流串励式电动机随即产生转矩并开始转动。同时,电磁开关将传动机构中的小齿轮推出,使其与发动机的飞轮齿圈精确啮合。这一过程中,电动机的转矩通过传动机构被有效地传递给飞轮,进而促使发动机起动。

3.1.2 起动机控制电路

目前常见的起动机控制电路为带起动继电器的控制电路。装起动继电器的目的是减小通过点火开关的电流,防止点火开关烧损。起动继电器有4个接线柱,分别连接起动机、蓄电池和点火开关,点火开关与搭铁接线柱之间是继电器的电磁线圈,起动机和蓄电池接线柱之间是继电器的触点。接线时,点火开关接线柱接点火开关的起动挡,蓄电池接线柱接电源,搭铁接线柱直接搭铁,起动机接线柱接起动机电磁开关上的起动机接线柱,如图3-1-3所示。

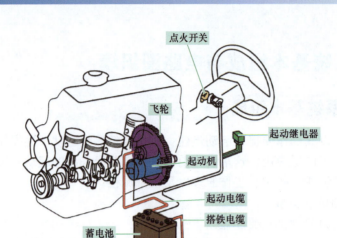

图 3-1-1 常规起动机的齿轮和发动机飞轮齿圈

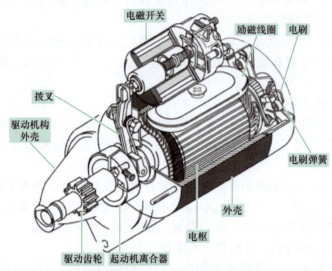

图 3-1-2 常规起动机的组成

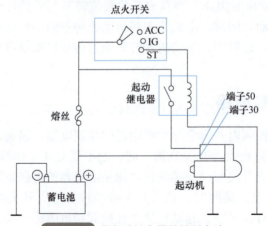

图 3-1-3 带起动继电器的控制电路

发动机起动时，将点火开关起动挡接通，继电器的电磁线圈通电，使触点闭合，电源的电流便经继电器的触点通往起动机电磁开关的起动机接线柱。电磁开关通电后，便控制起动机进入工作状态。从电路中可以看出，起动期间流经点火开关起动挡和继电器线圈的电流较小，大电流经过继电器开关流入起动机，保护点火开关。

3.1.3 起动系统电路图识读

（1）丰田车系起动电路图识读

丰田卡罗拉/雷凌的起动功能是在发动机控制 ECU 和发动机起停 ECU 的协同作用下进行控制的。丰田卡罗拉/雷凌起动系统电路如图 3-1-4 所示。

① 首次起动控制电路。当点火开关位于 ST1 挡且驻车挡/空挡位置开关位于 P 挡或 N 挡时，ST 继电器电磁线圈通电，电流通路为蓄电池电压→AM2 熔丝→点火开关 7 号端子→点火开关 5 号端子→4 号接线插接器（A102）19 号端子→4 号接线插接器（A102）21 号端子→驻车挡/空挡位置开关 4 号端子→驻车挡/空挡位置开关 9 号端子→6 号接线插接器 2 号端子→6 号接线插接器（A74）10 号端子→4 号接线插接器（A102）6 号端子→4 号接线插接器（A102）8 号端子→1 号 ST 继电器端子→2 号 ST 继电器端子→搭铁，ST 继电器吸合，起动机控制电路接通。

起动机控制电路电流通路为蓄电池电压→ST 熔丝→5 号 ST 继电器端子→3 号 ST 继电器端子→起动机总成 A2 号端子。此时，起动机内部的电磁开关线圈通电，电磁开关触点闭合，接通起动机主电路。

主电路：起动机主电路，蓄电池正极→起动机总成 B1 号端子，起动机通电运转，起动发动机。

② 发动机停机后再次起动控制电路。发动机停机后，点火开关位于 ON 位置，需要再次起动时，发动机起停 ECU 控制 2 号 ST 继电器电磁线圈通电，电流通路为发动机起停 ECU 的 23 号端子→5 号接线插接器（A73）的 17 号端子→5 号接线插接器（A73）的 18 号端子→2 号 ST 继电器的 2 号端子→2 号 ST 继电器的 1 号端子→搭铁，2 号 ST 继电器吸合，起动机控制电路接通。

起动机控制电路电流通路为蓄电池电压→2 号 ST 继电器熔丝→2 号 ST 继电器 5 号端子→2 号 ST 继电器 3 号端子→起动机总成 A1 号端子。此时，起动机内部的电磁开关线圈通电，电磁开关触点闭合，接通起动机主电路。

主电路：起动机主电路，蓄电池正极→起动机总成 B1 号端子，起动机通电运转，起动发动机。

（2）北京现代起动系统电路图识读

如图 3-1-5 所示，该起动系统电路由蓄电池、起动机、起动继电器、点火开关、防盗继电器、变速器挡位开关、熔丝和导线等组成。该起动电路将配备手动变速器或自动变速器、未配备防盗系统或将配备防盗系统的控制方式合并在一个电路图中。

起动机小齿轮的工作条件需满足以下要求：

当起动继电器开关闭合时，蓄电池将为起动机的吸合线圈和保持线圈提供电能。随后，起动机的机械运动将触发其内部电磁开关的闭合，进而蓄电池将为电机供电，促使起动机开始旋转工作。

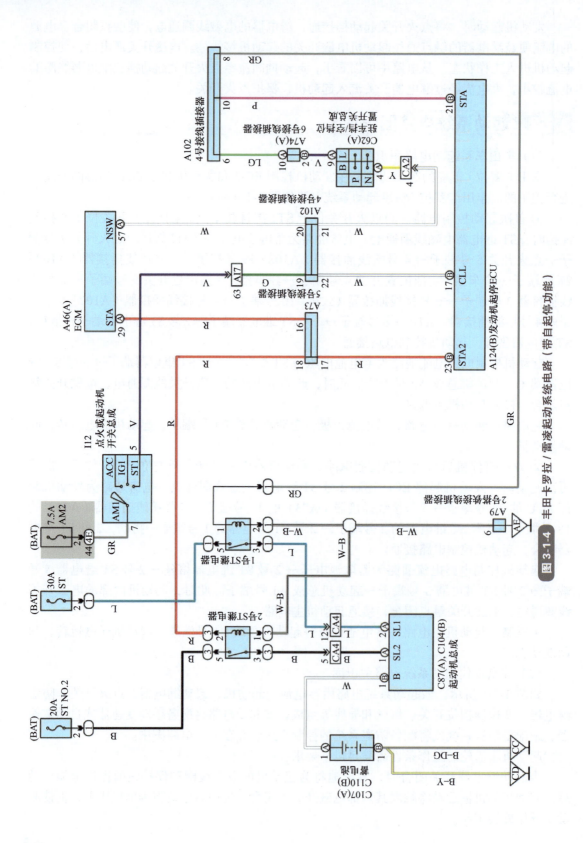

图 3-1-4 丰田卡罗拉/雷凌起动系统电路（带自起停功能）

第3章 汽车基础电气系统组成及电路图识读

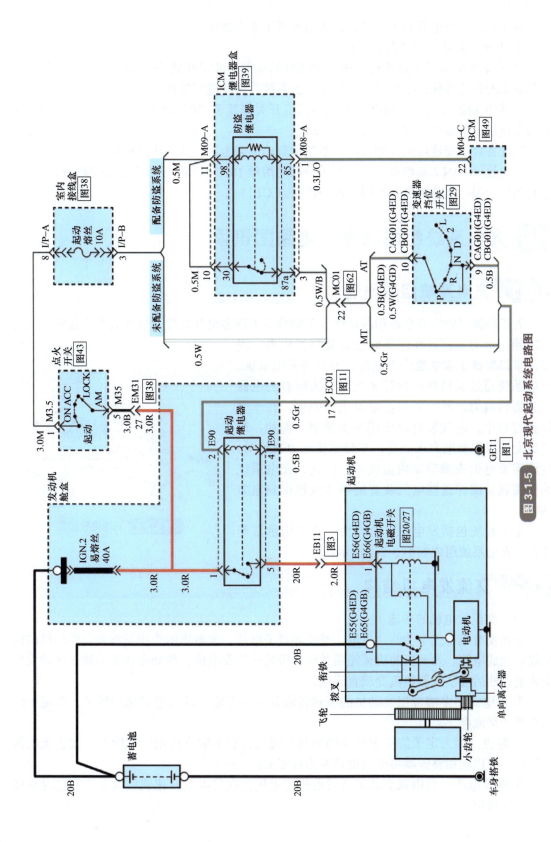

图 3-1-5 北京现代起动系统电路图

对于起动机继电器的工作条件，需满足以下 3 点要求：

① 点火开关须置于"起动"位置。

② 若车辆配备了防盗系统，则防盗继电器应处于非工作状态，即图 3-1-5 所示状态。若车辆未配备此系统，则参照"未配备防盗系统"线路进行操作。

③ 若车辆配备自动变速器，变速器挡位开关需置于"P"或"N"位置。若车辆配备手动变速器，则参照"MT"线路进行操作。

以配备自动变速器但未配备防盗系统的起动电路为例，其工作路径如下：

蓄电池→IGN.2 易熔丝→点火开关→起动熔丝 10A →未配备防盗系统线路→ AT →变速器挡位开关→起动继电器控制线圈→搭铁点 GE11。

3.2 充电系统组成原理与电路图识读

3.2.1 充电系统组成原理

为了确保驾驶的安全性和舒适性，车辆装备了许多电气装置。这些装置不仅需要在行驶时使用电力，而且在停车时也需要持续供电。因此，车辆配备了蓄电池作为电源，并具备充电系统。充电系统通过发动机的运行来发电，为所有的电器设备提供电力，同时也对蓄电池进行充电。在车辆行驶过程中，电气装置的作用至关重要。例如，车辆的发动机需要电力来驱动，车灯需要电力来照明，空调需要电力来调节车内温度等。因此，充电系统的作用就是确保这些电气装置能够持续地得到电力供应。

充电系统包括发电机、蓄电池、充电指示灯等部件，充电系统组成如图 3-2-1 所示。

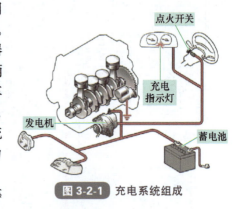

图 3-2-1 充电系统组成

3.2.2 交流发电机结构

（1）交流发电机的功能

交流发电机有三个功能：发电、整流和调节电压。发电机的作用是将来自发动机的机械能转变成电能。发动机的机械能通过传动带轮传给发电机，传动带轮带动转子转动发出交流电，然后经整流器整流变成直流电。

① 发电。用多槽带把发动机的旋转传输到传动带轮，转动电磁化的转子，在定子绕组中产生交流电。

② 整流。因为定子绕组中产生的电是交流电，它不能直接用于车辆上安装直流电器的使用，所以利用整流器将交流电转变为直流电。

③ 调节电压。利用调节器调节发电机的电压，在发电机转速或负载发生变化时也能保持电压稳定。

(2)交流发电机的结构

交流发电机的主要部件是：产生磁场的转子、产生交流电的定子绕组以及整流用的整流器等。

此外，还有为了产生磁场而将电流提供给转子的电刷和滑环，使转子平滑转动的轴承、安装这些部件的壳体、用于接线的接线端等，发电机构造如图3-2-2所示。

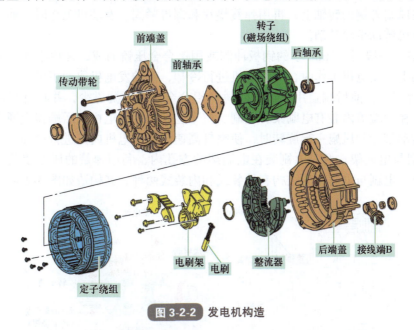

图3-2-2 发电机构造

① 转子。转子是交流发电机的磁场部分，主要由转子轴、励磁绕组、两块爪形磁极（也称为磁极）、滑环等组成，如图3-2-3所示。

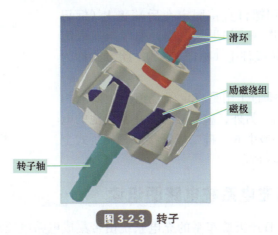

图3-2-3 转子

由低碳钢制成的两块六爪磁极压装在转子轴上，其空腔内装有导磁用的铁心，称为磁轭。铁心上绕有励磁绕组，励磁绕组的两根引线分别焊在与轴绝缘的两个压装在转子轴的滑环上。滑环与装在后端盖内的两个电刷相接触，两个电刷通过引线分别接在两个螺钉接线柱上。这两个接线柱即为发电机的F（磁场）接线柱和－（搭铁）接线柱。当这两个接线柱与直流电源相通时，便有电流流过励磁绕组，产生磁通，使两块爪极被分别磁化为N

极和 S 极，形成犬牙交错的磁极，从而产生磁场，当发电机工作时，可在定子铁心内部形成交变磁场。

② 定子。定子又称电枢，由定子铁心和定子绕组组成。定子铁心一般由一组相互绝缘且内圆带有嵌线槽的圆环状硅钢片叠制而成。

③ 传动带轮。传动带轮通常用铸铁或铝合金制成，分单槽和双槽两种，利用风扇的半圆键装在风扇外侧的转轴上，再用弹簧垫片和螺母紧固。发动机工作时，通过风扇传动带带动发电机传动带轮转动。

④ 风扇。一般用 1.5mm 厚的钢板冲制或用铝合金压铸而成，并用半圆键装在前端盖外侧的转轴上。发电机工作时，对发电机进行冷却，有的发电机取消了风扇。

⑤ 前后端盖。前后端盖用非导磁性材料铝合金制成，漏磁少，并具有轻便、散热性好等优点。在后端盖内装有电刷架和电刷。汽车上使用的发电机前后端盖上通常设置有通风口。当传动带轮和风扇一起旋转时，使空气高速流经发电机内部进行冷却。

⑥ 电刷与电刷架。两只电刷装在电刷架的方孔内，利用弹簧的压力使其与滑环保持良好的接触。电刷与电刷架的结构有外装式和内装式两种，其构造如图 3-2-4 所示。

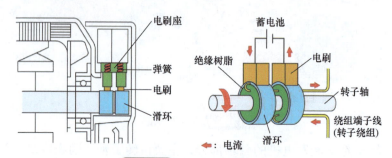

图 3-2-4 电刷与电刷架构造

搭铁电刷的引线用螺钉直接固定在后端盖上（标记"-"），此方式称为内搭铁；如果此电刷的引线与机壳绝缘接到后端盖外部的接线柱上（标记"F"），此方式称为外搭铁。

⑦ 整流器。整流器的作用是将定子绕组产生的三相交流电变成直流电输出。另外，整流器可阻止蓄电池的电流向发电机倒流。它一般由 6 个硅二极管接成三相桥式全波整流电路，如图 3-2-5 所示。

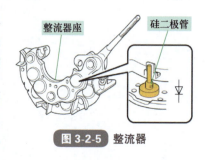

图 3-2-5 整流器

3.2.3 日产天籁充电系统电路图识读

如图 3-2-6 所示，日产天籁车系的充电系统由带集成电路电压调节器的交流发电机、蓄电池、组合仪表内的充电警告灯、点火开关以及相关导线组成。交流发电机具有 4 个端子，其中 B 端子负责为蓄电池充电并为车辆低压电器系统供电；L 端子能够控制充电警告灯的点亮，当点火开关处于 ON 或 START 位置时，充电警告灯会亮起；交流发电机在发动机运转且能够提供足够的电压时，充电警告灯会熄灭。S 端子则用于监测蓄电池电压，并通过 IC 调节器调节发电机输出电压；E 端子为接地端。

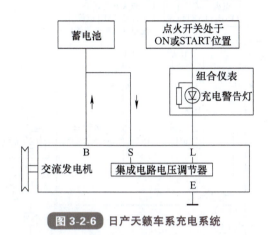

图 3-2-6 日产天籁车系充电系统

日产天籁车系采用了发电机电压可控系统（图 3-2-7），该系统能够执行发电机电压可变控制，从而减小了因交流发电机发电而产生的发动机负载，进一步降低了燃油消耗。发电机电压可控系统通过蓄电池电流传感器感应蓄电池充电电流，并将其输送至发动机控制单元（ECM）。发动机 ECM 根据充电需求，向 IPDM E/R（发动机舱智能配电模块）发送发电指令值信号。IPDM E/R 根据接收到的发电指令值信号，向交流发电机的 IC 调节器发送发电指令信号（PWM 信号）。IC 调节器接收到信号后，对发电机输出电压进行调节，以满足蓄电池充电的需求。

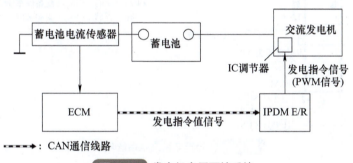

图 3-2-7 发电机电压可控系统

日产车系充电系统电路如图 3-2-8 所示。

(1) 充电警告灯电路

在点火开关开启而发动机尚未起动的情况下，蓄电池电压会通过 10A 熔丝传输到组合仪表的 4 号端子，并从 3 号端子输出，进入发电机的 3 号端子（标记为 L 端子）。此时发电机尚未运行，IC 调节器的充电警告灯控制晶体管处于导通状态，导致充电警告灯亮起。当发动机开始运转并带动发电机为蓄电池充电时，IC 调节器的充电警告灯控制晶体管关闭，充电警告灯被熄灭。

(2) 蓄电池充电电路

发电机起动后，其 1 号端子将输出电能，并通过 F50 熔丝为蓄电池进行充电。

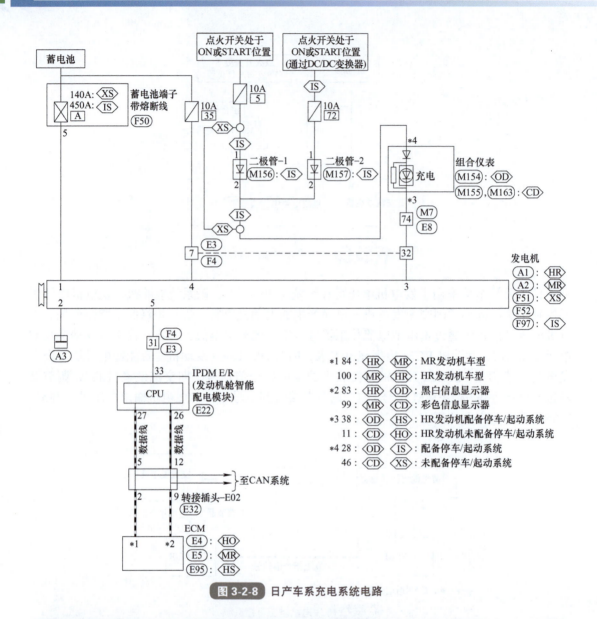

图 3-2-8 日产车系充电系统电路

3.2.4 吉利帝豪车系充电系统电路图识读

吉利帝豪车系充电系统电路如图 3-2-9 所示。在发电机的初始操作阶段，其处于他励模式，通过蓄电池提供电能以确保其稳定运行。一旦发电机进入正常的发电流程，它将转入自励模式，进而通过同一根导线为蓄电池进行充电。值得注意的是，该导线既用于发电机的励磁，也承担为蓄电池充电的功能。

发电机通过 EN07a 插接器的 1 号端子实现 LIN 总线连接，与发动机控制单元（ECM）进行通信。同时，该端子也作为蓄电池电压检测之用。蓄电池电压信号经由发动机舱熔丝继电器盒 CA01 内的 EF04 熔丝（额定电流 5A）传送至蓄电池传感器 EN37a 插接器的 2 号端子，随后通过其 1 号端子输出，并经由 LIN 总线传递至发动机控制单元，以实现蓄电池电压的监测。

第3章 汽车基础电气系统组成及电路图识读

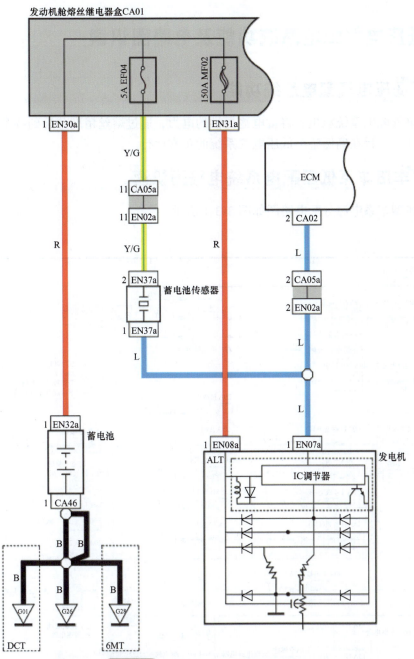

图 3-2-9 吉利帝豪车系充电系统电路

在发电机稳定运行且蓄电池需要充电时,发电机产生的供电将通过 EN08a 插接器的 1 号端子输出,并供应至发动机舱熔丝继电器盒 CA01 的 EN31a 插接器 1 号端子。之后,该供电将经过额定电流为 150A 的 MF02 熔丝,并通过发动机舱熔丝继电器盒 CA01 的 EN30a 插接器 1 号端子输出,最终供应至蓄电池插接器 EN32a 的 1 号端子,为蓄电池提供充电。

3.3 低压电气配电系统功能及电路图识读

3.3.1 低压电气配电系统功能

低压电气配电系统承担着将蓄电池提供的电力，通过熔丝精准分配到各个低压电气系统的核心任务，旨在确保整个低压电气系统的正常运行。

3.3.2 丰田车系低压配电系统电路图识读

丰田典型车系电源分配电路图如图 3-3-1 所示。

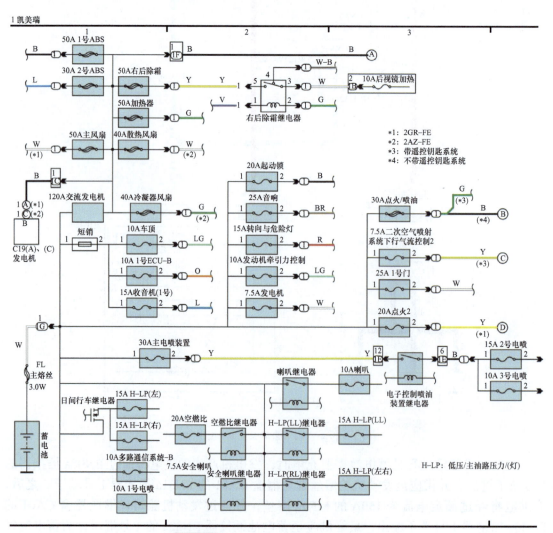

图 3-3-1　丰田典型车系电源分配电路图

第3章 汽车基础电气系统组成及电路图识读

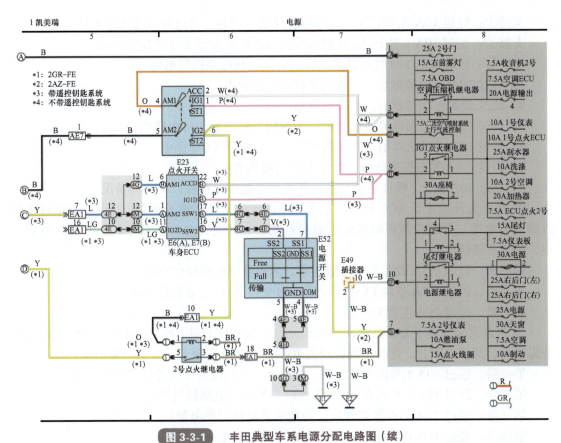

图 3-3-1　丰田典型车系电源分配电路图（续）

当发电机未起动或发电机端电压低于蓄电池电压时，电路由蓄电池供电；发电机端电压高于蓄电池电压时，电路由发电机供电。

蓄电池供电时，蓄电池电压经 3.0W FL 主熔丝后分多路供电给各电路。

当发电机未起动或发电机端电压低于蓄电池电压时，电路由蓄电池提供电源。当发电机端电压高于蓄电池电压时，电路由发电机提供电源。在蓄电池供电过程中，蓄电池电压经过 3.0W FL 主熔丝后，被分配到多条电路中作为电源。

1）在 120A 交流发电机熔丝之后，电力分成了多条支路，具体如下。

支路①：经过 40A 冷凝器风扇熔丝后，为冷凝器风扇电路供电。

支路②：为发电机励磁电路供电。

支路③：经过 50A 主风扇熔丝后，为主风扇电路供电。

支路④：经过 40A 散热器风扇熔丝后，为散热器风扇电路供电。

支路⑤：经过 50A 加热器熔丝后，为加热器电路供电。

支路⑥：经过 30A 2 号 ABS 熔丝后，为 ABS 电路供电。

支路⑦：经过 50A 右后除霜熔丝后，为右后除霜电路供电。

支路⑧：经过 50A 1 号 ABS 熔丝后，为 ABS 电路供电。

以下是重新生成的内容

2）短销熔丝将电力分为三条支路。

支路①：经过 10A 车顶熔丝后，为组合仪表、时钟、驾驶室灯等电路提供电能。

支路②：经过 10A 1 号 ECU-B 熔丝后，为转向角传感器电路提供电能。

支路③：经过 15A 1 号收音机熔丝后，为收音机电路提供电能。

3）经过 20A 起动锁熔丝后，为起动机锁电路供电。

4）经过 25A 音响熔丝后，为音响电路供电。

5）经过 15A 转向与危险灯熔丝后，为转向与危险警告灯电路供电。

6）经过 10A 发动机牵引力控制熔丝后，为发动机 ECU 供电。

7）经过 7.5A 发电机熔丝后，为发电机电路供电。

8）在过 30A 点火/喷油熔丝与点火开关的连接中，存在以下四种情况。

① 当点火开关置于 ACC 挡时，点火开关的 4 端子与 2 端子接通，空调压缩机继电器线圈获得电源，导致空调压缩机继电器触点闭合。此时，电源经过空调压缩机继电器触点，分为三路供电：

第一路，经过 7.5A 收音机 2 号熔丝后，为收音机电路提供电源。

第二路，经过 7.5A 空调 ECU 熔丝后，为空调 ECU 电路提供电源。

第三路，经过 20A 电源输出。

② 当点火开关置于 ON 挡时，点火开关的 4 端子与 1 端子接通，IG1 点火继电器线圈获得电源，其触点闭合。此时，电源经过 IG1 点火继电器触点，分为七路供电：

第一路，经过 10A 1 号仪表熔丝后，为驻车/空挡位置开关等电路提供电源。

第二路，经过 10A 1 号点火 ECU 熔丝后，为风扇电路提供电源。

第三路，经过 25A 刮水器熔丝后，为刮水器电路提供电源。

第四路，经过 10A 洗涤熔丝后，为洗涤电路提供电源。

第五路，经过 10A 2 号空调熔丝后，为空调电路提供电源。

第六路，经过 20A 加热器熔丝后，为座椅加热电路提供电源。

第七路，经过 7.5A 2 号点火 ECU 熔丝后，为座椅换挡锁止控制、变速器控制开关、ABS 等电路提供电源。

③ 当点火开关置于 ON 挡时，点火开关的 5 端子与 6 端子接通，电源经过点火开关后分为三路供电：

第一路，经过 7.5A 2 号仪表熔丝后，为组合仪表提供电源。

第二路，经过 10A 燃油泵熔丝后，为燃油泵继电器、发动机 ECU、转向锁 ECU、安全气囊传感器总成等提供电源。

第三路，经过 15A 喷油熔丝后，为点火线圈提供电源。

④ 当点火开关置于 ON 挡时，2 号点火继电器获得电源，其 5 端子与 3 端子连接。此时，电源分为三路供电：

第一路，经过 7.5A 2 号仪表熔丝后，为组合仪表提供电源。

第二路，经过 10A 燃油泵熔丝后，为燃油泵继电器、发动机 ECU、转向锁 ECU、安全气囊传感器总成等提供电源。

第三路，经过 15A 喷油熔丝后，为点火线圈提供电源。

9）经过 7.5A AM2 熔丝供电给主车身 ECU。

10）经过 25A 1 号门熔丝供电给 1 号门。

11）经过 30A 主电喷熔丝后供电给电子喷油继电器的触点，当发动机起动后，喷油继电器线圈得电，其触点闭合，电源经喷油继电器后分两路供电：

一路经过 15A 2 号电喷后，供电给发动机 ECU。

另一路经过 10A 3 号电喷后，供电给真空电磁阀、空气流量计和炭罐泵模块。

12）经过喇叭继电器和 10A 喇叭熔丝后，供喇叭电路。

13）经过 H-LP（LL）继电器和 15A H-LP（LL）熔丝后，供左低前照灯电路。

14）经过 H-LP（RL）继电器和 15A H-LP（RL）熔丝后，供右低前照灯电路。

15）经过空燃比继电器和 20A 空燃比熔丝后，供空燃比传感器电路。

16）经过安全喇叭继电器和 7.5A 安全喇叭熔丝后，供安全（警示）喇叭。

17）经过日间行车继电器后分两路供电：

一路经过 15A H-LP（左）熔丝后，供给左高前照灯电路。

另一路经过 15A H-LP（右）熔丝后，供给右高前照灯电路。

18）经过 10A 多路通信 -B 熔丝后，供组合仪表电路。

19）经过 10A 1 号电喷熔丝后，供遥控钥匙系统验证 ECU 和身份密码盒电路。

3.4 电动汽车高压配电系统基本组成及电路图识读

3.4.1 高压配电系统组成

高压配电系统，作为电动汽车不可或缺的核心组成，其在驱动车辆运作中起到了至关重要的作用。其主要职责在于，将动力电池存储的高压电能精确而高效地分配给如电机控制器、电动空调压缩机、PTC 加热器等关键的高压设备。尽管不同品牌、不同型号的电动汽车在高压配电系统的命名上有所差异，如高压配电盒（也称为高压控制盒，PDU）、高压分线盒、高压配电单元、高压接线盒、高压配电模块等，但它们的基本功能和设计理念在各种车型中都得到了保持和贯彻。

在具体布局上，部分电动汽车选择将高压配电盒独立安装，而有些车型则采用了更为集成化的设计，将高压配电盒与其他相关部件封装在一起。不论其具体的安装形式如何，高压配电盒在电动汽车中扮演的角色都是至关重要的。

详细来看，高压配电系统是由多个组件精心组成的复杂系统。这些组件包括但不限于高压分线盒、直流充电接口、交流充电接口、高压配电线束、电动空调压缩机线束、PTC 加热器线束以及电机三相线等。这些组件在系统中各司其职、协同配合，以确保电动汽车在行驶过程中能够稳定运行，同时实现能源的高效利用和分配。

奥迪 e-tron 高压配电系统，如图 3-4-1 所示，其构造包含动力电池、高压配电盒、前后驱动系统总成、车载充电机、交流充电插座、直流充电插座、电动空调压缩机、PTC 加热器以及 DC/DC 变换器等多个核心组件。

高压配电盒作为系统中的关键部分，其主要功能是将动力电池产生的高压直流电有效地分配至电动空调压缩机、PTC 加热器及 DC/DC 变换器。为确保系统稳定运行，该配电盒在相关线路上配备了熔丝，旨在防止因单个高压部件故障而对高压回路中其他部件造成潜在的损害,从而确保动力电池的安全。

此外,高压配电盒还承担将车载充电机传输的高压电导入动力电池的重要职责,为动力电池提供充电服务。奥迪 e-tron 的前后驱动电机则直接由动力电池提供高压直流进行供电,确保了车辆动力系统的稳定运行。

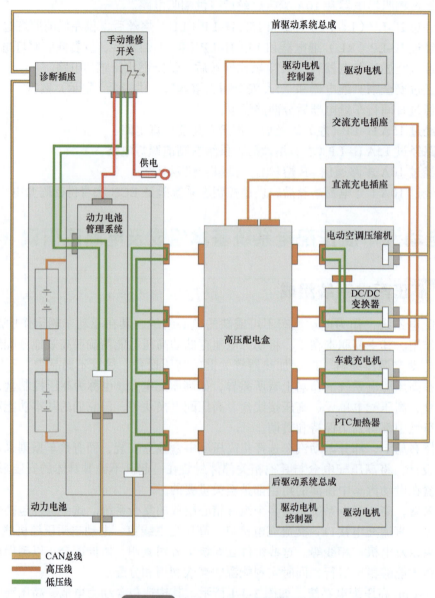

图 3-4-1 奥迪 e-tron 高压配电系统

3.4.2 小鹏 G9 高压配电系统电路图识读

图 3-4-2 所示为小鹏 G9 高压配电系统电路。鉴于高压配电系统所涵盖的组件数量相对较少,并且这些组件之间传输的是高电压电能,因此为确保电流传输的稳定性和安全

性，系统特别采用了双线连接的设计，使得整个系统的结构简洁明了。

动力电池所释放的高压电能，经过高压配电盒的关键端子 HV15B-1 和 HV15A-1，实现了高效传输。在高压配电盒内部，这些高压电流历经精心设计的熔丝保护，随后按照既定的路径被精准地分配给各类高压用电设备，以满足不同设备对电能的特定需求。供电流程如图 3-4-3 所示。

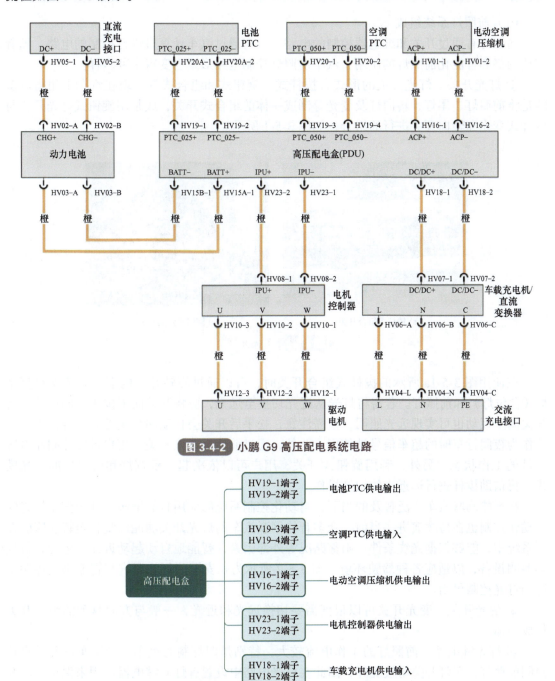

图 3-4-2 小鹏 G9 高压配电系统电路

图 3-4-3 小鹏 G9 高压配电盒供电流程

3.5 照明系统基本组成及电路图识读

3.5.1 前照灯系统基本组成及电路图识读

(1) 前照灯系统组成

前照灯有通过开关和继电器控制的电路，也有通过汽车计算机进行控制的电路，随着车载网络和智能化前照灯的使用，汽车前照灯控制电路形式也变得多种多样。

① 灯光开关。灯光开关的形式有拨杆式、旋钮式和组合式等，现在汽车上用得较多的是将前照灯、尾灯、转向灯及变光等制成一体的组合式开关，或是用旋钮式灯光开关与拨杆式变光和转向开关进行的组合，如图 3-5-1 所示。

a) 拨杆式组合开关

b) 旋钮式灯光开关

图 3-5-1 灯光开关

在使用图 3-5-1a 所示的拨杆式组合开关时，可以通过旋转开关的端部来依次点亮尾灯（含位灯）和前照灯。若需将灯光从近光切换至远光，应将开关向下按压；同样地，将开关向上扳动也可实现远光照明，但需注意，松手后开关会自动回弹至近光位置，这一设计作为夜间行车时的超车信号被使用。此外，通过前后扳动该开关，用户可以控制左右转向灯的工作状态。另外，利用旋钮式开关，用户可以依次起动示宽灯和前照灯的近光模式，再借助拨杆进行远近光的切换操作。

在智能网联汽车广泛普及的当下，自动化控制系统的应用日益增多，其中汽车灯光的自动化控制也在持续演进。当前，众多智能网联汽车的灯光开关功能已整合至智能座舱控制系统中，能够依据光线条件、雨雾路况等外部因素，智能地自动起动近光、远光、雾灯等照明设备，以适应各种驾驶环境，图 3-5-2 所示为长安深蓝新能源汽车智能座舱控制系统的灯光控制界面。

② 变光开关。变光开关可以根据需要切换远光和近光，一般与方向盘侧的组合开关集成一体。

③ 灯光继电器。前照灯的工作电流较大，特别是四灯制的汽车，如用车灯开关直接控制前照灯，车灯开关易被烧坏，因此在灯光电路中设置有灯光继电器，用来保护车灯开关。电路工作时，较小的电流通过车灯开关，较大的电流通过车灯。

第3章 汽车基础电气系统组成及电路图识读

图 3-5-2 长安深蓝新能源汽车智能座舱控制系统的灯光控制界面

图 3-5-3 所示触点为常开式前照灯继电器的结构和引线端子,当接通前照灯开关后,继电器铁心通电,触点闭合,通过变光开关向前照灯供电。

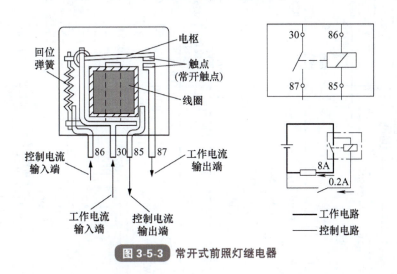

图 3-5-3 常开式前照灯继电器

（2）北京现代车系前照灯电路识读

图 3-5-4 所示为北京现代车系前照灯电路。其灯光开关向车身控制单元发送开关信号,由车身控制单元控制灯光继电器工作,从而点亮相应的灯具。

① 近光灯电路——灯光开关电路：在驾驶员起动近光灯开关时,车身控制器（BCM）的"前照灯开关输入"信号经由插接器 M04-B 的 9 号端子与组合开关插接器 M02-L 的 9 号端子相连,进一步连至灯光开关的前照灯部分。该信号通过组合开关插接器 M02-L 的 1 号端子传输至 GM21 搭铁点。BCM 在接收到此开关搭铁信号后,将执行相应判断,并起动近光灯,从而控制前照灯近光继电器线圈进行搭铁操作。

67

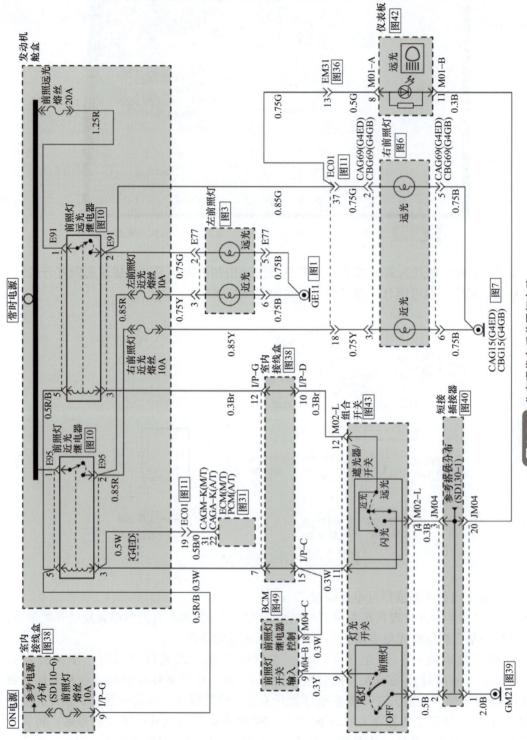

图 3-5-4 北京现代车系前照灯电路

② 近光灯电路——近光灯继电器电路：ON 电源首先通过室内接线盒内的前照灯熔丝（额定电流 10A），并从室内接线盒插接器 I/P-G 的 9 号端子输出。接着，该电源被传输至发动机舱接线盒中前照灯近光继电器 E95 的 5 号端子，进一步供给前照灯近光继电器控制线圈。控制线圈的电源则从前照灯近光继电器 E95 的 3 号端子流出，进入室内接线盒插接器 I/P-G 的 7 号端子，并通过插接器 I/P-C 的 15 号端子流出，最终到达 BCM 插接器 M04-C 的 18 号端子。在 BCM 内部实现搭铁后，继电器线圈通电，促使继电器吸合。

③ 近光灯电路——近光灯供电电路：常时电源直接为前照灯近光继电器 E95 的 1 号端子供电。由于继电器已经吸合，电源将从前照灯近光继电器 E95 的 2 号端子流出，随后分别经过右前照灯近光熔丝和左前照灯近光熔丝（额定电流均为 10A），最终到达右前照灯近光灯珠和左前照灯近光灯珠。这些灯珠通过 GAG15 和 GE11 搭铁点实现接地，以确保左右两侧的近光灯均能正常点亮。

④ 远光灯——灯光开关、远光继电器电路：在起用远光灯之前，必须首先起动近光灯系统。这一操作通过 BCM 插接器 M04-C 的 18 号端子控制搭铁实现。ON 电源通过室内接线盒中前照灯熔丝（额定电流 10A）供应，从室内接线盒插接器 I/P-G 的 9 号端子输出，随后进入发动机舱接线盒中前照灯远光继电器 E91 的 5 号端子，为远光继电器控制线圈供电。控制线圈的电源随后从 E91 的 3 号端子流出，经过室内接线盒插接器 I/P-G 的 12 号端子，再经由插接器 I/P-D 的 10 号端子传输至组合开关插接器 M02-L 的 12 号端子，通过遮光器/开关中的"远光"触点。之后，电流从 M02-L 的 11 号端子输出至 BCM 插接器 M04-C 的 18 号端子，进入 BCM 内部搭铁，从而激活继电器线圈，使继电器吸合。

⑤ 远光灯——远光灯供电电路：常时电源通过发动机舱接线盒中的前照灯远光熔丝（额定电流 20A），供应至前照灯远光继电器 E91 的 1 号端子。由于继电器已吸合，电流从 E91 的 2 号端子分流至右前照灯远光灯珠和左前照灯远光灯珠。随后，电流在 GAG15 和 GE11 处进行搭铁，使左右远光灯点亮。对于右前照灯远光的供电系统，插接器 EC01 处设有分支。此分支的供电经插接器 EM31 的 13 号端子，进一步流向仪表板线束插接器 M01-A 的 8 号端子，旨在为仪表板内部的远光信号指示灯提供供电。随后，该供电通过仪表板线束插接器 M01-B 的 11 号端子流出，接入短接插接器 JM04 的 20 号端子，再从 JM04 的 1 号端子流出。最终，在搭铁点 GM21 处实现搭铁，从而确保仪表板内远光信号指示灯的回路完整接通，使远光信号指示灯得以点亮。

(3) 别克车系前照灯电路图识读

图 3-5-5 所示为别克车系前照灯电路。其电路主要由灯光开关、变光开关、前照灯继电器及前照灯组成。

① 近光电路。

a) 前照灯继电器电磁线圈供电回路：在点火开关处于开启状态时，将灯开关旋转至"近光"挡位，从而接通前照灯继电器的电磁线圈供电回路。蓄电池供电通过仪表板熔丝盒线束插接器 C201 的 12 号端子供应到 F6 10A 熔丝上，随后从 C201 的 24 号端子输出，供电被输送到前照灯继电器的 86 号端子，并从其 85 端子输出，进入灯开关 5 号端子，从灯开关的 4 号端子输出，供电再分别经过 C201 的 9 号端子和 4 号端子后，在搭铁点 G201 处搭铁，从而接通前照灯继电器的电磁线圈供电回路。

b）近光灯电路：在灯光继电器电磁线圈供电回路接通后，灯光继电器吸合，进而接通近光灯供电电路。蓄电池供电通过发动机熔丝盒内的 EF12 25A 熔丝输出至前照灯继电器的 30 号端子，并从其 87 号端子输出。该供电通过线束插接器 C102 的 1 号端子分别进入发动机熔丝盒的 EF20 10A 熔丝和 EF27 10A 熔丝，然后分别从线束插接器 C104 的 11 号端子和 16 号端子输出，输送至左前照灯和右前照灯的 5 号端子，并分别从左右前照灯的 6 号端子输出至搭铁点 G101 和 G102 处，实现搭铁，前照灯近光灯供电回路接通，前照灯近光灯点亮。

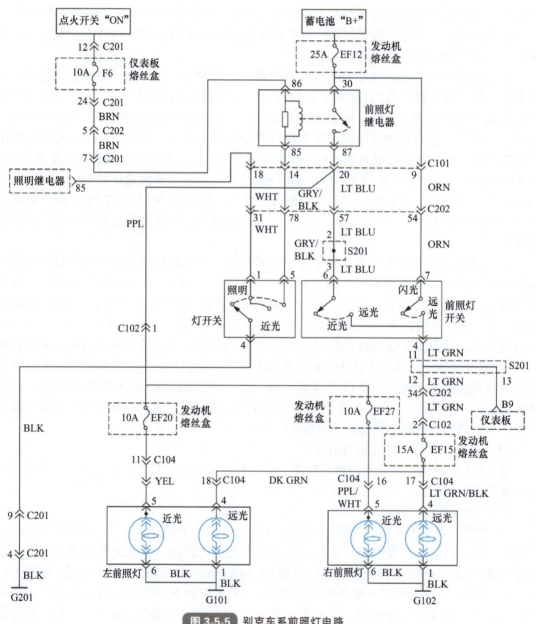

图 3-5-5　别克车系前照灯电路

② 远光电路。

a）变光电路：在操作变光开关时，蓄电池供电会通过发动机熔丝盒内部的 EF12 25A 熔丝输送到线束插接器 C101 的 9 号端子，并从线束插接器 C202 的 54 号端子输出，供应到前照灯开关的 7 号端子。供电经过前照灯开关的 4 号端子输出后，通过连接点 S201 分为两路。其中一路供应给仪表板，实现闪光指示。另一路供电进入线束插接器 C202 的 34 号端子，从线束插接器 C102 的 2 号端子进入发动机熔丝盒中的 EF15 15A 熔丝。随后分别从线束插接器 C104 的 18 号端子和 17 号端子输送至左右前照灯的 4 号端子，并从左右前照灯的 1 号端子输出，分别送至搭铁点 G101 和 G102 处，实现搭铁，从而变光回路接通。

b）远光灯电路：在近光灯开启的基础上，将灯光开关置于远光灯位置时，前照灯继电器 87 号端子的供电会从线束插接器 C101 的 20 号端子输入，然后从线束插接器 C202 的 52 号端子输出。此供电会进入连接点 S201 的 2 号端子，并从 3 号端子输出；进一步供电给前照灯开关的 6 号端子，并从 4 号端子输出；进入连接点 S201 的 11 号端子，分为两路。其中一路会从连接点 S201 的 13 号端子输出，为仪表板提供远光指示灯所需的供电。另一路供电会从连接点 S201 的 12 号端子输出，进入线束插接器 C202 的 34 号端子，再从线束插接器 C102 的 2 号端子进入发动机熔丝盒中的 EF15 15A 熔丝。随后，此供电会分别从线束插接器 C104 的 18 号端子和 17 号端子输送至左右前照灯的 4 号端子，并从左右前照灯的 1 号端子输出，分别送至搭铁点 G101 和 G102 处，实现搭铁，从而接通远光灯回路。

（4）一汽大众车系前照灯电路

图 3-5-6 所示为一汽大众车系灯光系统电路，该车使用氙气前照灯。电路中灯光开关和变光开关等信号输入给 J519 车载电网控制单元，由计算机控制灯光的电源接通和断开，同时通过联网系统实现不同路况下灯光模式的切换。

3.5.2　转向信号灯及闪光器基本组成及电路图识读

（1）转向信号灯及闪光器基本组成

当汽车要驶离原方向，需接通左侧或右侧转向信号灯，以提醒其他车的驾驶员，其组成主要包括开关、信号灯和闪光器，其中闪光器是主要器件。当遇到特殊情况时，所有转向信号灯应同时闪烁，作为危险警告信号。

转向信号闪光器是使转向信号灯按一定时间间隔闪烁的器件，转向信号闪光器可根据不同的原理工作。目前使用的闪光器主要有电热式、电容式、电子式。由于电子式闪光器具有性能稳定、可靠性高、寿命长的特点，已获得广泛应用。电子闪光器可分为触点式（带继电器）和无触点式（不带继电器），不带继电器的电子闪光器又称为全电子闪光器。

（2）电子控制转向信号及危险警告灯识读

目前大部分厂家直接使用计算机来控制转向信号灯的工作，将转向开关和危险警告灯开关的信号传输给计算机，由计算机直接控制转向灯的闪烁。图 3-5-7 所示为上汽通用科鲁兹转向灯控制电路。该电路将汽车转向灯开关信号和危险警告灯信号传输给车身控制器，由车身控制器控制转向灯的闪烁频率。

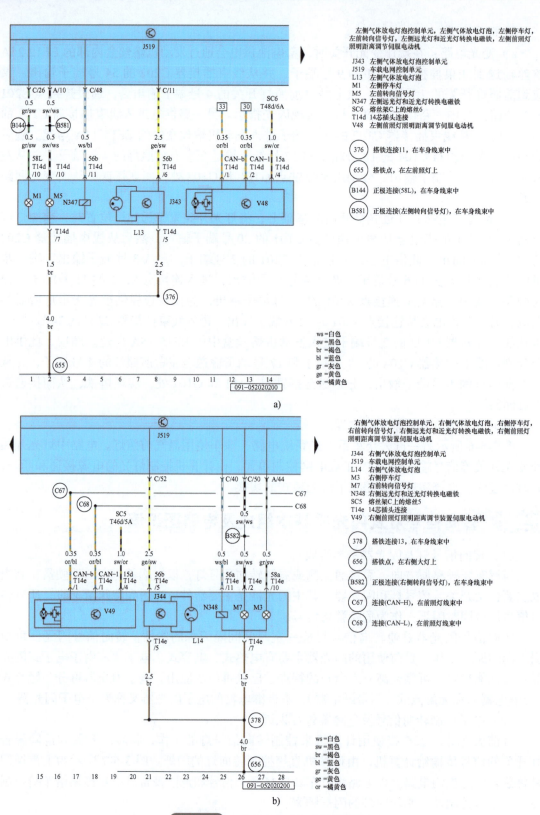

图 3-5-6 一汽大众车系灯光系统电路

第3章 汽车基础电气系统组成及电路图识读

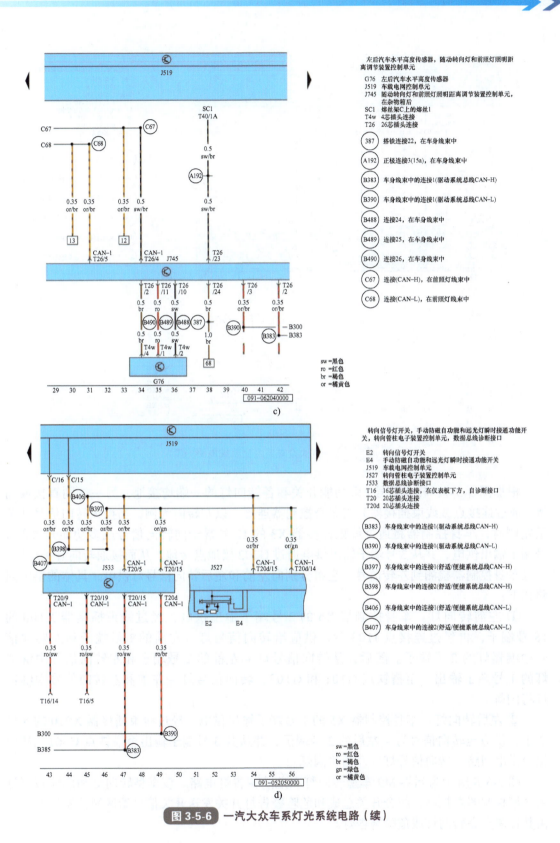

图 3-5-6 一汽大众车系灯光系统电路（续）

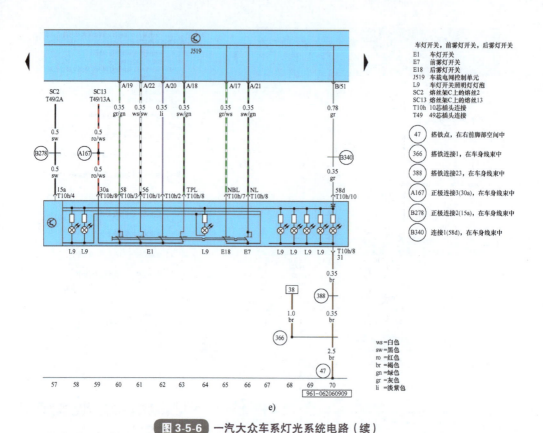

图 3-5-6　一汽大众车系灯光系统电路（续）

根据图 3-5-7，转向信号/多功能开关和各转向灯的一端均接地，另一端则直接或间接（通过连接点或线束插接器）与车身控制器连接。以左转向为例，当操纵转向信号开关至左侧时，车身控制器将通过线束插接器 X3 的 12 号端子向转向信号或多功能开关的 1 号端子输出供电，并从 3 号端子输出供电通过 G202 接地点接地，从而接通转向开关电路。一旦车身控制器检测到左转信号，它将分别向左前和左后转向信号灯供电，具体的供电回路如下：

① 左前转向灯。车身控制器 X5 的 2 号端子输出供电，经过线束插接器 X100 的 18 号端子，再经过连接点 J103 后，供应给转向信号灯 – 左前的 1 号端子和左转向信号中继器灯的 2 号端子。随后，从转向信号灯 – 左前的 2 号端子和左转向信号中继器灯的 1 号端子输出，至搭铁点 G101 和 G103，转向信号灯 – 左前和左转向信号中继器灯将闪烁。

② 左后转向灯。车身控制器 X5 的 1 号端子输出供电，经过线束插接器 X910 的 5 号端子，供应至转向信号灯 – 左后的 2 号端子，并从其 3 号端子输出至搭铁点 G401，从而接通供电回路，转向信号灯 – 左后将闪烁。

图 3-5-8 所示为问界 M9 车型转向灯和危险警告灯电路。该车型转向灯和危险报警灯由区域控制器左控制，组合开关总成和危险警告灯开关发送开关信号给区域控制器左，再由其控制点亮转向灯或危险警告灯。

第3章 汽车基础电气系统组成及电路图识读

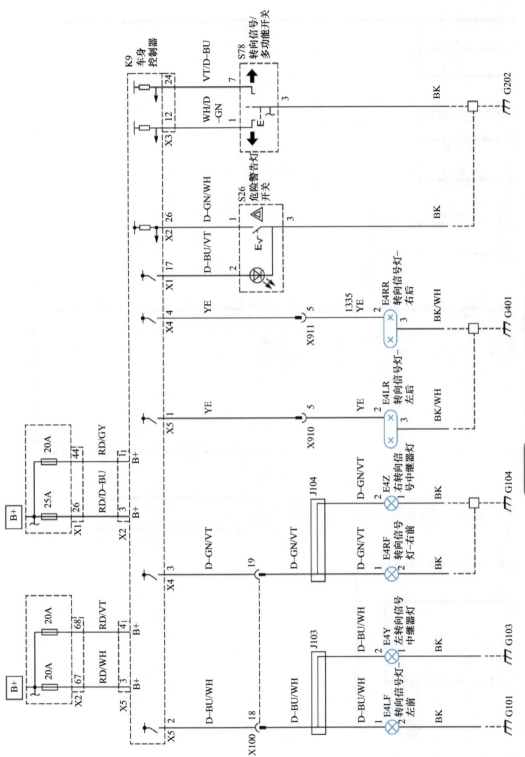

图 3-5-7　上汽通用科鲁兹转向灯控制电路

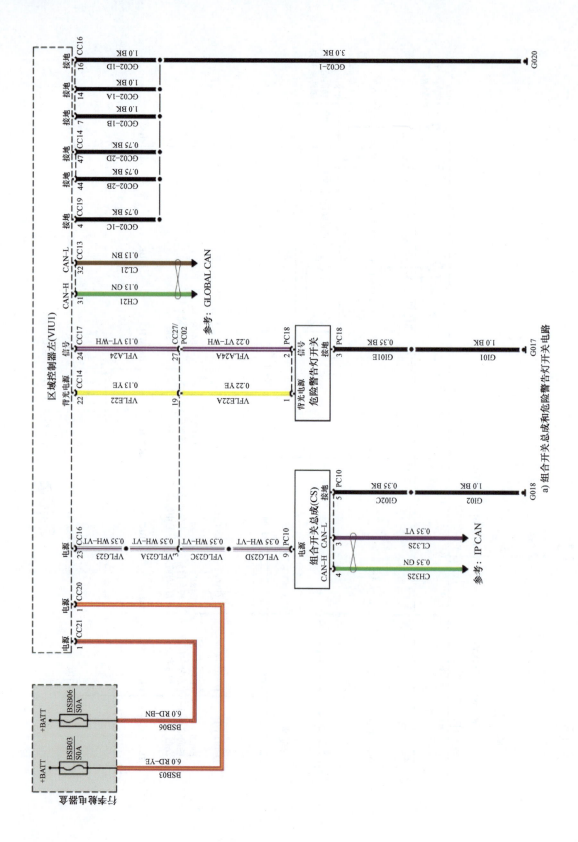

第3章 汽车基础电气系统组成及电路图识读

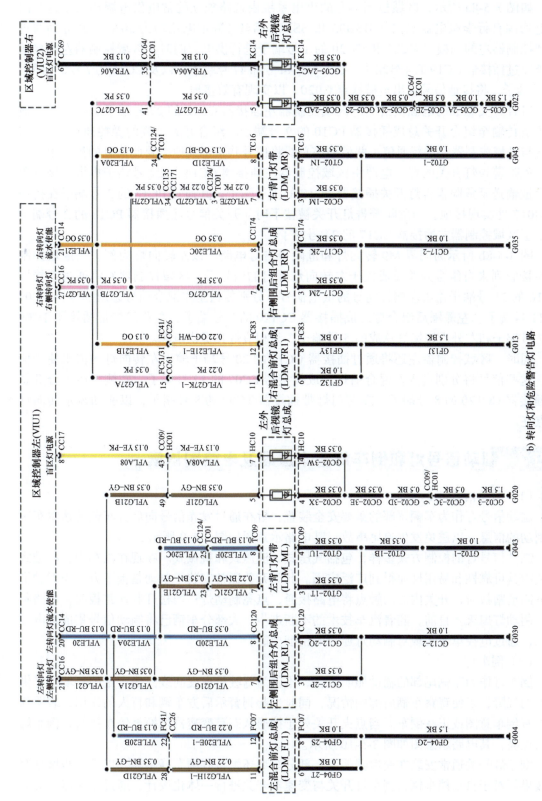

图 3-5-8 问界 M9 车型转向灯和危险警告灯电路
b) 转向灯和危险警告灯电路

如图 3-5-8a 所示，区域控制器左的供电系统由两路独立的常电供电源构成，这两路供电均源自行李舱电器盒内的 BSB03 和 BSB06 熔丝（额定电流均为 50A），并分别通过区域控制器左的插接器 CC21 和 CC20 的 1 号端子进行供电。同时，区域控制器左的接地系统通过插接器 CC19 的 4 号端子、CC14 的 44 号和 47 号端子，以及 CC16 的 7 号、14 号、16 号端子，将接地信号输出至搭铁点 G020，以实现有效接地。

组合开关总成的电源供给通过区域控制器左插接器 CC16 的 23 号端子进行，随后该电源被传输至组合开关总成插接器 PC10 的 9 号端子。组合开关总成的操控通过 IP CAN 总线与区域控制器左进行通信，并借助该总线将信号共享至其他需要此信息的控制单元。

危险警告灯开关的背光电源由区域控制器左插接器 CC14 的 22 号端子提供，该电源随后被输送至危险警告灯开关插接器 PC18 的 1 号端子，并通过 PC18 的 3 号端子在搭铁点 G017 处实现接地。当危险警告灯开关被按下时，开关信号经插接器 PC18 的 2 号端子输出至区域控制器左插接器 CC17 的 24 号端子。

图 3-5-8b 所示为问界 M9 转向灯和危险警告灯电路。以左转向灯为例，当区域控制器左接收到来自组合开关总成关于左转向灯开启的信号后，区域控制器左将通过插接器 CC16 的 21 号端子输出左侧转向灯的供电信号，分别传送至左混合前灯总成插接器 FC07 的 11 号端子、左侧围后组合灯总成插接器 CC120 的 7 号端子、左背门灯带插接器 TC09 的 7 号端子和左外后视镜灯总成的 5 号端子，为相应灯具提供电源。

同时，区域控制器左还将通过插接器 CC14 的 20 号端子输出左转向灯的流水使能信号，这些信号将分别进入左混合前灯总成插接器 FC07 的 12 号端子、左侧围后组合灯总成插接器 CC120 的 8 号端子、左背门灯带插接器 TC09 的 8 号端子，以驱动流水转向灯的点亮。

3.5.3 制动信号灯和倒车灯基本原理及电路图识读

（1）制动信号灯

制动信号灯作为车辆尾部的重要安全装置，旨在通过发光信号向后方车辆传达本车正在制动的信息，以避免发生追尾事故。其电路示意图如图 3-5-9 所示。

制动信号灯的控制方式多样，包括气压式、液压式和机械式。在现在汽车中，机械式开关因其可靠性和易用性而得到广泛应用。此类开关通常安装于制动踏板下方，当驾驶员踩下制动踏板时，开关内的动触点将电路接通，点亮制动灯；当松开制动踏板时，电路断开，制动灯熄灭。目前，随着汽车技术的不断进步，大部分车辆已将制动信号集成至电控单元，通过电控单元实现对制动灯通断的精准控制。

（2）倒车灯

倒车灯作为车辆尾部的辅助照明设备，不仅为驾驶员在夜间或光线不足的环境下提供清晰的视野，以便观察车辆后部的情况，同时也起到警示后方车辆和行人的作用，表明驾驶员有倒车意图或正在倒车。当点火开关处于接通状态且变速器切换至倒车挡时，倒车灯自动点亮，其电路示意图如图 3-5-10 所示。

倒车灯开关通常安装在变速器盖上，部分车型还配备有倒车蜂鸣器，以进一步增强警示效果。对于自动挡车辆，倒车灯开关与变速器开关进行一体化设计，通过变速器开关向变速器电控单元发送倒车信号,再由电控单元通过导线将信号传递给仪表电控单元,最终实现倒车灯的点亮控制。

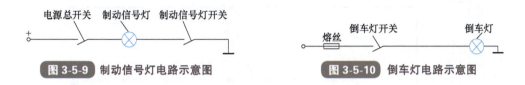

图 3-5-9 制动信号灯电路示意图　　　　图 3-5-10 倒车灯电路示意图

(3) 小鹏 G9 制动灯电路识读

图 3-5-11 所示为小鹏 G9 电动汽车制动灯和倒车灯电路。小鹏 G9 具有 AEB (自动紧急制动系统),AEB 紧急制动时,制动灯由整车控制器控制。

小鹏 G9 电动汽车的制动灯控制存在两种情况。一种是由驾驶员踩踏制动踏板进行操作,另一种是由 AEB 在特定情况下被触发。

小鹏 G9 电动汽车的倒车灯由整车控制器进行控制。当整车控制器接收到倒挡信号时,会输出倒车灯的供电信号,从而点亮倒车灯。

① 驾驶员踩踏制动踏板时的制动灯控制。当驾驶员踩踏制动踏板时,制动开关闭合,蓄电池充电经过发动机舱电器盒内的 EF30 5A 熔丝,通过 UB-F30B 号端子输出,然后输送至制动踏板开关的 FB17-1 号端子。接下来,供电从 FB17-2 号端子进入发动机舱电器盒的 UB-R17_4 号端子,供应到 ER17 制动灯继电器的 4 号端子 (常开触点)。此供电再经过 3 号端子至发动机舱电器盒的 UB-R17_3 号端子,最后输出供电给左尾饰灯板的 TG09-4 号端子、右尾饰灯板的 TG08-4 号端子、高位制动灯 TG03-1 号端子、左后组合灯 BD09-4 号端子和右后组合灯 BD10-4 号端子。供电进入各组合灯的制动灯后,分别输出至搭铁点 GT11、GB41、GB91,最终制动灯回路接通,制动灯点亮。

② AEB 的制动灯控制。整车控制器检测到 AEB 作用时,控制器 FB40/95 号端子搭铁,接通制动灯继电器电磁线圈回路。

a) 制动灯继电器电磁线圈回路供电:KL87 供电经发动机舱电器盒内的 EF8 7.5A 熔丝输出,通过 UB-F8B 号端子进行传输,经过连接点 S188 后连接到发动机舱电器盒的 UB-R17_1 号端子,并供应至内部的制动灯继电器 1 号端子。同时,供电还从制动灯继电器的 2 号端子输出,经过发动机舱电器盒的 UB-R17_2 号端子输出,最终到达整车控制器的 FB40/95 号端子。在整车控制器内部,供电被传输至接地线路。这样,制动灯继电器的电磁线圈供电回路被接通,制动灯继电器能够正常吸合。

b) 制动灯供电电路:蓄电池供电经过发动机舱电器盒内的 EF30 5A 熔丝,经 UB-F30B 号端子输出,再经过发动机舱电器盒的 UB-R17_5 号端子进入,提供给制动灯继电器的 5 号端子。由于制动灯继电器处于吸合状态,供电从制动灯继电器的 3 号端子经发动机舱电器盒的 UB-R17_3 号端子输出。此电源输出后,将分别向左尾饰灯板的 TG09-4 号端子、右尾饰灯板的 TG08-4 号端子、高位制动灯 TG03-1 号端子、左后组合灯 BD09-4 号端子和右后组合灯 BD10-4 号端子提供电力。电源进入各组合灯的制动灯后,将分别输出至搭铁点 GT11、GB41、GB91,制动灯回路接通,制动灯点亮。

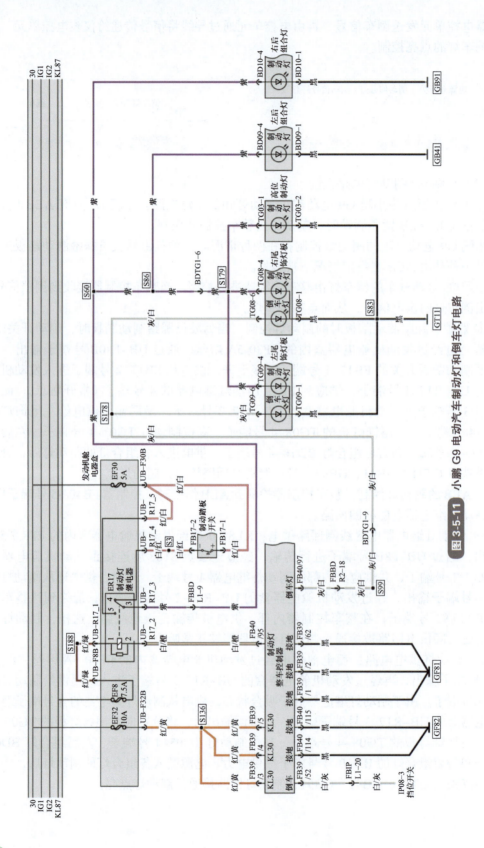

图 3-5-11 小鹏 G9 电动汽车制动灯和倒车灯电路

（4）小鹏 G9 倒车灯电路识读

当驾驶员将变速杆置于 R 挡时，整车控制器 FB39/52 号端子接收到 R 挡位置信号后，将倒车灯供电从其 FB40/97 号端子输出。该供电经过线束插接器 FBBD 的 R2-18 号端子、连接点 S99、线束插接器 BDTG1-9 号端子，再经过插接器 S178 分别输送至左尾饰灯板的 TG09-6 号端子、右尾饰灯板的 TG08-6 号端子，进入尾饰灯板内部的倒车灯端子。随后，供电从左右尾饰灯板的 1 端子输出，经连接点 S83 输送到搭铁点 GT11，倒车灯供电回路接通，最终倒车灯点亮。

3.6 电动辅助系统基本组成及电路图识读

3.6.1 电动车窗系统基本组成及电路图识读

（1）电动车窗基本组成

电动车窗系统组成如图 3-6-1 所示。电动车窗系统采用永磁或串励绕组式双向电动机，以实现车窗玻璃的升降功能。每个车门均配备独立的电动机，通过精确控制电动机中的电流方向，实现对车窗玻璃升降器的精准调控。控制系统配备了两套开关：一套作为总开关，通常安装在驾驶员侧的车门上，用于全局控制所有车窗的升降；另一套作为分开关，分别安装在每个车窗上，用于独立控制对应车窗的升降。在系统设计中，所有车窗的电动机均需通过总开关进行搭铁连接，因此，在总开关断开的情况下，分开关将失去控制车窗升降的功能。

图 3-6-1 电动车窗系统组成

电动车窗具备两种操控模式，即手动控制与自动控制。手动控制模式允许用户通过按压对应的手动按钮来实现车窗的上升或下降操作，若用户在车窗移动过程中释放按钮，则车窗的升降动作将立即停止。而自动控制模式则是通过按下自动按钮来触发，一旦驾乘人员释放按钮，车窗将持续运动至其最高或最低位置，即所谓的"一键升降"功能。通常，玻璃升降开关设有两个挡位，第一挡为手动控制挡，第二挡为自动控制挡。

（2）无网络控制的车窗玻璃升降控制电路

无网络控制的车窗玻璃升降控制电路如图 3-6-2 所示。以驾驶员侧的玻璃升降为例，电动车窗主开关位于驾驶员侧，用虚线框标识。某个单独开关内部有两个开关，用虚线连接起来表示操作时总开关内部是联动关系。

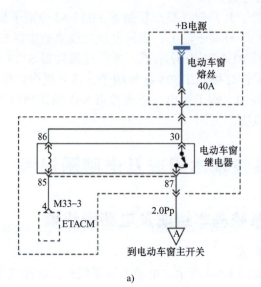

a)

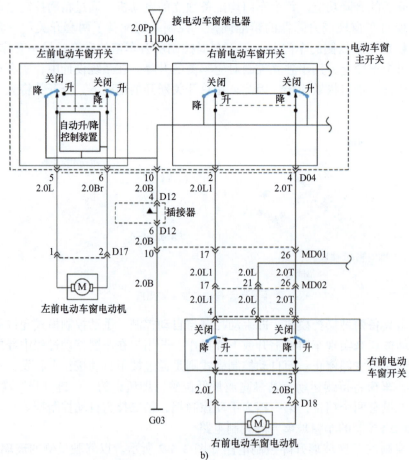

b)

图 3-6-2 无网络控制的车窗玻璃升降控制电路

第 3 章 汽车基础电气系统组成及电路图识读

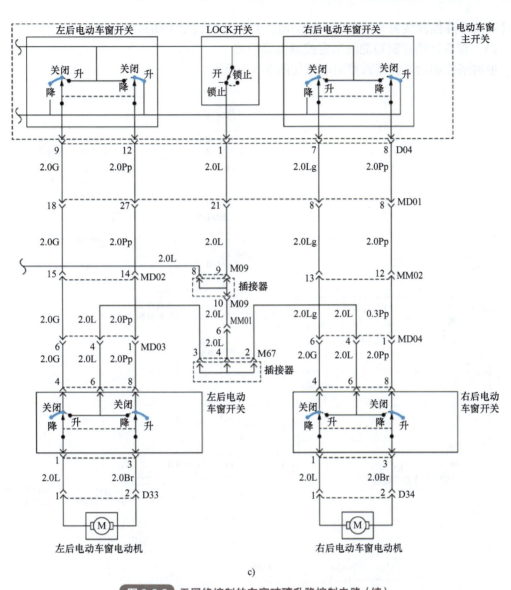

c)

图 3-6-2 无网络控制的车窗玻璃升降控制电路（续）

① 手动控制玻璃升降。如图 3-6-2a 所示，当点火开关位于 ACC 或 ON 位置时，电流经过电动车窗继电器的电磁线圈，通过 ETACM（时间和信息系统控制模块）搭铁，车窗继电器的开关闭合。此时若使车窗向下运动，应按下左前车窗的降按钮（图 3-6-2b）。此时，电流的流向为：+B 电源→电动车窗熔丝→电动车窗继电器开关→左前电动车窗开关中右侧的 DOWN 端子→电动车窗主开关端子 6→左前电动机端子 2→左前电动机端子 1→电动车窗主开关端子 5→左前电动车窗开关中左侧的 DOWN 端子→电动车窗主开关端子 10→搭铁。此时，电动机工作，车窗玻璃向下运动。玻璃上升时的电流流向此处，此时电动机中电流方向相反，其运动方向也相反。电动车窗上升或下降的中途若松开开关，开关就自动回到 OFF 位置，电动机停止工作。

② 自动控制玻璃升降。按下自动按钮后，主开关内自动升降控制装置起作用，电流

经过自动升降控制装置为车窗电动机供电，直至车窗完全关闭或停止。

（3）带有网络控制功能的车窗控制电路识读

带网络控制功能的车窗控制电路如图 3-6-3 所示。

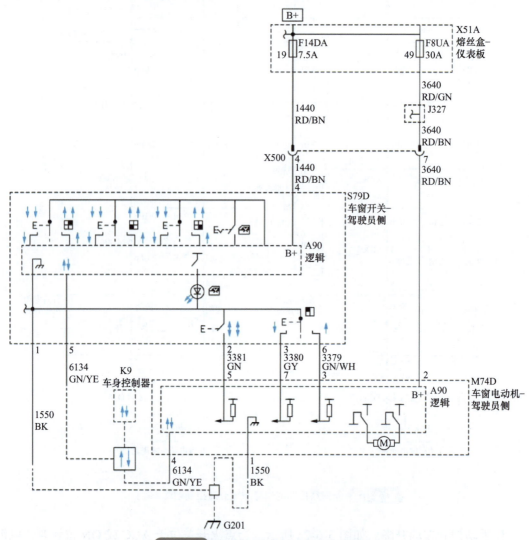

图 3-6-3　带网络控制功能的车窗控制电路

以主开关为例，操作驾驶员侧车窗开关的升、降或快速升降按钮后，驾驶员侧车窗电动机控制模块会接收到相应端子的信号，由车身控制器来控制电动机的旋转方向和速度，同时通过数据线将开关信号及电动机的工作信号传递至 K9 车身控制器。

当使用驾驶员侧开关控制其余三个车窗电动机时，开关相关的动作信号由主开关内的模块通过数据线传递至 K9 车身控制器，再由车身控制器控制相应电动机的动作。

驾驶员主开关上还设置有车窗锁止开关，按下后将通过数据线向车身控制器传递锁止信号，其余三扇车窗的分开关将不能控制车窗的升降。

(4)问界 M9 车型电动车窗系统电路图识读

问界 M9 车型的左、右电动车窗分别由区域控制器左和区域控制器右进行独立操控。这两个区域控制器利用以太网络实现相互间的通信,并同时与整车控制器和 T-BOX 车载网络单元建立网络连接。问界 M9 车型电动车窗系统原理图如图 3-6-4 所示。

以左侧车窗的升降功能为例,电动车窗主开关(左前)作为电动车窗系统的主控制点,具备同时操控 4 个车窗玻璃升降的功能。该主开关通过 LIN 总线与区域控制器左实现数据传输。而电动车窗副开关(左后)、玻璃升降电动机(左前)、玻璃升降电动机(左后)则通过硬线方式与区域控制器左直接进行连接。

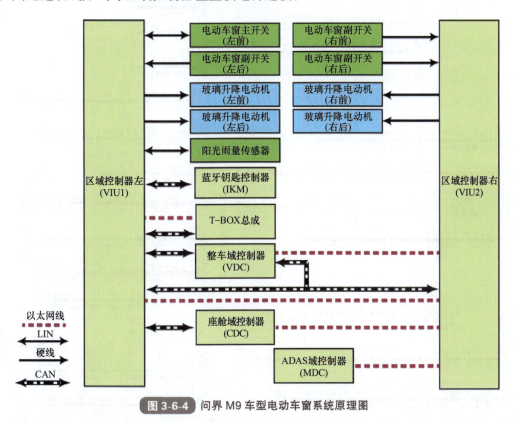

图 3-6-4　问界 M9 车型电动车窗系统原理图

问界 M9 左侧电动车窗系统电路原理图如图 3-6-5 所示。

① 区域控制器左供电接地电路。区域控制器左的电力供应由两路稳定的常电供电系统组成。为确保电力供应的可靠性,蓄电池常电通过行李舱电器盒内的 BSB03 和 BSB06 熔丝(额定电流均为 50A)分别输送至区域控制器左插接器 CC20 的 1 号端子与 CC21 的 1 号端子。同时,为实现有效的接地功能,接地电流分别通过插接器 CC19 的 7 号端子、CC14 的 44 号和 47 号端子,以及 CC16 的 7 号、14 号和 16 号端子导出,最终连接至搭铁点 G020 处实现接地。

② 电动车窗主开关电路。其供电功能由区域控制器左负责提供。具体而言,供电信号从区域控制器左插接器 CC16 的 23 号端子输出,随后传输至电动车窗主开关插接器 HJC06 的 2 号端子。同时,供电回路通过区域控制器左插接器的 5 号端子连接至搭铁点 G020,从而实现了完整的搭铁供电回路。

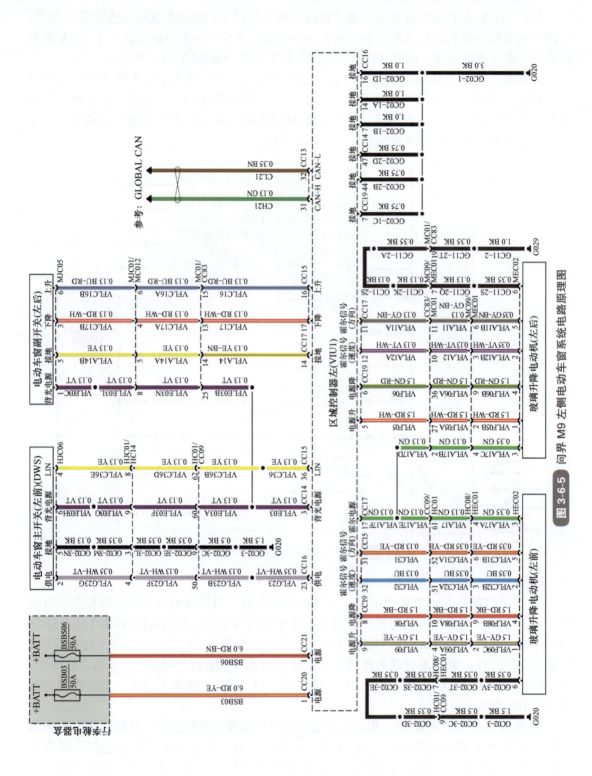

图 3-6-5　问界 M9 左侧电动车窗系统电路原理图

③ 玻璃升降电动机（左前）的电路。其运行由区域控制器左进行控制，并借助霍尔传感器监测其升降速度和运转方向。区域控制器左插接器 CC17 的 9 号和 8 号端子，分别提供玻璃升起和降下的电源至玻璃升降电动机（左前）插接器 HEC02 的 1 号和 4 号端子。电源随后通过插接器 HEC02 的 6 号端子，经过一系列插接器后，最终连接至搭铁点 G020，完成接地，确保玻璃升降电动机（左前）供电回路的畅通。基于所提供的电源，玻璃升降电动机（左前）能够执行玻璃的升起和降下功能。

霍尔传感器的供电同样来源于区域控制器左插接器 CC17 的 17 号端子，供应至玻璃升降器（左前）插接器 HEC02 的 3 号端子。该供电也通过 HEC02 的 6 号端子，经过一系列插接器后，在搭铁点 G020 处实现接地，从而确保霍尔传感器电路的畅通。霍尔传感器能够分别通过玻璃升降电动机（左前）插接器 HEC02 的 5 号端子和 2 号端子，向区域控制器左插接器 CC17 的 31 号和 32 号端子发送玻璃升降电动机（左前）的旋转方向和旋转速度信号，供区域控制器左检测玻璃升降的状态。

3.6.2 电动座椅系统基本组成及电路图识读

（1）基本组成

为了实现座椅位置的调节，普通电动座椅包括若干个双向电动机、传动装置和控制电路（包括控制开关）三个主要部分。双向电动机产生动力，传动装置可以把动力传至座椅，通过控制开关实现座椅不同位置的调节。电动座椅基本组成如图 3-6-6 所示。

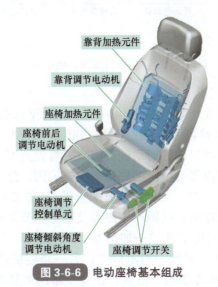

图 3-6-6 电动座椅基本组成

（2）电动座椅控制电路识读

典型的电动座椅控制电路如图 3-6-7 所示。该电动座椅包括滑动电动机、前垂直电动机、倾斜电动机、后垂直电动机和腰椎电动机等，可以实现座椅的前后移动、前部高度调节、靠背倾斜程度调节、后部高度调节及腰椎前后调节。下面以座椅靠背的倾斜调节为例，介绍电路的控制过程。

当电动座椅的开关处于倾斜位置时，如果要调整靠背向前倾斜，则闭合倾斜电动机的前进方向开关，即端子 4 置于左位时，电路为：蓄电池正极→FLALT→FLAM1→DOOR

CB→端子14→（倾斜开关"前"）→端子4→1（2）端子→倾斜电动机→2（1）端子→端子3→端子13→搭铁。此时，座椅靠背前移。

当端子3置于右位时，倾斜电动机反转，座椅靠背后移。此时的电路为：蓄电池正极→FLALT→FLAM1→DOOR CB→端子14→（倾斜开关"后"）→端子3→2（1）端子→倾斜电动机→1（2）端子→端子4→端子13→搭铁。

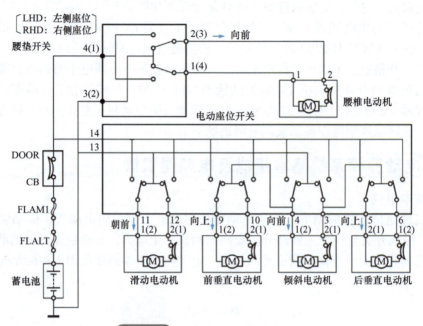

图 3-6-7　典型的电动座椅控制电路

（3）座椅加热电路图识读

本田雅阁车系座椅加热系统电路如图3-6-8所示。此座椅加热器的加热速度可以调节。驾驶员和副驾驶员座椅的加热器和加热控制开关相同。其中HI表示高位加热，LO表示低位加热。该座椅加热系统可以单独对驾驶员侧或副驾驶员侧的座椅进行加热，也可以同时对两座椅进行加热。下面以驾驶员侧的座椅加热器为例，分析其工作过程。

① 加热器开关处于HI位置。当加热器开关处于HI位置时，电流首先经过点火开关给座椅加热器的继电器线圈通电，线圈产生磁场使继电器开关闭合。此时，加热器的电路为：蓄电池"+"→熔丝→继电器开关→加热器开关端子5。然后电流分为三个支路：一路经指示灯→继电器端子4→搭铁，指示灯亮；另一路经加热器开关端子6→加热器端子A_1→节温器→断路器→靠背线圈→搭铁；还有一路经加热器开关端子6→加热器端子A_1→节温器→断路器→坐垫线圈→加热器端子A_2→加热器开关端子3→加热器开关端子4→搭铁。此时，靠背线圈和坐垫线圈并联加热，加热速度较快。

② 加热器开关处于LO位置。当加热器开关处于LO位置时，电流流向为：蓄电池"+"→熔丝→继电器开关端子5，然后分为两个支路：一路经指示灯→加热器端子4→搭铁，低位指示灯亮；另一路经加热器开关端子3→加热器端子A_2→加热器坐垫线圈→加热器靠背线圈→搭铁。此时，靠背线圈和坐垫线圈串联加热，电路中电流较小，因此加热的速度较慢。

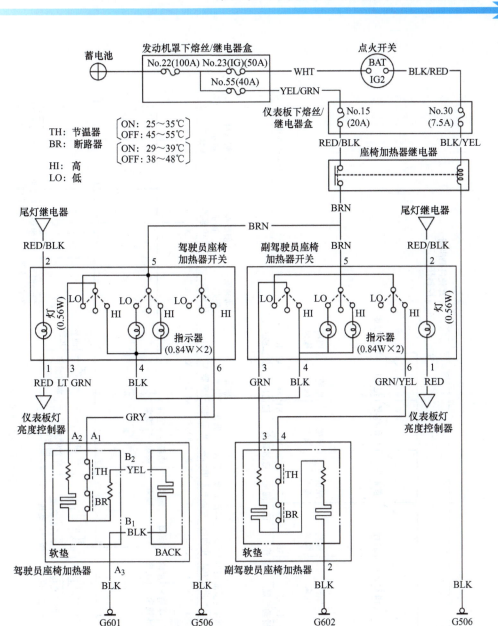

图 3-6-8 本田雅阁车系座椅加热系统电路

(4) 自动座椅控制系统电路图识读

自动座椅的基本结构及驱动方式与普通的电动座椅相似,只是在普通电动座椅的基础上,增加了一套具有存储记忆功能的电子控制系统。电子控制系统中可以存储不同驾驶员或乘客的座椅位置,不同的驾驶员或乘客可以通过一个按钮调出自己的座椅位置,使得座椅的调整更加方便快捷。

图 3-6-9 所示为自动座椅的控制电路,其中图 3-6-9a 所示为使用滑动电位计传感器,图 3-6-9b 所示为使用霍尔传感器。座椅位置记忆模块控制每个座椅定向电动机的移动。所有的座椅电动机均独立工作。每台电动机都包含一个电子断路器(PTC),该断路器在电路过载的情况下断开,并且只在电路上没有电压后才会复位。

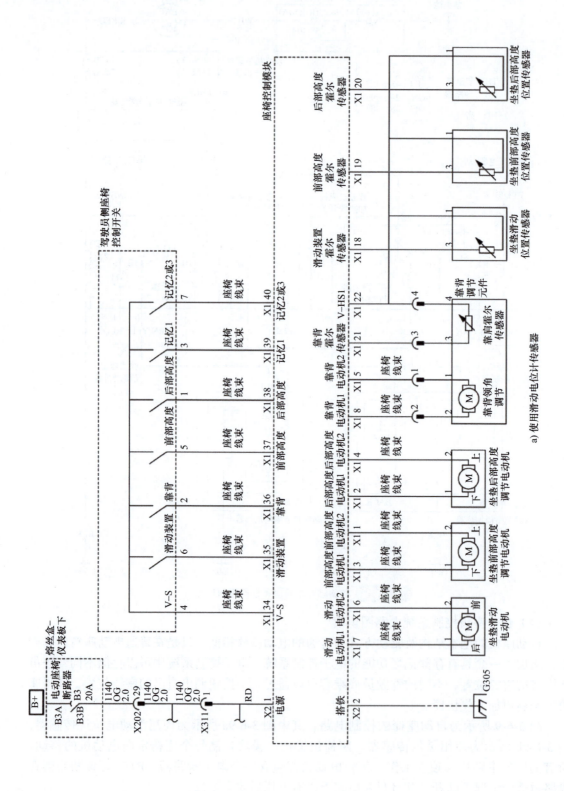

a) 使用滑动电位计传感器

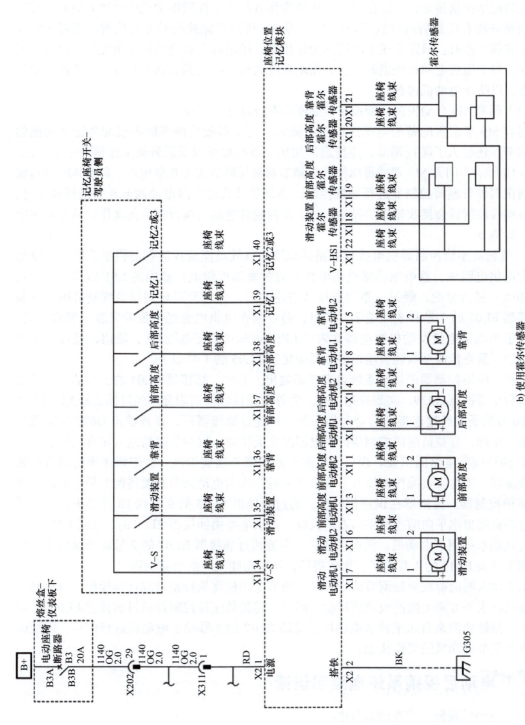

b) 使用霍尔传感器自动座椅的控制电路

图 3-6-9

该电路中共有4个可移动座椅位置的双向直流电动机。它们是座椅水平调节电动机、前部垂直调节电动机、后部垂直调节电动机和倾角调节电动机。操作座椅某个调整开关时，座椅位置记忆模块接到相应的信号后，按照操作者的要求控制电动机的转动方向和调整距离。调整好所有位置后可以按下记忆1、2或3，可以存储此时的座椅位置。当需要恢复至某个先前位置时，只需要按下相应的记忆按键，模块即可将座椅调整至先前的位置。记忆模块为每个座椅电动机提供软止点，模块在电动机即将达到其物理行程终点之前就会停止供电，以防止电动机过载。

（5）问界M9自动控制且带按摩功能座椅系统电路图识读

问界M9车型所配备的电动座椅功能强大，其中驾驶员侧座椅不仅配备记忆功能的八向调节，还融入了腰托调节、座椅通风加热、座椅按摩以及语音调节座椅等多项功能。图3-6-10所示为问界M9驾驶员座椅八向调节和腰托调节按摩功能电路。问界M9的驾驶员座椅由驾驶员座椅控制器进行精准控制，当驾驶员通过八向电动调节开关进行操作时，驾驶员座椅控制器会接收相应的操作信号，并控制各电动机执行相应的动作，从而实现座椅的精确调节。

① 驾驶员座椅控制器供电接地电路的识读。驾驶员座椅控制器的供电系统由三路稳定的常电供电组成。蓄电池的常电供电首先通过发动机舱电器盒内的LSB10熔丝（额定电流30A）进行分配，经过一系列插接器的连接后，分为两路分别供给驾驶员座椅控制器插接器EL02的7号和8号端子。同时，另一路常电供电也经由发动机舱电器盒供给，具体由蓄电池常电经发动机舱电器盒内的LF50熔丝（额定电流5A）输出，经过一系列插接器后，最终传输至驾驶员座椅控制器插接器EL05的1号端子。

驾驶员座椅控制器的接地系统设有三路输出。其中，插接器EL05的2号端子经插接器传输后至搭铁点G029，实现接地连接。另外两路接地输出则分别经过插接器EL02的9号和10号端子，经过连接点后合并为一路，再经过插接器后，在搭铁点G027处实现接地连接。至此，驾驶员座椅控制器的供电回路完成接通，驾驶员座椅进入正常工作状态。

② 座椅调节电路图识读。现以座椅前后水平调节功能为例，详细阐述座椅调节电路的识读流程。当驾驶员操作座椅水平调节开关时，八向电动调节开关将调节信号发送至驾驶员座椅控制器。控制器在识别信号后，通过插接器EL03的9号或10号端子，向水平调节电动机输出水平向前或水平向右的供电。该供电经由插接器EL07的3号或1号端子，直接传达至水平调节电动机。供电完成后，电流通过插接器EL07的2号端子返回至八向电动调节开关EL13的1号端子，实现搭铁，从而构建完整的电路回路。

基于输入的向前或向后调节信号，水平调节电动机将执行正转或反转操作，以控制驾驶员座椅在水平方向上向前或向后移动。同时，驾驶员座椅控制器通过插接器EL03的12号端子，持续监测来自水平调节电动机插接器EL07的4号端子电动机运行信号，以准确判断水平调节电动机的工作状态。

3.6.3　电动后视镜系统电路图识读

（1）电动后视镜开关直接调节电路

典型的电动后视镜控制系统电路如图3-6-11所示。

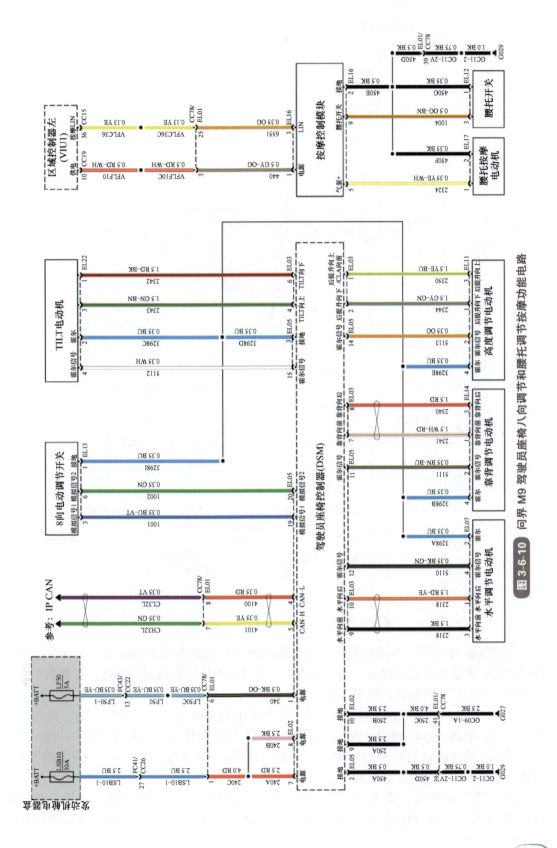

图3-6-10 问界M9驾驶员座椅八向调节和腰托调节按摩功能电路

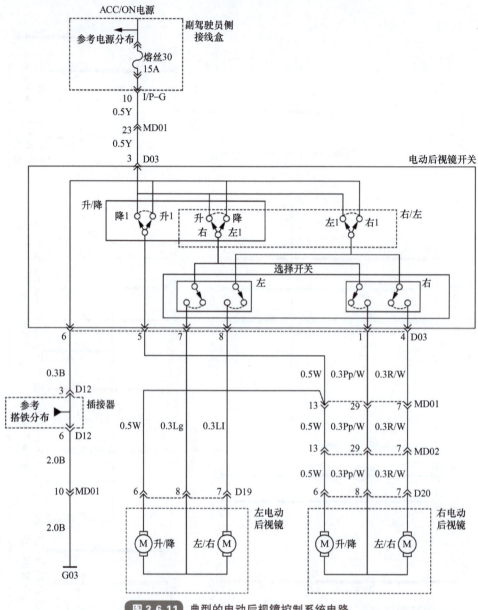

图 3-6-11 典型的电动后视镜控制系统电路

如图 3-6-11 所示，电动后视镜开关分别用实线框和虚线框表示操作时总开关内部的联动情况。在这里我们只讨论一侧后视镜中一个电动机的工作情况。例如，若要调节左后视镜垂直方向的倾斜程度，按下"升/降"按钮。

① "升"的过程。实线框"升/降"开关中的箭头开关均和"升"接通，此时电流的方向为：电源→熔丝30→开关端子3→"升右"端子→选择开关中的"左"→端子7→左电动后视镜连接端子8→"升/降"电动机→端子6→开关端子5→升1→开关端子6→搭铁，形成回路，这时左后视镜向上倾斜。

② "降"的过程。实线框"升/降"开关中的箭头开关均和"降"接通，此时的电流方向为：电源→熔丝30→开关端子3→降1→开关端子5→左电动后视镜连接

端子 6 →"升 / 降"电动机→左电动后视镜连接端子 8 →开关端子 7 →选择开关中的"左"→"降左"端子→开关端子 6 →搭铁，形成回路，此时左后视镜向下倾斜。

（2）控制模块控制调节电路

问界 M9 电动外后视镜的调节功能是通过专门的区域控制器来实现的。具体而言，区域控制器左负责控制左前外后视镜的镜面角度和折叠，而区域控制器右负责控制右前外后视镜的镜面角度和折叠。这种设计确保了驾驶员能够精确、便捷地调节两侧外后视镜，以满足不同的行驶需求。

问界 M9 左前外后视镜镜面调节电路如图 3-6-12 所示。

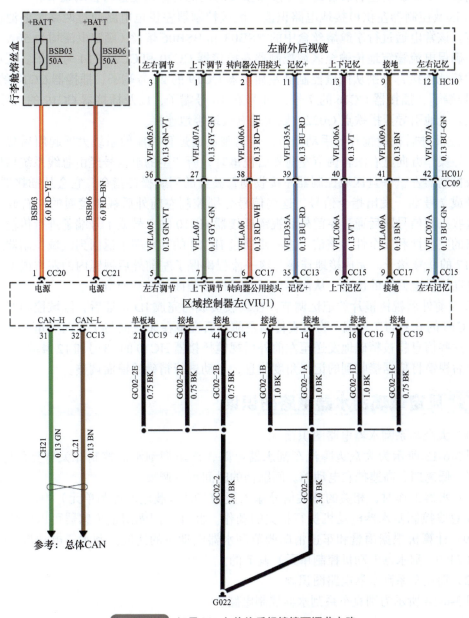

图 3-6-12　问界 M9 左前外后视镜镜面调节电路

问界 M9 车型已将其外后视镜调节功能集成至智能座舱系统的大屏之中，驾驶员可通过方向盘上的右滚轮实现便捷操作。在智能座舱系统的大屏界面上，驾驶员需首先选择后视镜调节功能，根据个人需求选择左侧或右侧后视镜的调节选项。随后，通过方向盘上的右滚轮开关，驾驶员能够轻松调节后视镜的镜面角度，包括向上、向下、向左或向右，以确保驾驶过程中保持最佳视线。

当驾驶员在智能座舱内完成 ID 认证等必要操作后，可起用智能座舱大屏的记忆功能，对当前调节好的后视镜镜片角度进行记忆存储。下次当车辆识别到已认证的 ID 后，智能座舱系统将会自动将存储的左右后视镜在 X 方向与 Y 方向的角度记忆位置信息发送至区域控制器，从而驱动左右后视镜镜片按照预设的记忆目标角度进行自动调节。

① 区域控制器左供电接地电路识读。区域控制器左供电电路通过两路蓄电池进行常电供应。该常电通过行李舱熔丝盒中的 BSB03 和 BSB06 熔丝（额定电流均为 50A）进行分配，确保电流稳定地传输至区域控制器左插接器 CC20 和 CC21 的 1 号端子。区域控制器左的接地连接，分别从区域控制器左插接器 CC19 的 21 号端子、插接器 CC14 的 44 号和 47 号端子、插接器 CC16 的 7 号、14 号和 16 号端子，以及插接器 CC19 的 7 号端子，将电流安全地引导至搭铁点 G022，以实现有效地接地连接。

② 左前外后视镜镜片的手动调节。当驾驶员通过智能座舱系统大屏起用后视镜调节功能，并操作方向盘右滚轮调节左前外后视镜时，所产生的电信号经由总线系统精确传送至区域控制器左。一旦区域控制器左接收到驾驶员的明确操控指令，它会从插接器 CC17 的 5 号或 7 号端子发出指令信号，这些信号分别控制左前外后视镜镜面的左右或上下调节。这些控制信号随后通过左前外后视镜插接器 HC10 的 3 号或 1 号端子进行传输。为确保电路的完整性和安全性，该信号进一步通过 HC10 的 9 号端子返回到区域控制器左插接器 CC17 的 9 号端子，完成接地连接。这一流程确保了左前外后视镜内的左右或上下镜面调节电动机供电回路的接通，从而实现了对后视镜镜面的精确调节。

③ 左前外后视镜镜片的记忆调节。在驾驶员成功完成 ID 认证后，区域控制器左从插接器 CC15 的 6 号与 7 号端子将负责传输左前外后视镜在 X 方向与 Y 方向的角度记忆位置信息，这些信息将被精确地发送至左前外后视镜插接器 HC10 的 13 号和 12 号端子。随后，左前外后视镜将依据接收到的记忆角度信息，自动进行精确的镜面调整。

3.6.4 风窗玻璃刮水器电路图识读

（1）大众车系刮水器电路图识读

图 3-6-13 所示为大众迈腾汽车刮水器电路，该车型刮水器控制开关有复位停止挡、间歇挡、低速挡、高速挡和电动挡。间歇挡的时间可以调整。

当刮水器工作时，相关的开关信号输入至 J519（车载电网控制单元）中，由 J519 通过 LIN 总线控制刮水器电动机执行相关的动作。此外，阳光雨量传感器可以将信号传输至 J519，计算机根据雨量和车速情况调节刮水器电动机的速度。刮水器电动机的速度控制是由 J400（刮水器电动机控制单元）调节的。

（2）别克车系刮水器电路图识读

图 3-6-14 所示为别克车系刮水器控制电路。

第 3 章 汽车基础电气系统组成及电路图识读

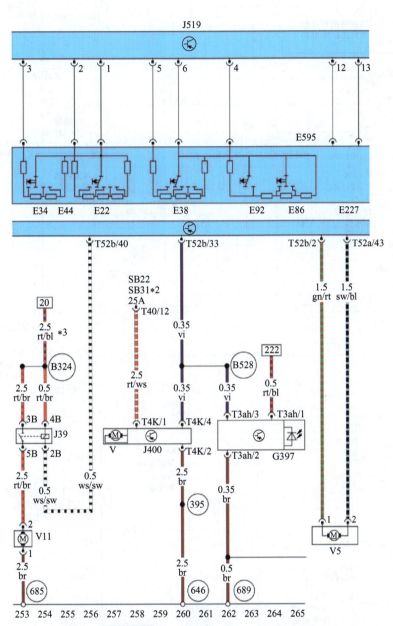

图 3-6-13 大众迈腾汽车刮水器电路

E22—间歇式刮水器控制开关　E34—后窗玻璃刮水器开关　E38—间歇调节开关　E44—车窗玻璃清洗泵开关
G397—阳光雨量传感器　J400—刮水器电动机控制单元　V—车窗玻璃刮水器电动机
V5—车窗玻璃清洗泵电动机　J519—车载电网控制单元

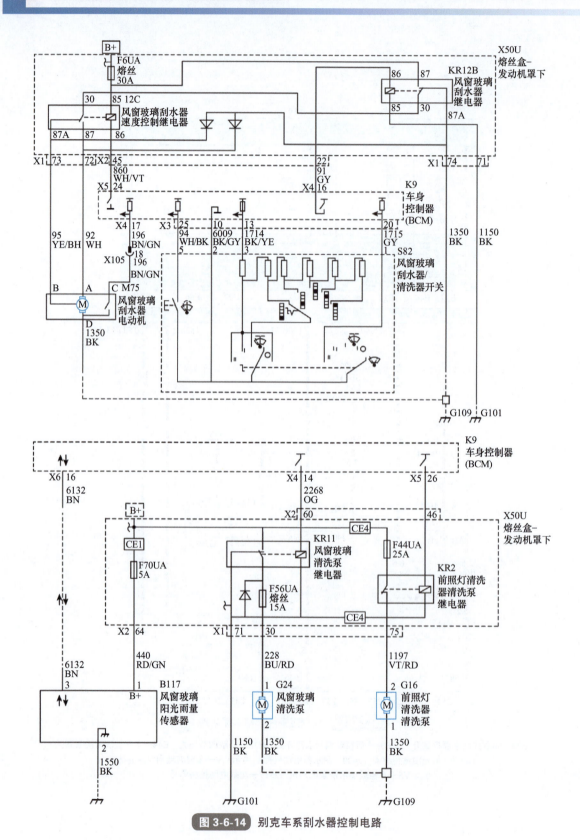

图 3-6-14 别克车系刮水器控制电路

该系统由前后风窗刮水电动机总成、继电器、阳光雨量传感器、组合控制开关、玻璃清洗泵等组成。风窗玻璃刮水器控制开关有高速、低速、间歇、点动等挡位。其中间歇挡可以通过控制开关的旋钮进行间歇时间调整。开关内部有6个电阻，不同间歇位置，送给车身控制器的信号电压不同，由车身控制器控制刮水继电器的通电时间，从而控制间歇刮水时间。阳光雨量传感器通过LIN总线将雨量信息送给车身控制器，同时车身控制器也会结合车速信息对刮水速度进行调整。该电路的控制方法与上述两个电路不同，但风窗玻璃刮水器电动机的工作情况基本相同，在此不予赘述。

（3）丰田车系风窗玻璃刮水器电路识读

图3-6-15所示为丰田车系风窗玻璃刮水器控制电路，其控制开关有5个挡位，分别是低速挡（LO）、高速挡（HI）、间歇刮水挡（INT）、停止复位挡（OFF）和喷洗器挡。下面分析其工作过程。

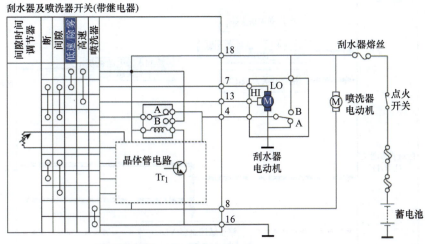

图3-6-15　丰田车系风窗玻璃刮水器控制电路

① 低速挡（LO）。当刮水开关在低速位置时，电流的回路为：蓄电池"+"→端子18→刮水器控制开关LO触点→端子7→刮水器电动机低速电刷LO→公共电刷→搭铁，形成回路，此时电动机低速运行。

② 高速挡（HI）。当刮水开关在高速位置时，电流的回路为：蓄电池"+"→端子18→刮水器控制开关HI触点→端子13→刮水电动机高速电刷HI→公共电刷→搭铁，形成回路，此时电动机高速运转。

③ 间歇刮水挡（INT）。当刮水开关在间歇刮水（INT）位置时，晶体管电路Tr_1先短暂导通，此时电流为：蓄电池"+"→端子18→继电器线圈→Tr_1→端子16→搭铁。线圈中产生磁场，使得继电器常闭触点A打开，常开触点B关闭。这时电动机低速运转，电路为：蓄电池"+"→端子18→继电器触点B→刮水器开关INT触点→端子7→刮水器电动机低速电刷LO→公共电刷→搭铁。然后Tr_1截止，继电器的触点B断开，触点A闭合，电动机转动时，凸轮开关的触点A断开，B闭合，所以电流继续流至电动机的低速电刷，电动机低速运转，此时的电流为：蓄电池"+"→凸轮开关触点B→端子4→继电器触点A→刮水器开关INT触点→端子7→刮水器电动机低速电刷LO→公共电刷→

搭铁。

④ 停止复位挡（OFF）。当刮水器转至停止位置时，凸轮开关 B 断开，A 接通，电动机停止运转。刮水电动机停止运转一段时间以后，晶体管电路 Tr_1 再次短暂导通，刮水器重复间歇动作，其间歇时间调节器可以调节间歇时间的长短。

⑤ 喷洗器挡。喷洗器开关接通时，在喷洗器电动机运转时，晶体管电路 Tr_1 在预定的时间内接通，使刮水器低速运转 1～2 次。喷洗器的电路为：蓄电池"+"→喷洗器电动机→端子 8→喷洗器开关端子→端子 16→搭铁。刮水器的电路为：蓄电池"+"→端子 18→继电器触点 B→刮水器开关 INT 触点→端子 7→刮水器电动机低速电刷 LO→公共电刷→搭铁。这样可以边喷洗边间歇刮水。

（4）问界 M9 车型自动刮水控制系统电路图识读

问界 M9 刮水喷洗系统采用电子控制单元控制，系统组成框图如图 3-6-16 所示。

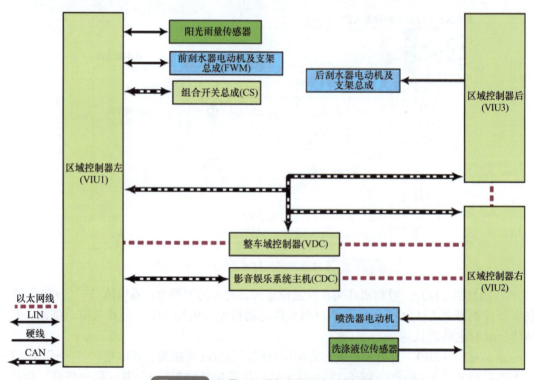

图 3-6-16 问界 M9 刮水喷洗系统组成框图

问界 M9 的自动刮水与喷洗系统采用了分区域控制策略，其中区域控制器左承担阳光雨量传感器的信号检测、前刮水器电动机的控制以及组合开关信号的检测；区域控制器后负责后刮水器电动机的控制；而区域控制器右则专注于喷洗器电动机的控制以及洗涤液位传感器的信号检测。这三个区域控制器之间以及它们与整车控制器之间，均通过 CAN 总线实现通信，而整车控制器与区域控制器左、右之间则通过以太网线进行通信。

影音娱乐系统主机（智能座舱大屏）也通过 CAN 总线与区域控制器左相连，并通过以太网线与区域控制器右相连。此外，区域控制器后和区域控制器右之间也通过以太网线进行连接。

在刮水器的操作方式上，该系统提供了手动与自动两种模式。在手动模式下，驾驶员可以通过旋转刮水组合开关来选择刮水的关闭、低速、高速或自动挡位，同时也可以通过浅按和深按刮水点动开关来手动控制前刮水器的点动和洗涤功能。

当组合开关被置于 AUTO 挡位时，刮水系统进入自动控制模式。此时，驾驶员可以通过影音娱乐系统主机（智能座舱大屏）来调节雨量灵敏度设置。前刮水器通过雨量传感器对外界的雨量进行检测，并据此自动调整刮刷的速度和间歇时间。若刮水组合开关处于 AUTO 挡位，前刮水器在检测到外界雨量或水量时，将自动进入溅水刮刷模式。

在手动控制模式下，驾驶员可以通过组合开关手动控制后刮水器的刮刷。而在自动控制模式下，当前刮水器处于工作状态且挡位位于 R 挡时，后刮水器将自动开启。此外，当后尾门开启时，后刮水器将被禁止使用。

问界 M9 自动控制刮水喷洗系统电路原理图如图 3-6-17 所示。

① 前刮水器电机控制电路识读。前刮水器电动机的操作由区域控制器左进行统一控制。在供电方面，区域控制器左通过两条独立的蓄电池常电供应线路来确保稳定的电能传输。这两条常电线路经过行李舱熔丝盒中的 BSB03 和 BSB06 熔丝（两者均具备 50A 的额定电流）进行分配，之后分别流向区域控制器左插接器 CC20 和 CC21 的 1 号端子。

在接地连接方面，为了确保电流的安全回流，区域控制器左采用了多重接地设计。具体而言，电流从区域控制器左插接器 CC19 的 7 号端子、插接器 CC16 的 7 号、14 号和 16 号端子分别流出，最终汇集至搭铁点 G020，实现了有效的接地连接。

此外，前刮水器电动机的供电同样依赖于蓄电池的常电供应。这一电能通过驾驶室电器盒内的 LF03 熔丝（额定电流 30A）进行分配，随后传输至前刮水器电动机及总成支架插接器 FC47 的 4 号端子。而接地信号则由插接器 FC47 的 3 号端子输出，最终抵达搭铁点 G006，实现电动机的接地连接。

当驾驶员操作组合开关上的刮水开关时，区域控制器左会从插接器 FC37 的 23 号端子发送前刮水电机开启控制信号至前刮水器电动机及支架总成插接器 FC47 的 1 号端子。这一信号将触发前刮水器电动机的工作，进而起动刮水器。

② 喷洗器电动机控制电路识读。如图 3-6-17 中间部分所示，喷洗器电动机在区域控制器右的控制下运行，同时区域控制器右负责监测洗涤液位传感器的信号，一旦检测到洗涤液不足，便触发预警信号显示在仪表上。

区域控制器右的供电由蓄电池常电直接提供，此供电通过行李舱熔丝盒内的 BSB05 熔丝（额定电流 60A）进行分配，随后在节点处分为两路，分别流向区域控制器右的插接器 CC74 和 CC75 的 1 号端子，以确保其正常工作。而区域控制器右的接地连接则通过插接器 FC55 的 44 号和 49 号端子，最终连接至搭铁点 G002，实现稳定的接地连接。

此外，区域控制器右还通过其插接器 CC69 的 10 号和 20 号端子，与其他控制器建立 CAN 总线连接，以实现信息的实时共享和交互。

当驾驶员操作组合开关以执行洗涤任务时，区域控制器右会通过其插接器 FC55 的 27 号端子，为喷洗器电动机提供正极供电。电流随后流向喷洗器电动机 FC80 的 1 号端子，经过电动机内部的工作流程后，由 2 号端子返回至区域控制器左插接器 FC55 的 40 号端子，从而驱动喷洗器电动机工作，使洗涤液从喷孔中喷出。

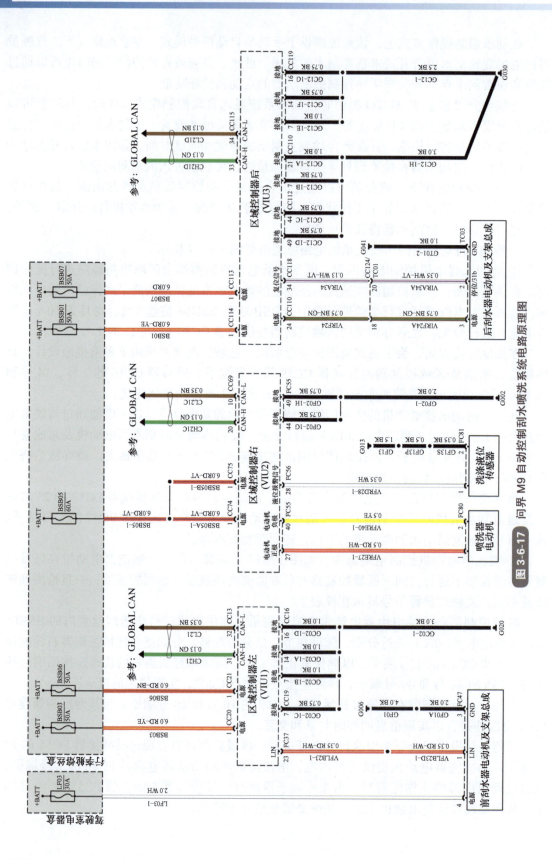

图 3-6-17 问界 M9 自动控制刮水器喷洗系统电路原理图

同时，区域控制器右插接器 FC56 的 28 号端子负责为洗涤液位传感器供电，供电流向 FC81 的 1 号端子，之后从该传感器的 2 号端子输出，连接至搭铁点 G013，完成接地连接。区域控制器通过监测 FC56 的 28 号端子电压变化，来准确判断洗涤液位的实时状态。

③ 后刮水器电动机控制电路识读。后刮水器电动机在后区域控制器的调控下执行工作。后区域控制器的电力供应来源于蓄电池常电，并通过行李舱熔丝盒内的 BSB01 和 BSB07 熔丝（额定电流均为 50A）进行分配，随后传递至后区域控制器插接器 CC114 和 CC113 的 1 端子。区域控制器后的接地连接则通过插接器 CC112 的 44 号和 49 号端子、插接器 CC110 的 7 号和 21 号端子，以及 CC119 的 7 号、14 号、16 号端子，最终输出至搭铁点 G030，确保稳定的接地连接。

当驾驶员操作组合开关上的后刮水器开关时，区域控制器后插接器 CC110 的 24 号端子将供电输出至后刮水器电动机及支架总成插接器 TC03 的 3 号端子。电流经过后刮水器电动机后，从其插接器 TC03 的 1 号端子流至搭铁点 G041，完成接地连接，从而使后刮水器电动机的供电回路得以接通，起动后刮水器电动机。

此外，区域控制器后通过插接器 CC118 的 34 号端子实时监测后刮水器电动机的转动位置信号。一旦检测到刮水器电动机即将停止在中间位置，可能妨碍驾驶员视线时，区域控制器后将继续向后刮水器电动机供电，确保后刮水器的刮水器臂停留在后玻璃的下沿，以避免对驾驶员视线造成影响。

第 4 章

Chapter 4

汽车动力系统基本组成与电路图识读

4.1 发动机控制系统

4.1.1 发动机控制系统基本组成

（1）发动机控制系统概述

发动机控制系统，作为一个由微处理器主导的高级系统，其核心组成部分包括传感器、基于微处理器的ECU（电子控制单元）以及执行器等关键元件。传感器在此系统中承担着至关重要的角色，它们负责精准地检测发动机运行时的各项关键工作参数，并将信息实时传输至ECU进行处理。ECU作为系统的"大脑"，对接收到的传感器信号进行详尽地分析，随后生成并发送出精确的控制信号至执行器。

执行器，通常表现为电磁阀或电动机等形式，一旦接收到来自ECU的指令信号，便迅速而准确地执行相应的动作，以确保发动机按照预定的要求和标准运行，从而实现各种复杂的控制功能。

发动机控制系统基本组成框图如图4-1-1所示，发动机控制系统组成元件安装位置如图4-1-2所示。

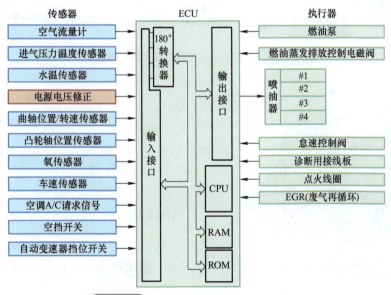

图4-1-1 发动机控制系统基本组成框图

（2）传感器

① 空气流量计。空气流量计（图4-1-3）用来将吸入的空气流量转换成电信号输送给电子控制单元，作为决定喷油量的基本信号之一，按照空气流量计的结构形式，可将其分为翼片式空气流量计、卡门旋涡式空气流量计和热线式空气流量计三种。

热线式空气流量计主要由防护网、采样管、铂热线、温度补偿电阻和控制电路等组成。根据铂热线在壳体内安装部位的不同，可分为主流测量方式和旁通道测量方式。

图 4-1-4 所示为主流测量方式的热线式空气流量计结构，铂热线和温度补偿电阻安装在主进气道中，控制电路安装在流量计下方。

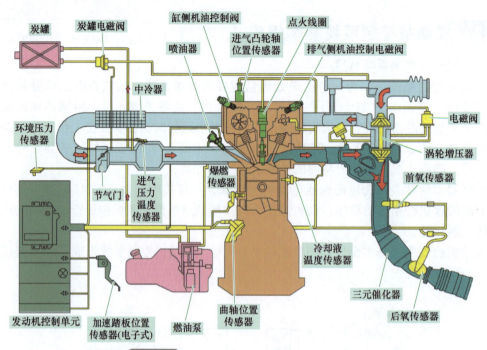

图 4-1-2　发动机控制系统组成元件安装位置

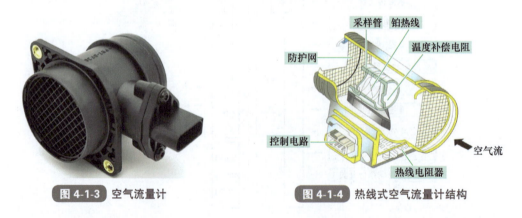

图 4-1-3　空气流量计　　　　图 4-1-4　热线式空气流量计结构

热线式空气流量计工作原理如图 4-1-5 所示。当空气流经铂热线时，铂热线温度就会降低，铂热线的电阻减小，使电桥失去平衡。若要保持电桥平衡，就必须增加流经铂热线的电流，以恢复其温度和电阻值，测量电阻两端的电压也相应增加。流经铂热线的空气流量（质量流量）不同，铂热线的温度变化量不同，其电阻变化量也不同。为保持电桥平衡，需增加流经铂热线的电流，从而使测量电阻两端的电压也相应发生变化，将这种因空气流量变化而引起的流过铂热线电流的变化，转化成测量电阻两端的电压，输入给 ECU，即测得进气量。

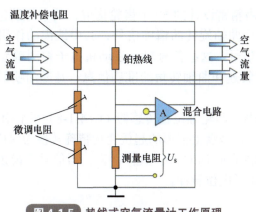

图 4-1-5 热线式空气流量计工作原理

② 进气压力温度传感器。进气压力温度传感器（图 4-1-6）作为一个集成单元，由温度传感器和压力传感器共同构成，被精准地安装在进气歧管之上。此传感器能够将进气压力精确转化为电压信号，同时温度则转化为电阻值。随后，这些电压和电阻数据将被高效传输至ECU。基于接收到的进气压力和温度数据，ECU 将进行精确地计算，并对发动机的运行状态进行相应调整，以确保其高效稳定运行。

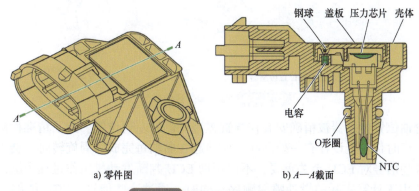

a) 零件图　　b) A—A截面

图 4-1-6 进气压力温度传感器

③ 曲轴位置传感器。曲轴位置传感器（图 4-1-7）信号齿轮随曲轴同步旋转，其上的飞轮信号齿轮会切割由曲轴位置传感器内部永久磁铁形成的磁力线，进而引发磁场的变化。这种变化会在传感器内部的线圈中诱导出交变感应电动势，并最终以电压信号的形式输出。

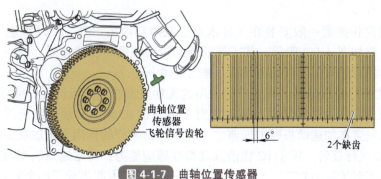

图 4-1-7 曲轴位置传感器

曲轴的正时信号轮由精密设计的58个齿轮构成，其中特别包含了2个缺齿。这些齿轮和缺齿的组合用于输出曲轴旋转的精确信号，其中缺齿的作用尤为关键，即专门用于确定曲轴的上止点位置信号。这些信号对于发动机电子控制单元（ECU）至关重要，为ECU提供了关于发动机转速和曲轴转角的准确信息，是燃油喷射和点火控制等关键操作的主控信号。

④ 凸轮轴位置传感器。凸轮轴位置传感器（图4-1-8）系采用霍尔效应技术的传感器，主要功能是将进气凸轮轴信号盘上齿形的起伏变化精确转换为对应的脉冲电压信号，随后将此信息反馈至电子控制单元（ECU）。具体而言，当信号盘齿顶经过时，产生高电位脉冲；齿底经过时，则产生低电位脉冲。

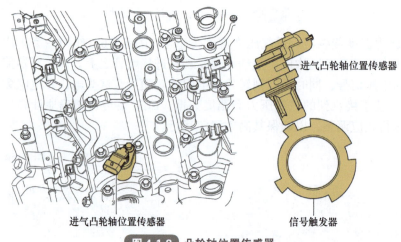

图4-1-8　凸轮轴位置传感器

该凸轮轴位置传感器被精确安装在气缸盖进气侧的左列位置。为了精准检测凸轮轴的位置状态，正时带轮上设计有一处凸起，该凸起在曲轴每完成两周旋转时，会生成4个脉冲信号。这些信号对ECU至关重要，不仅帮助ECU判断发动机工作过程中缸内活塞的精确位置，还用于计算实际的燃油喷射顺序；同时，通过这些信号，ECU能够计算出进气凸轮轴的具体位置，进而通过机油控制电磁阀（OCV阀）实现对可变气门正时（VVT）系统的精确控制。

⑤ 冷却液温度传感器。冷却液温度传感器检测发动机冷却液温度信号，并输入到ECU，作为燃油喷射和点火正时控制的修正信号，同时也是其他控制系统（如EGR等）的控制信号。

冷却液温度传感器一般安装在气缸水道上或冷却液出口处。冷却液温度传感器的实物、结构和电路如图4-1-9所示，其工作原理与进气温度传感器相同。同一车型装备的冷却液温度传感器与进气温度传感器特性一般完全相同。

⑥ 加速踏板位置传感器。目前广泛采用的无触点型加速踏板位置传感器（图4-1-10），其核心工作原理在于通过安装在加速踏板臂上的霍尔IC来感知加速踏板的开度状态。电磁轭则稳固地安置在加速踏板臂的底座之上，其运动响应的作用力施加在加速踏板上，进而围绕霍尔IC进行旋转。霍尔IC凭借其高精度感应能力，将磁通量的细微变化精准转化为电信号，并实时传输至ECU。值得一提的是，霍尔IC内部集成了两个独立的电路系统，

其中一个负责处理主信号，另一个则负责处理副信号。通过这种方式，霍尔 IC 能够准确地将加速踏板位置（角度）转化为具有明确区分度的电信号，并稳定可靠地传递至 ECU，以实现精确的发动机控制。

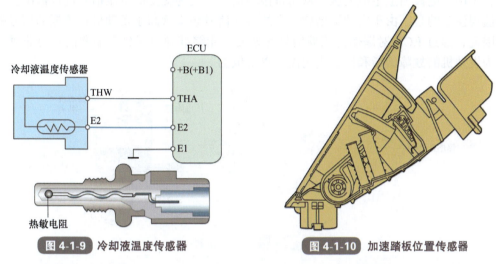

图 4-1-9 冷却液温度传感器　　图 4-1-10 加速踏板位置传感器

⑦ 节气门位置传感器。在当前的车辆控制系统中，与加速踏板位置传感器类似，节气门位置传感器（图 4-1-11）也普遍采用了无触点型设计。该传感器核心部件为安装在节气门体上的霍尔集成电路（IC），负责感应节气门的实时开度信息。这一霍尔 IC 被电磁轭所环绕，其工作原理是通过将磁通量的变化转化为相应的电信号，进而将这些信号传递至 ECU。霍尔 IC 内部包含了主信号和副信号的独立电路，以确保节气门开度的精确测量。通过这些电路，霍尔 IC 能够将节气门的开度转化为具有不同特性的电信号，并精准地将其传输至 ECU，以实现对车辆动力系统的精确控制。

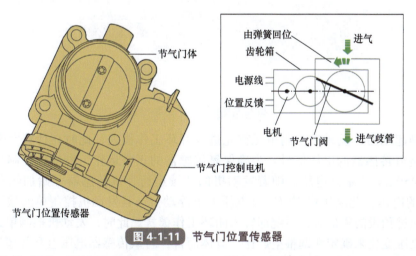

图 4-1-11 节气门位置传感器

⑧ 爆燃传感器。爆燃传感器（图 4-1-12）作为一种精确监测振动信号的装置，被安装于发动机气缸体之上。其配置方式灵活，可根据需要安装单一或多个传感器。当前，发动机领域普遍采用压电式爆燃传感器，以确保高效的振动信号监测。

压电式爆燃传感器通过 M8 螺栓固定于气缸体上,其内部构造独特。传感器内侧的上部配设有钢制配重,而电压元件则通过绝热体位于配重上方。当发动机气缸体发生振动时,该振动会通过传感器内的质量块传递至压电陶瓷上。压电陶瓷在质量块振动产生的压力下,于两个电极面上生成电压,从而将振动信号转化为交变的电压信号进行输出。

值得注意的是,由于发动机爆燃产生的振动信号频率远高于发动机正常振动信号的频率,因此,通过 ECU 对爆燃传感器信号的处理,能够准确地区分出爆燃信号与非爆燃信号,为发动机的故障诊断和性能优化提供重要依据。

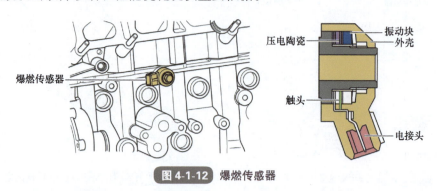

图 4-1-12 爆燃传感器

⑨ 氧传感器。安装在发动机排气管上,用来检测尾气中氧的浓度,并将信息反馈给控制单元,调整喷油量,从而实现对发动机的闭环控制,改善了发动机的燃烧情况,减少了有害气体的排放。图 4-1-13 所示氧传感器的核心传感元件是一种具备孔隙的陶瓷管,其外部被发动机的排气系统所包围,而内部则与大气相通。此传感陶瓷管壁为固态电解质,内部装有电加热管以维持其正常的工作温度。

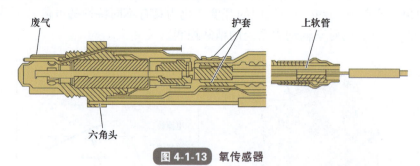

图 4-1-13 氧传感器

在车辆起动后,发动机控制单元首先进入开环工作模式,此时在计算空燃比的过程中,将忽略氧传感器的电压信号。为确保氧传感器的正常运作,发动机控制单元会向其提供大约 450mV 的基准电压。随着发动机的持续运行,氧传感器开始加热并逐渐产生 0~0.1V 的电压,此电压将围绕基准电压上下浮动。一旦发动机控制单元检测到氧传感器的电压超过预设的阈值时,系统即转入闭环工作模式。此时,发动机控制单元将依据氧传感器的电压变化来确定和调整空燃比。具体而言,若氧传感器电压上升并超过基准电压(趋向于 1V),则表明混合气过浓;反之,若电压下降至基准电压以下(趋向于 0mV),则表明混合气过稀。

在发动机控制系统中,前后氧传感器各自承担不同的功能。前氧传感器主要用于空燃比的闭环控制，其输出电压信号会随着空燃比的变化而波动。而后氧传感器则负责监控催化器的工作状态，其输出的电压信号基本保持稳定，不会出现显著的波动。

（3）发动机控制单元

发动机控制单元（是发动机电子控制单元的简称）作为发动机控制系统的核心组件，其核心功能在于依据各种传感器及控制开关所输入的信号参数，对包括喷油量、喷油时刻、点火时刻、怠速控制、进气控制、排放控制、自诊断失效保护以及备用控制系统等在内的多项指标进行精准调控。ECU 的构造主要包含四个部分，即信号处理电路、电源管理、微处理器以及驱动电路，如图 4-1-14 所示。

传感器所传递的信号首先进入输入回路，在此进行预处理，并转换为输入电压。模/数（A/D）转换器则负责将模拟信号转化为数字信号，以供中央处理器进一步处理。若传感器输出的是脉冲（数字）信号，经过输入回路处理后，则可直接进入中央处理器。

在发动机的运行过程中，ECU 依据发动机控制系统内各传感器所发送的信号，对发动机当前所处的运行工况及工作条件进行判断，并从 ROM 中检索出相应的控制参数数据。经过中央处理器的精确计算与必要修正后，输出相应的控制信号，以确保发动机高效稳定运行。

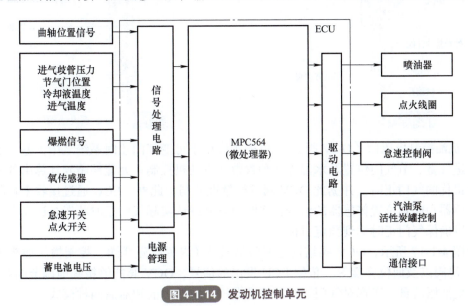

图 4-1-14 发动机控制单元

（4）执行器

执行器，作为发动机控制系统中的重要组成部分，涵盖了喷油器、点火线圈、怠速控制阀以及各类电磁阀等关键组件。这些执行器均受到 ECU 的精确控制，负责具体实施特定的控制功能。一般而言，ECU 通过控制执行器的电磁线圈搭铁回路来实现其功能，同时，也存在通过 ECU 控制特定电子控制电路（如电子点火控制器等）来执行相应任务的情况。

① 喷油器。喷油器的作用是按照 ECU 的指令将一定数量的汽油以雾状喷入进气道或进气管内。喷油需可分为轴针式和孔式两种。喷油器主要由带滤网的进油口、电插头、弹簧、电磁线圈、外壳、带衔铁的针阀、喷油孔等组成，如图 4-1-15 所示。喷油器不喷油时，回位弹簧通过衔铁使针阀紧压在阀座上，防止滴油。当电磁线圈通电时，产生电磁吸力，将衔铁吸起并带动针阀离开阀座，同时回位弹簧被压缩，燃油经过针阀并由轴针与喷

油口的环隙或喷油孔中喷出。当电磁线圈断电时，电磁吸力消失，回位弹簧迅速使针阀关闭，喷油器停止喷油。在喷油器的结构和喷油压力一定时，喷油器的喷油量取决于针阀的开启时间，即电磁线圈的通电时间。

② 点火线圈。目前，主流发动机普遍采用直接点火系统（DIS），该系统在四缸发动机中装配了4个点火线圈，每个气缸均配备一个。DIS 的点火线圈采用一体化设计，将火花塞罩与点火线圈集成，同时点火线圈内置点火器，如图 4-1-16 所示。此设计旨在简化系统结构，提高点火正时的准确性，并有效减少高压损耗。

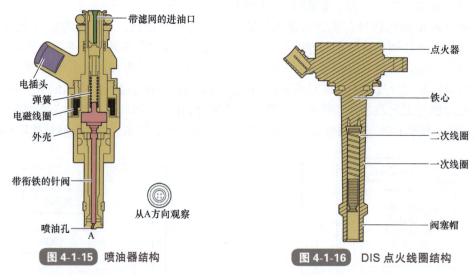

图 4-1-15　喷油器结构　　　　　图 4-1-16　DIS 点火线圈结构

③ 机油控制电磁阀（OCV 阀）。该电磁阀应用于可变气门正时系统之中。基于发动机转速、进气量、节气门位置及水温等多种参数，发动机控制单元能够精确计算出各种驾驶条件下最优的气门正时，并据此 OCV 阀进行精准控制。此外，ECU 通过接收来自凸轮轴位置传感器和曲轴位置传感器的信号，实时检测并确认实际气门正时状态，进而实施反馈控制，以确保气门正时达到预定目标。

如图 4-1-17 所示，OCV 阀结构主要包括阀体（内置电磁线圈、控制模块插头等关键组件）、滑阀以及回位弹簧等。依据 ECU 发出的信号，OCV 阀能够精确地调节阀芯位置，从而改变液压流量，实现对气门正时的精准调控，包括提前和滞后两种模式。

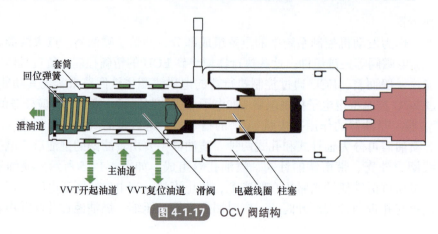

图 4-1-17　OCV 阀结构

4.1.2 卡罗拉/雷凌 8ZR-FEX 发动机控制系统电路图识读

发动机控制系统电路图的复杂性虽高，但在其识别与解读过程中，依然能够遵循一定的逻辑规律。为增进对电路图的理解，可将其划分为三大核心部分：供电电路、传感器电路以及执行器电路。这种划分方式有助于我们从组件的层面逆向剖析电路结构。

在解析供电电路时，首要任务是明确电源的来源。具体而言，需要追踪蓄电池电源如何向（ECU）的各个端子提供电能，并辨识这一过程中涉及的熔丝、继电器等相关元件。

对于传感器电路，需特别关注其供电线路、信号线路以及接地线路的布局。值得注意的是，传感器电路在部分情况下可能共用电源线和接地线，但信号线通常保持独立，单独接入 ECU 内部，以避免与其他线路发生混淆。

在执行器电路中，可能会遇到电源线、接地线与控制线共用的情形。然而，控制线始终由 ECU 输出，以确保对执行器的精准控制。

（1）ECU 供电电路识读

ECU 供电与燃油泵控制电路如图 4-1-18 所示。

在点火开关处于关闭状态时，ECU 内部的存储器仍然需要供电，以确保能够存储临时的运行数据和用户数据。为了实现这一目的，通过 20A EFI-MAIN 熔丝将蓄电池电源供应到 ECU 的 A1 号端子。

当点火开关处于开启状态时，ECU-IG2 NO.1 10A 熔丝将 12V 电源开关信号传输到 ECU 的 A6 号端子。一旦 ECU 接收到电源开关信号，它会从 A46 号端子发出 12V 主继电器信号，该信号作用于 ECU-MAIN 继电器的 6 号端子。随后，供电通过 EFI-MAIN 继电器的 5 号端子输出，经过 2 号搭铁接线插接器（A79）接地。在此过程中，EFI-MAIN 继电器会吸合，使得蓄电池电压通过 20A 的 EFI-MAIN 熔丝传送至 EFI-MAIN 继电器的 3 号端子，并从其 4 号端子输出。此输出经过节点后分为四路，其中两路分别为 ECU 的 A2 号和 A3 号端子提供供电。只有当 ECU 接收到供电后，才会起动正常的程序准备工作。

（2）燃油泵控制电路

① C/OPN（燃油泵）继电器供电。当点火开关处于开启状态时，EFI-IG2 NO.1 10A 熔丝将 12V 电源开关信号传输到 ECU 的 A6 号端子。一旦 ECU 接收到电源开关信号，它会从 A46 号端子发出 12V 主继电器信号，该信号作用于 EFI-MAIN 继电器的 6 号端子。随后，供电通过 EFI-MAIN 继电器的 5 号端子输出，经过 2 号搭铁接线插接器（A79）接地。在此过程中，EFI-MAIN 继电器会吸合，使得蓄电池电压通过 20A 的 EFI-MAIN 熔丝传送至 EFI-MAIN 继电器的 3 号端子，并从其 4 号端子输出。此输出经过节点后分为四路，其中一路供电供应到 C/OPN 继电器的 5 号端子。

② 燃油泵继电器控制。在点火开关开启后，确保 ECU 的正常供电。此时，ECU 控制器 A41 号端子电路与接地电路连接，蓄电池供电经过 20A EFI-MAIN 熔丝，向 C/OPN 继电器的 1 号端子提供电力，并从其 2 号端子输出到 ECU A41 号端子，以完成 ECU 内部的接地连接。这样，C/OPN 继电器电磁线圈得以通电，促使继电器吸合。

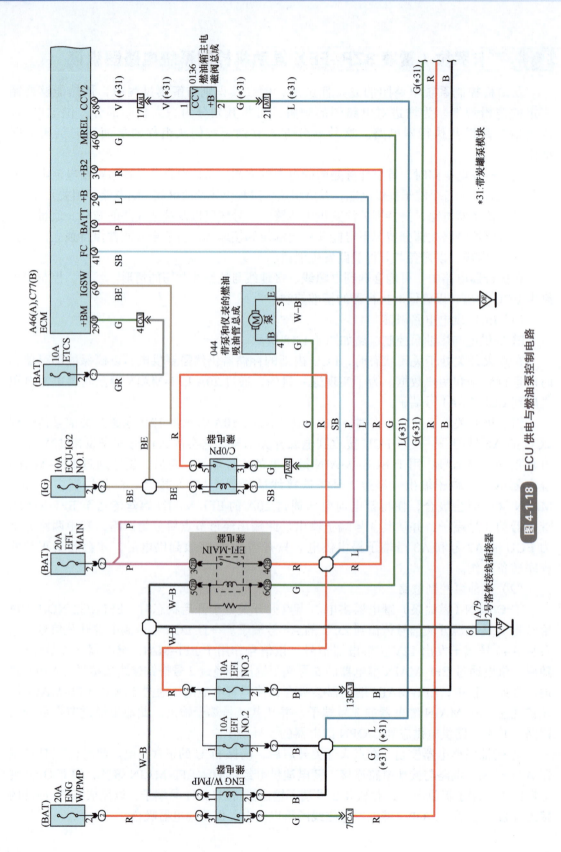

图 4-1-18 ECU 供电与燃油泵控制电路

上一步中，来自 EFI–MAIN 继电器的 4 号端子的供电从 C/OPN 继电器的 5 号端子输入，然后从 3 号端子输出到燃油泵总成（带泵和仪表的燃油吸油管总成）的 4 号端子，并从其 5 号端子输出接地。这样，燃油泵开始工作。

（3）点火与喷油控制电路

① 点火控制电路。如图 4-1-19 所示。丰田车系的直接点火系统（DIS）采用了四个点火线圈总成，每个气缸一个。火花塞直接接触的火花塞帽与点火线圈总成集成为一体。

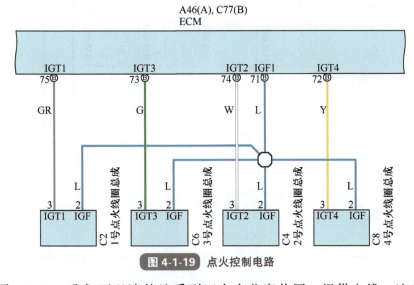

图 4-1-19　点火控制电路

根据图 4-1-19，我们可以清楚地看到四个火花塞共用一根供电线。这条供电线从 ECM 的 C77（B）插接器的 71 号端子输出，然后供应到四个火花塞线束插接器的 2 号端子。同时，四个点火线圈的 3 号端子均由 ECM 进行单独控制，从而实现单缸独立点火。

② 喷油器控制电路。如图 4-1-20 所示，喷油器的供电电源由 10A INJ 熔丝提供，并通过线路供应到各喷油器的 1 号端子上。ECM 通过不同的端子控制喷油器 2 号端子的搭铁，进而控制喷油器电磁线圈的通电状态。确保了对喷油器和喷油时间的精确控制。ECM 根据车辆的运行状态和发动机的需求，通过控制喷油器电磁线圈的通电时间，实现对喷油量和喷油时刻的精确调控。

（4）传感器电路

① 空气流量计和节气门位置传感器。丰田卡罗拉/雷凌空气流量计（进气质量空气流量计分总成）和节气门位置传感器（带电动机的节气门总体）电路如图 4-1-21 所示。

C25 进气质量空气流量计分总成内部集成了进气温度传感器和空气流量传感器。该部件的 1 号端子接收来自熔丝的供电，为空气流量计提供电源。2 号和 3 号端子分别为空气流量传感器的信号接地端子和信号端子。4 号端子为 ECM 提供给进气温度传感器的供电，同时也是信号线路。这个端子的供电随着进气温度的不断升高而减小，ECM 根据这个电压变化判断当前的进气温度。5 号端子为进气温度传感器接地线。

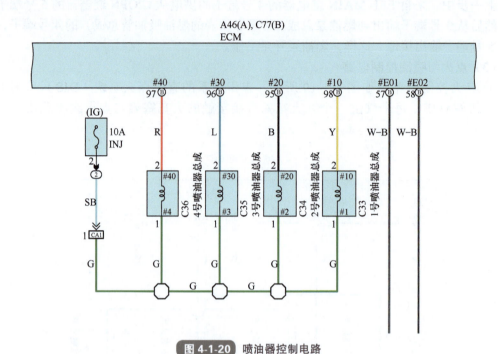

图 4-1-20　喷油器控制电路

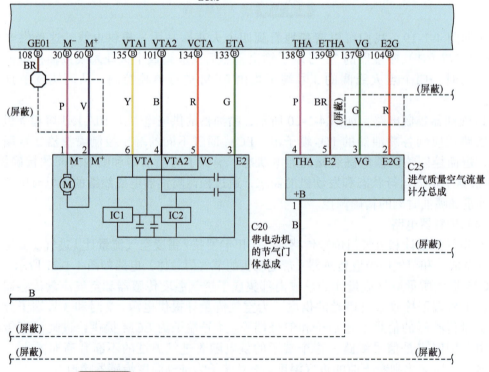

图 4-1-21　丰田卡罗拉/雷凌空气流量计和节气门位置传感器电路

带电动机的节气门体总体（C20）内部集成了节气门传感器和节气门电机，以满足电动驱动的需求。其中，3号、4号、5号、6号端子为节气门传感器端子，其中5号端子为ECM提供的节气门传感器供电，3号端子为接地端子，4号端子为节气门位置传感器的信号端子，6号端子为节气门位置传感器的故障检测端子。ECM通过检测节气门位置信号，从其插接器C77（B）的60号端子输出驱动节气门电机的正信号至C20的1号端子，以实现节气门的开度按照控制要求打开。

② 氧传感器和空燃比传感器。丰田卡罗拉/雷凌氧传感器和空燃比传感器电路如图4-1-22所示。

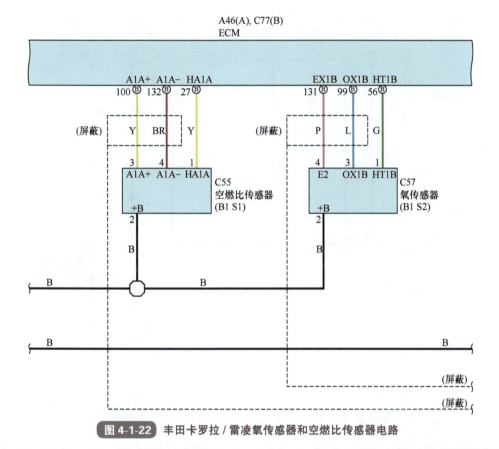

图4-1-22　丰田卡罗拉/雷凌氧传感器和空燃比传感器电路

空燃比传感器（C55）和氧传感器（C57）的电源线是共享的，该电源线由熔丝提供，分别连接到C55和C57的2号端子。C55和C57的1号端子则是接收ECM输出的加热信号。3号端子和4号端子是传感器的信号输出端，为了防止信号干扰，这两根线束上还额外添加了屏蔽线。

③ 曲轴位置传感器和爆燃传感器。丰田卡罗拉/雷凌曲轴位置传感器和爆燃传感器电路如图4-1-23所示。

曲轴位置传感器为非能量驱动型传感器，因此无须外部供电。在丰田卡罗拉/雷凌车型中，该传感器采用的是拾波线圈型位置传感器。曲轴正时转子由34个齿轮组成，其中包含2个缺齿。每旋转10个齿轮，曲轴位置传感器就会输出一个曲轴旋转信号，同时利用缺齿产生的信号变化来确定上止点。

爆燃传感器采用的是压电元件式，当爆燃产生的振动传递到压电元件上时，压电元件会产生电动势。ECM通过C77（B）的122号端子和121号端子检测这个电动势，并通过内部计算得出爆燃产生的时刻。根据这一结果，ECM会调整点火提前角以减轻或消除爆燃。

曲轴位置传感器和爆燃传感器由于输出的电压较低，为了防止电磁信号的干扰，在这两个传感器的线束外都包裹了屏蔽线，从而达到隔离干扰的目的。

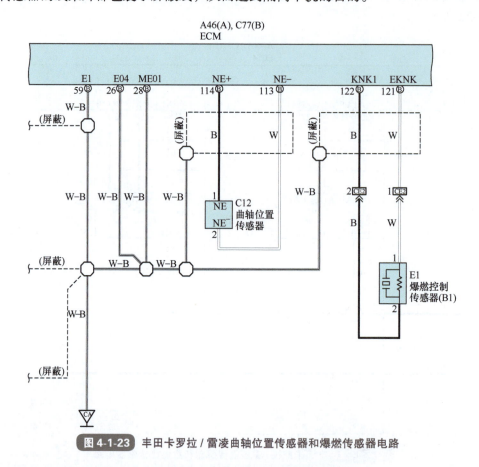

图 4-1-23　丰田卡罗拉/雷凌曲轴位置传感器和爆燃传感器电路

4.1.3　增程电动汽车增程器控制系统电路图识读

增程式电动汽车的增程器，作为发动机与发电机的集成单元，起动后，发动机始终保持最优运行状态，驱动发电机为车辆供给电能。在动力电池需求充电的情况下，增程器产生的多余动力将用于为动力电池进行充电。

问界M9发动机控制单元供电、喷油器控制、位置传感器、电子节气门、发动机转速传感器电路如图4-1-24所示。

（1）发动机控制单元供电、接地电路识读

发动机控制单元（ECU）总成的供电方式包含蓄电池常电供电和主继电器供电两种模式。

① 蓄电池常电供电。其电流经过发动机舱电器盒内的 LF12 熔丝（额定电流 10A）进行供给，并直接输送至 ECU 总成插接器 GC02 的 M5 端子。

② 主继电器供电。ECU 总成插接器 GC01 的 M2 端子控制发动机舱电器盒内的 LRLY04 EMS 主继电器电磁线圈端子（86 号端子）接地。蓄电池供电则通过发动机舱电器盒内的 LF11 熔丝（额定电流 30A），传输至主继电器的电磁线圈供电端子（85 号端子）和常电供电端子（30 号端子）。当主继电器吸合时，蓄电池的电流会经过主继电器的常电供电端子（30 号端子），并通过主继电器的负载供电端子（87 号端子）输出。此供电随后再经发动机舱电器盒内的 LF34 熔丝（额定电流 10A）供给，并最终输送至 ECU 总成插接器 GC01 的 N2 号和 N3 号端子。

③ 发动机控制单元（ECU）总成的接地电路。该总成从插接器 GC01 的 B1 号和 N4 号端子以及 B5 号和 A5 号端子输出两组接地信号，这两组信号分别连接至搭铁点 G054 和 G053，从而实现有效的接地连接。

（2）电子燃油泵、喷油器电路识读

① 电子燃油泵电路图识读。ECU 总成插接器 GC02 的 A2 号端子负责控制发动机舱电器盒内 LRLY08 燃油泵继电器电磁线圈的接地操作。该电磁线圈的供电来源由主继电器负责，一旦主继电器吸合，电源输出便通过发动机舱电器盒内的 LF34 熔丝（额定电流 10A）进行传输，随后经过特定节点返回发动机舱电器盒，进而为燃油泵继电器电磁线圈的供电端子（即 85 号端子）提供电能，从而触发燃油泵继电器的吸合动作。

电子燃油泵的供电流程则是通过蓄电池的常电，经由发动机舱电器盒内的熔丝 LF06（额定电流 15A）供应至燃油泵继电器的常电供电端子（即 30 号端子），随后通过其负载供电端子（即 87 号端子）进一步输出，最终供应至电子燃油泵插接器 BRC03 的 3 号端子。电流流经电子燃油泵后，从插接器 BRC03 的 4 号端子流出至搭铁点 G019 处，实现接地连接，从而完成电子燃油泵的供电回路，确保电子燃油泵的正常工作。

② 喷油器电路识读。喷油器的电源供给是由主继电器实现的。一旦主继电器正常吸合，电力将经由发动机舱电器盒内的 LF34 熔丝（额定电流为 10A）进行稳定传输。经过特定的节点后，电流分别流向喷油器 1~4 的插接器 GC16、GC17、GC19、GC20 的 1 号端子。喷油器 1~4 的控制任务则完全由电子控制器（ECU）总成承担。具体而言，ECU 总成的插接器 GC02 的 C3 号、D3 号、C4 号、D4 号端子将分别控制喷油器 1~4 的接地端。基于内部存储的喷油正时信号以及发动机的实际工作状态，ECU 将精确控制喷油器 1~4 的开闭时间。

（3）位置传感器、节气门位置传感器、发动机转速传感器电路识读

① 位置传感器。位置传感器的供电与接地功能均由 ECU 总成承担。具体而言，ECU 总成通过其插接器 GC02 的 E5 号端子，向位置传感器插接器 GC22 的 3 号端子提供 5V 的稳定供电。供电电流在流经位置传感器内部后，从 GC22 的 1 号端子流出，并经由 ECU 总成插接器 GC02 的 M3 号端子，最终返回 ECU 总成内部进行接地处理，以确保供电循环的完整性和安全性。

在供电正常的情况下，当凸轮轴发生转动时，位置传感器会从其 2 号端子发送信号至 ECU 总成插接器 GC02 的 M4 号端子。ECU 总成将根据接收到的信号，准确判断凸轮轴的位置，从而确保发动机系统的正常运行和精准控制。

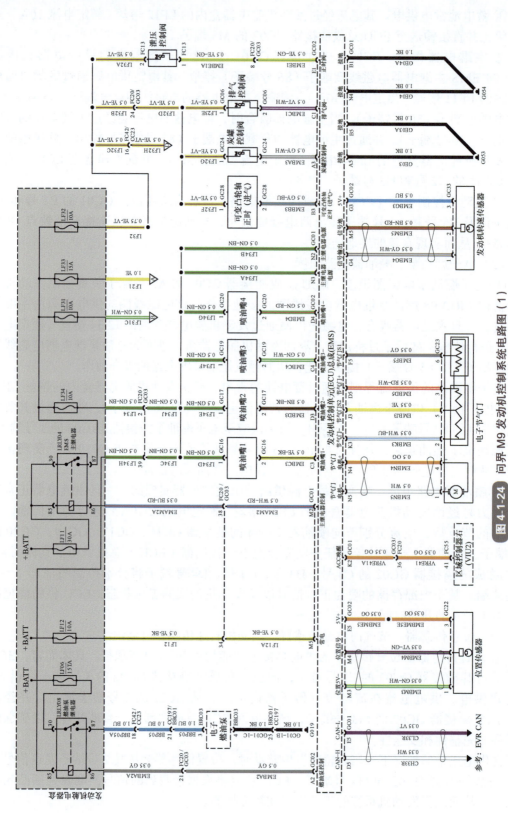

图 4-1-24 问界 M9 发动机控制系统电路图（1）

② 节气门位置传感器。如图4-1-24所示，节气门位置传感器与电子节气门被设计为一体化结构。

关于其供电，ECU总成通过其插接器GC02的D5号端子向电子节气门插接器GC23的3号端子提供电能。电流在流经电子节气门内部的两个节气门位置传感器后，经由GC23的2号端子返回至ECU总成插接器GC02的K3号端子，并在ECU总成内部实现接地。

ECU总成通过插接器GC02的J3号和F5号端子获取节气门位置传感器的开度信号。这些信号被用来精确地控制节气门电机，以确保节气门能够准确地打开至预设位置。其中，两个节气门信号中，一个被设定为主信号，另一个作为备用信号，以确保系统的稳定性和可靠性。

③ 发动机转速传感器。ECU总成通过其插接器GC02的G3号端子，向传感器插接器GC33的3号端子输出稳定的5V供电。供电随后在传感器内部流经，并通过其2号端子回流至ECU总成插接器GC02的M5号端子，形成完整的供电回路。发动机转速传感器的信号输出通过插接器GC33的1号端子进行，而ECU总成插接器GC02的G4号端子则负责接收并感知这一信号，以精确判断曲轴位置及发动机转速。

（4）点火线圈电路识读

如图4-1-25所示，点火线圈的电力供应由主继电器负责。当主继电器闭合后，蓄电池的电力通过发动机舱电器盒内的LF33熔丝（其额定电流为15A）进行分配，分别输送至点火线圈1～4的插接器GC10、GC11、GC12、GC13的1号端子。同时，ECU总成从插接器GC02的B4号、A5号、A4号、B5号端子分别向点火线圈1～4的插接器GC10、GC11、GC12、GC13的3号端子发送点火器控制信号。而点火线圈1～4则通过各自的插接器GC10、GC11、GC12、GC13的2号端子输出接地信号，最终实现与搭铁点G052的接地连接。

（5）氧传感器电路识读

如图4-1-25所示，上下游氧传感器加热器的供电均由主继电器负责提供。在主继电器处于闭合状态的情况下，蓄电池的供电经过发动机舱电器盒内的LF31熔丝（额定电流为10A）进行分配，随后分别传输至上下游氧传感器插接器GC15和GC27的4号端子。对于上下游氧传感器的加热控制，这一功能由ECU总成进行精确管理。当氧传感器需要加热时，ECU总成会通过其插接器GC02的N1号和GC01的N5号端子，对上下游氧传感器加热线圈的接地进行控制，从而实现氧传感器的加热。

在信号感知方面，ECU总成通过插接器GC01的B2号和B3号端子，对上游氧传感器的信号进行感应。这两个端子的连接导线采用了屏蔽设计，以确保信号传输过程中不受干扰。同时，下游氧传感器的信号则通过其插接器GC27的1号和2号端子，传输至ECU总成插接器GC01的N1号和C3号端子。ECU总成基于这两个氧传感器提供的信号，对混合气的浓度进行准确判断。

（6）进气压力温度传感器电路识读

如图4-1-25所示，进气压力和温度传感器的供电与接地均由ECU总成统一负责。具体而言，ECU总成通过插接器GC02的E5号端子，向进气压力温度传感器提供稳定的5V供电，该供电经由GC18的2号端子进入传感器内部。流经传感器内部后，供电通过GC18的4号端子返回至ECU总成GC02插接器的H5号端子，并在ECU总成内部实现接地，从而确保进气压力温度传感器供电回路的畅通。

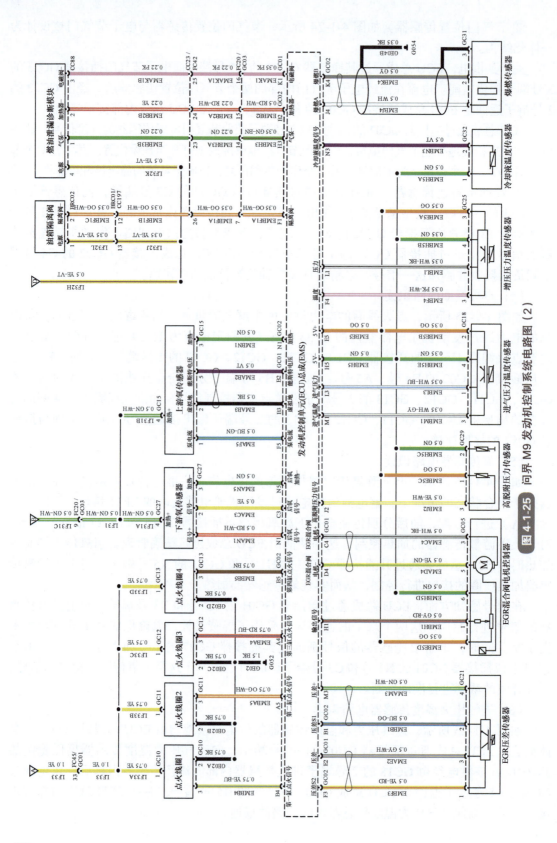

图 4-1-25 问界 M9 发动机控制系统电路图（2）

进气压力温度传感器通过其插接器 GC18 的 1 号和 3 号端子，分别输出进气压力和进气温度信号。这两个关键信号随后被传输至 ECU 总成插接器 GC02 的 L3 号和 M1 号端子。ECU 总成将基于这两个信号，进行精确的基准喷油信息判断，以确保发动机稳定高效运行。

（7）冷却液温度传感器

冷却液温度传感器由负温度系数热敏电阻构成，该电阻随冷却液温度的波动而相应改变其电阻值，进而相应引发流经电压的变化。ECU 总成能够感应到这一电压变化，并将其与预先存储的基准信息相对照，从而精准地计算出当前的冷却液温度。

在问界 M9 发动机控制系统中，冷却液温度传感器的供电由 ECU 总成插接器 GC02 的 N3 号端子提供，电流经由此端子流入冷却液温度传感器插接器 GC32 的 2 号端子。在传感器内部完成流通后，供电再从 GC32 的 1 号端子流出，经过特定节点后最终返回到 ECU 总成 GC02 的 H5 号端子。当发动机冷却液温度发生变化时，ECU 总成通过实时监测插接器 GC02 的 N3 号端子电压的变动，从而精确地获取冷却液温度信息。

（8）发动机冷却液电子水泵电路识读

如图 4-1-26 所示，发动机冷却液电子水泵的供电，采用蓄电池常电作为稳定电源。蓄电池常电通过分线盒熔丝盒内的 MSB06 熔丝（额定电流 60A）进行分配，该熔丝将电能输送至发动机冷却液电子水冷插接器 GC30 的 3 号端子。随后，供电流经电子水泵，并从其插接器 GC30 的 4 号端子流出，最终通过搭铁点 G051 实现接地连接，确保电路闭合。

在数据传输方面，发动机冷却液电子水泵插接器 GC30 的 2 号端子与 ECU 总成插接器 GC01 的 H1 号端子之间采用 LIN 总线进行连接。此总线连接实现了电子水泵运行状态与 ECU 总成以及其他控制单元之间的信息共享，确保了系统间的高效协同工作。

对于电子水泵的调速控制，ECU 总成插接器 GC01 的 D3 号端子输出 PWM（脉冲宽度调制）信号至电子水泵插接器 GC30 的 1 号端子。通过这一精确的脉冲调制信号，系统对电子水泵进行调速控制，从而灵活调整电子水泵的输出流量，实现对发动机冷却液温度的精准控制。

4.2 电动汽车动力电池基本组成与电路图识读

4.2.1 动力电池系统概述

动力电池，作为一种大容量电能储存装置，专为电动汽车、混合动力汽车等电动设备设计，以提供持续稳定的能源供应。其核心功能涵盖电能的储存与释放，即在外部电源供电时，有效存储电能，并在需要时迅速释放电能，从而为电动汽车等电动设备提供稳定的驱动能量。动力电池凭借其卓越的性能，如高能量密度、长寿命、快速充电及高功率输出等，已成为现代电动交通工具不可或缺的核心组成部分。一般而言，动力电池被安装在车辆底部，以确保整车的稳定性和安全性，图 4-2-1 所示为动力电池剖视图，图 4-2-2 所示为动力电池内部结构图。

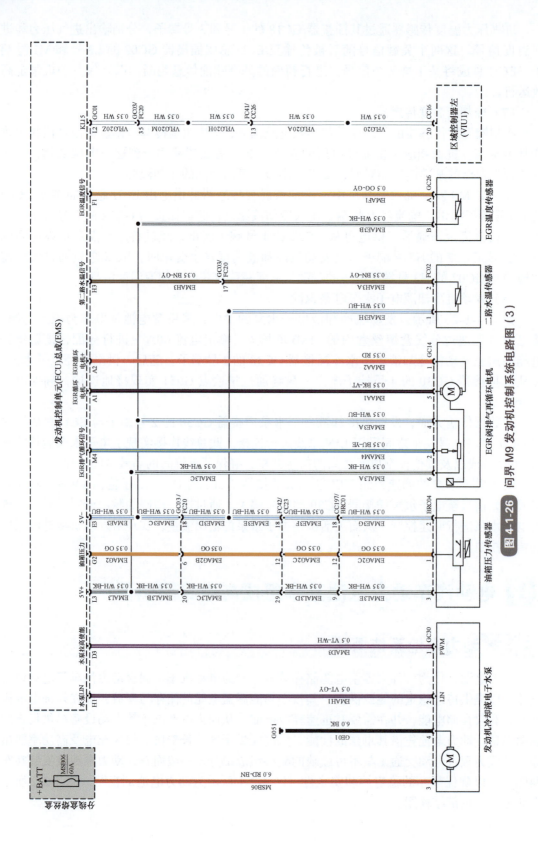

图 4-1-26 问界 M9 发动机控制系统电路图（3）

第 4 章　汽车动力系统基本组成与电路图识读

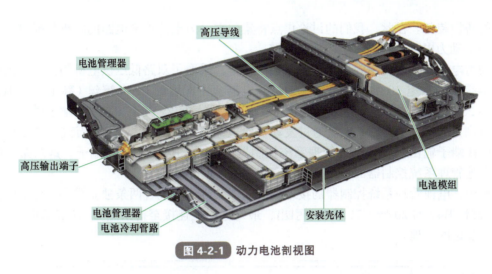

图 4-2-1　动力电池剖视图

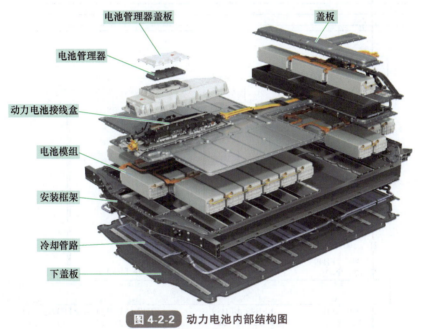

图 4-2-2　动力电池内部结构图

4.2.2　小鹏 G9 动力电池管理系统电路图识读

小鹏 G9 电动汽车动力电池管理系统电路如图 4-2-3 所示。

电池管理系统核心涵盖电池状态监测、充电调控以及与外部电控单元的信息交互等核心职能。其中，电池状态监测详细涉及电芯电压的实时获取、模组温度的精确监测以及均衡控制的精确执行等关键环节。为实现上述功能，相关传感器设备均被精密地集成在动力电池的内部结构之中。

在深入解析动力电池管理系统的电路图时，我们可将动力电池视为一个高度集成的封闭单元。鉴于动力电池内部包含高压电路系统，因此，对动力电池内部结构的维修与调试，必须确保操作人员具备相应的专业资质，配备专业的维修工具、合规的操作场地以及完备的防护装备。在此,我们的讨论焦点将集中在动力电池外部电路的解析与探讨。

(1)动力电池管理器供电与接地电路

动力电池管理系统为确保其控制器稳定运行,采取了双路低压供电机制。一路供电由蓄电池提供的常电 30 供电,通过发动机舱电器盒中配置的 EF34 熔丝(额定电流 10A),经 UB-F34B 端子输出,直接为电池管理系统控制器插接器 FB49 的 17 号端子供电。另一路供电则由 KL87 负责,其电流通过发动机舱电器盒内的 EF7 熔丝(额定电流 7.5A),自 UB-F7B 端子输出,接入电池管理系统控制器插接器 FB49 的 25 号端子。这两路供电线路对电池管理系统控制器的正常工作具有至关重要的作用。

此外,电池管理系统控制器的接地线路同样关键,其包含两条独立线路,分别由控制器插接器 FB49 的 20 号、21 号端子引出,最终稳固地连接至搭铁点 GF31 和 GF41,以确保系统稳定的接地。

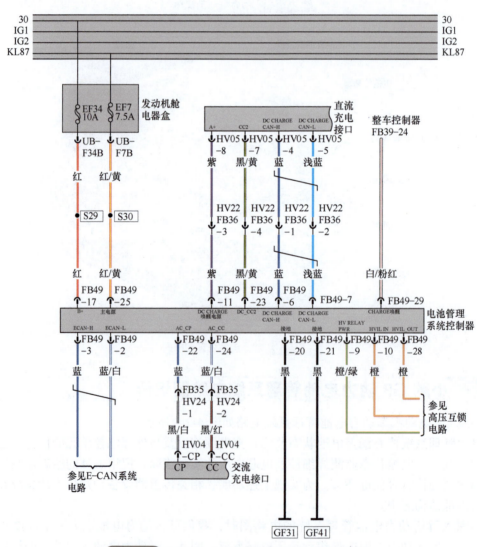

图 4-2-3 小鹏 G9 电动汽车动力电池管理系统电路

（2）充电接口电路

直流充电接口与交流充电接口均通过低压信号线路与电池管理系统控制器实现连接，旨在为控制器提供全面且精确的信号支持。在此通信过程中，接口遵循特定的通信协议，与控制器进行高效且准确的信息交互，以确保充电过程的安全与稳定。这种交互机制不仅涵盖电池充电状态的实时反馈，还包含充电设备运行状态的监测以及安全防护等关键信息的传递。因此，直流与交流充电接口在充电流程中占据举足轻重的地位，它们必须具备良好的可靠性和稳定性，才能保障整个充电系统的顺畅运行。

① 直流充电接口电路。直流充电接口设有4个专门与电池管理系统控制器相连接的端子。在此系统中，直流充电接口插接器HV05的4号与5号端子，分别与电池管理系统控制器插接器FB49的6号与7号端子建立连接。这两个特定端子通过CAN总线与充电机实现通信，确保数据传输的准确与稳定。此外，HV05的7号端子与FB49的23号端子相连，其主要功能在于传输CC2充电连接确认信号，以验证充电连接的可靠性。同时，HV05的8号端子与FB49的11号端子相连，负责传送充电唤醒信号，确保充电过程能够按照预设程序顺利起动。

② 交流充电接口电路。交流充电接口的CC（充电连接确认信号）及CP（充电控制引导）端子与电池管理系统控制器插接器FB49的24号和22号端子进行连接，旨在确保对充电枪连接状态的准确确认以及对充电控制引导信号的稳定传输。

（3）高压互锁电路

高压互锁信号经由电池管理系统控制器的插接器FB49的10号端子输入，随后从同一插接器的28号端子进行输出。若电池管理系统控制器在检测过程中未能识别到高压互锁信号的输入，系统将立即起动安全机制，切断高压电的输出，以确保整体运行的安全与稳定。

4.2.3 车载充电机电路识读

车载充电机是负责将三相交流电转换成直流高压电，从而为车辆的动力电池进行充电的重要设备。此设备的运行需要在整车控制器和电池管理系统控制器的联合控制下进行。车载充电机系统电路如图4-2-4所示。

（1）车载充电机和DC/DC低压供电电路

车载充电机和DC/DC低压供电均为常电30供电，蓄电池供电通过发动机舱电器盒内的EF34 10A熔丝供出，分别供应到车载充电机线束插接器FB30的1号、2号和3号端子。其中1号和2号为车载充电机低压供电，3号端子为DC/DC低压供电。车载充电机和DC/DC接地由线束插接器FB30的9号、10号和11号端子通过搭铁点GF41实现，其中9号和10号端子为车载充电机搭铁，11号端子为DC/DC搭铁。

（2）车载充电机和DC/DC的唤醒

车载充电机和DC/DC的唤醒是通过KL87供电实现的。KL87供电经过发动机舱电器盒内的EF7 7.5A熔丝供应给车载充电机线束插接器FB30的6号和7号端子。其中6号端子为DC/DC唤醒信号，7号端子为车载充电机唤醒信号。

（3）低压电池充电

在DC/DC唤醒后，高压配电盒输送的高压直流电被变换为14V左右的低压直流电。

此时通过线束插接器 FB29 的 1 号端子，为发动机舱电器盒内的 EF5 175A 熔丝供电，从而为低压蓄电池充电。同时，DC/DC 输出的负极通过线束插接器 FB29A 的 1 号端子，经过搭铁点 GE3 实现接地。

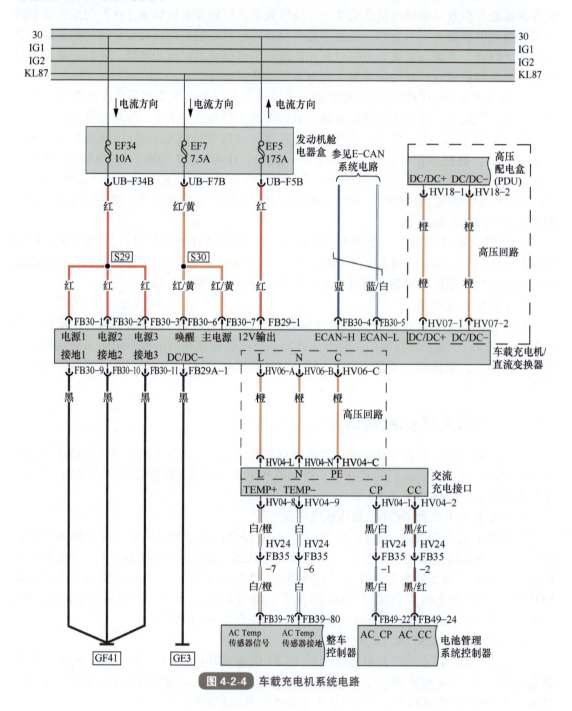

图 4-2-4　车载充电机系统电路

（4）交流充电口电路

交流充电接口的 1 号和 2 号端子分别代表 CP 和 CC 端子。CP 端子接收来自交流充电设备的充电控制确认信号,当电池管理系统接收到此信号后,会唤醒车载充电机进行充电。而 CC 端子则表示充电连接确认信号,当电池管理系统确认充电枪已插入时,会发送此信号。

交流充电接口的 8 号和 9 号端子是充电枪温度检查端子,用于将充电枪的温度信号传递给整车控制器。这个功能有助于监测充电枪的温度,确保充电过程的安全。

三相交流电通过充电接口的 L 号、N 号、PE 号端子供应给车载充电机。在车载充电机被唤醒后,它会将三相交流电转换为直流高压电,为动力电池进行充电。

4.3 双离合器自动变速器控制系统与电路图识读

4.3.1 双离合器自动变速器概述

双离合器自动变速器可以形象地设想为将两台变速器的功能合二为一,建立在单一的系统内。变速器内含两台自动控制的离合器,由电子控制及液压推动,能同时控制两组离合器的运作,结构形式如图 4-3-1 所示。当变速器运作时,一组齿轮啮合,在接近换挡之时,虽然下一组挡位的齿轮已被预选,但离合器仍处于分离状态;当换挡时,一台离合器将使用中的齿轮分离,同时另一台离合器啮合已被预选的齿轮,在整个换挡期间能确保最少有一组齿轮在输出动力,使动力避免出现间断的状况。

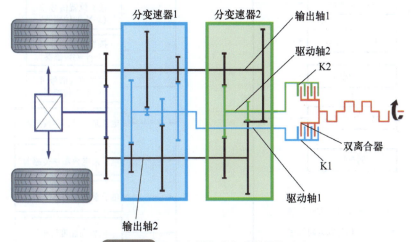

图 4-3-1 双离合器自动变速器结构形式

双离合器自动变速器控制单元通过采集传感器(如车速信号、发动机转速信号、奇数轴转速信号、偶数轴转速信号、奇数轴离合器电磁阀压力传感器、挡位传感器、拨叉位置传感器等)的信号,进行车辆行驶状态的判断。通过控制换挡电磁阀进行换挡操作,以实现车速与发动机转速的良好平衡效果。哈弗 GW7DCT 型 7 速双离合器自动变速器控制系统如图 4-3-2 所示。

图 4-3-2 哈弗 GW7DCT 型 7 速双离合器自动变速器控制系统

4.3.2 长城魏派 VV7 双离合器自动变速器电路图识读

（1）供电电路

长城魏派 VV7 车型搭载的 GW7DCT 双离合器自动变速器供电和传感器电路如图 4-3-3 所示。

第4章 汽车动力系统基本组成与电路图识读

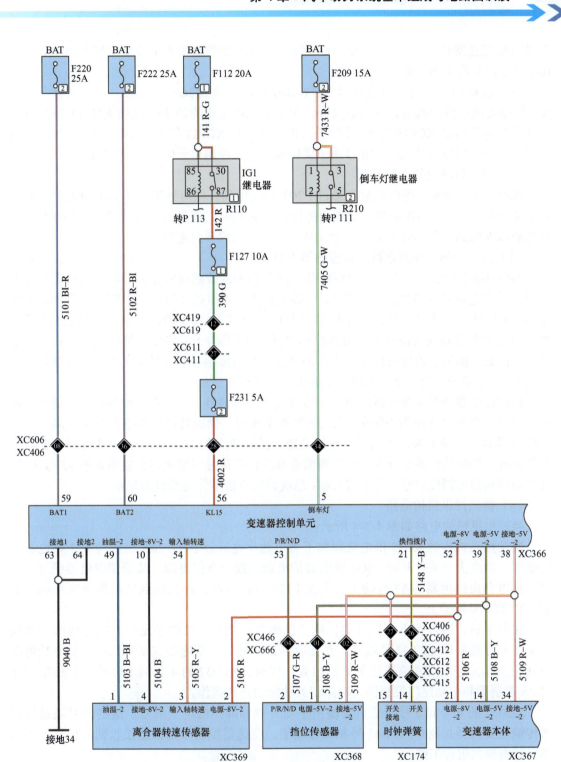

图 4-3-3 供电和传感器电路

变速器控制单元的供电由三路电源组成：两路常电供电和一路 KL15 供电。常电供电由 F220 25A 熔丝和 F222 25A 熔丝分别供出，经过插接器 XC606 的 8 号、36 号端子分

131

别供应给变速器控制单元的 59 号和 60 号端子。KL15 供电由蓄电池供电熔丝供电，经过 IG1 继电器和两个熔丝提供。

具体流程如下：蓄电池电压经 F112 20A 熔丝供应到 IG1 继电器上，点火开关打开 IG1 继电器电磁线圈通电，继电器吸合，供电由 IG1 继电器的 87 号端子输出经 F127 10A 熔丝后进入插接器 XC419 的 12 号端子，再由插接器 XC611 的 27 号端子输出至 F231 5A 熔丝，再经插接器 XC606 的 28 号端子供应到变速器控制单元的 56 号端子上。

（2）倒车灯继电器电路控制

如图 4-3-3 所示，蓄电池供电通过 F209 15A 熔丝，供应到带倒车灯继电器的 1 号和 3 号端子上。当变速器控制单元检测到挡位挂入 R 挡时，通过其 5 号端子接通倒车灯继电器电磁线圈回路。倒车灯继电器吸合，从而电流流向倒车灯电路。

（3）挡位传感器和离合器转速传感器电路

如图 4-3-3 所示，离合器转速传感器由离合器油温传感器和输入轴转速传感器两部分组成，其供电由变速器控制单元的 52 号端子提供，并通过 2 号端子供应到离合器转速传感器。4 号端子为接地信号，由变速器控制单元通过 10 端子提供。离合器转速传感器 1 号端子输出离合器油温信号至变速器控制单元的 49 号端子，为变速器控制单元提供离合器油温信息。而离合器转速信号即输入轴转速信号由传感器的 3 号端子输出至变速器控制单元的 54 号端子，为变速器控制单元提供离合器转速信息。

挡位传感器负责向变速器控制单元传递当前挡位信号，其供电和接地均由变速器控制单元提供。供电由变速器控制单元的 39 号端子输出，供应到挡位传感器的 1 号端子。挡位传感器的 3 号端子为接地端子，连接变速器控制单元的 38 号端子，由变速器控制单元提供接地。挡位传感器 2 号端子输出当前选择的挡位信号至变速器控制单元的 53 号端子，变速器感知当前挡位信号，并通过 CAN 总线将挡位信号传递给仪表显示。

（4）换挡操纵机构电路

换挡操纵机构电路如图 4-3-4 所示。

换挡操纵机构的 KL15 供电流程如下蓄电池供电通过 F112 20A 熔丝向 IG1 继电器提供电源。当点火开关打开时，IG1 继电器的电磁线圈会获得电源，从而使继电器吸合。此时，供电会由继电器的 87 号端子输出至 F126 10A 熔丝，再供应到换挡操纵机构插接器 XC037 的 3 号端子上。

在停车后，通过按下 P 挡开关，换挡操纵机构从其 1 号端子发出 P 挡电磁阀驱动信号至变速器控制单元的 32 号端子。在接收到此信号后，变速器控制单元将控制 P 挡电磁阀开始工作，进而使变速器处于 P 挡位置。同时，XC037 的 4 号端子会输出 P 挡信号至 PEPS 控制器和电动尾门控制器，确保相关功能的正常运作。

XC037 的 6 号和 5 号端子负责输出手动升挡和降挡的电子信号。这些信号经过插接器传输至变速器控制单元的 47 号和 6 号端子。变速器控制单元根据接收到的信号，控制相应的电磁阀进行工作。

（5）变速器电子冷却液泵控制电路

变速器电子冷却液泵控制电路如图 4-3-5 所示。变速器电子冷却泵供电由主继电器供给，供电流程如下。

第 4 章 汽车动力系统基本组成与电路图识读

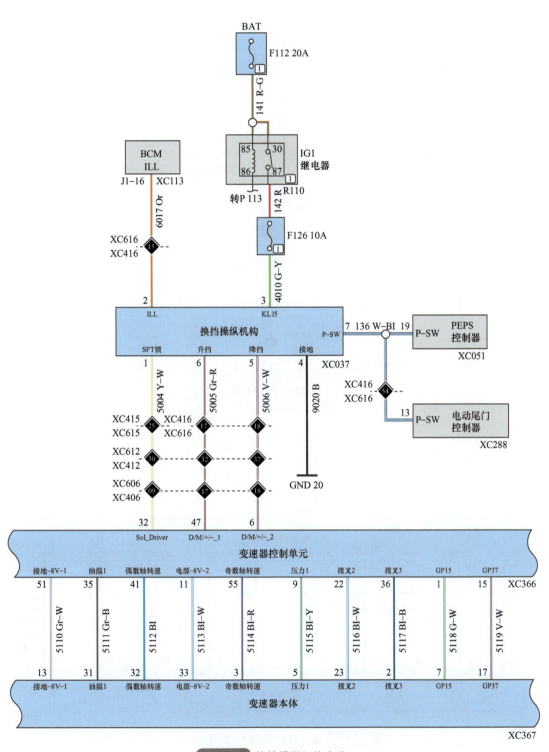

图 4-3-4 换挡操纵机构电路

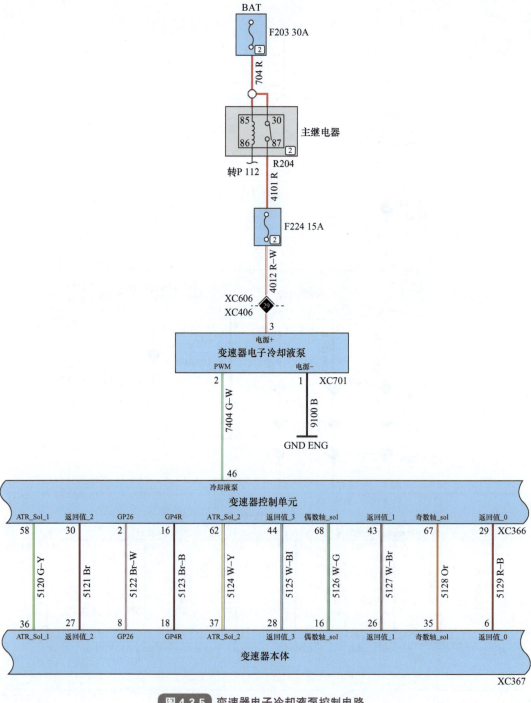

图 4-3-5 变速器电子冷却液泵控制电路

蓄电池通过 F203 30A 熔丝向主继电器的 85 号和 30 号端子供电。发动机控制单元控制主继电器电磁线圈通电，使主继电器吸合。主继电器的 87 号端子输出供电，经过 F224 15A 熔丝和插接器 XC606 的 29 号端子，最终到达变速器电子冷却液泵的 3 号端子。变速器电子冷却液泵的 1 号端子作为接地端。变速器控制单元通过其 46 号端子输出变速器电子冷却液泵控制信号，该控制信号被输送到变速器电子冷却液泵的 2 号端子上，从而在变速器控制单元的控制下使变速器电子冷却液泵工作。

（6）变速器本体部分电路

变速器本体部分电路如图 4-3-6 所示，变速器本体部分集成变速器的各类电磁阀和传感器，与变速器控制单元通过插接器 XC367 连接。

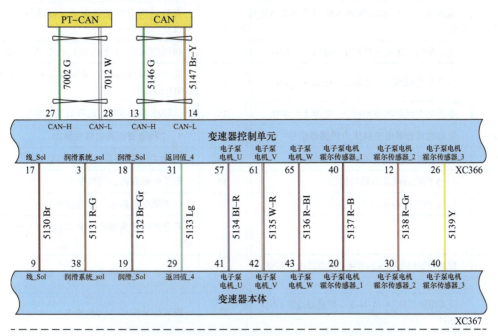

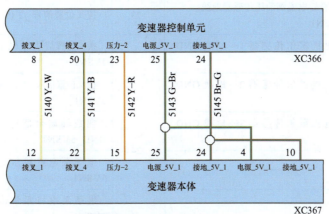

图 4-3-6 变速器本体部分电路

变速器本体部分 XC367 插接器端子信息见表 4-3-1。

表 4-3-1　变速器本体部分 XC367 插接器端子信息

端子	功能	端子	功能
1	—	13	油底壳温度传感器地线 GND_8VSN1
2	拨叉位置信号_3（3-N-7）		
3	奇数轴转速信号		
4	拨叉位置信号_1（2-N-6）传感器电源 5V_SN1	14	拨叉位置信号_2（5-N-1）传感器电源 5V_SN2
	拨叉位置信号_4（4-N-R）传感器电源 5V_SN1		拨叉位置信号_3（3-N-7）传感器电源 5V_SN2
	偶数轴离合器电磁阀油压传感器电源 5V_SN1		奇数轴离合器电磁阀油压传感器电源 5V_SN2
	电子泵电机霍尔传感器 1—电源 5V_SN1		挡位传感器（P/R/N/D）电源 5V_SN2
	电子泵电机霍尔传感器 2—电源 5V_SN1	15	偶数轴离合器电磁阀压力传感器信号地线 GND_5VSN1
	电子泵电机霍尔传感器 3—电源 5V_SN1	16	偶数轴离合器电磁阀高边线性输出
5	奇数轴离合器电磁阀压力传感器信号	17	3、7 挡电磁阀高边线性输出
6	奇数轴离合器电磁阀低边回路信号	18	4、R 挡电磁阀高边线性输出
7	1、5 挡电磁阀高边线性输出	19	开关电磁阀高边线性输出
8	2、6 挡电磁阀高边线性输出	20	电子泵电机霍尔传感器信号 1
9	—	21	离合器转速传感器（输入轴转速）电源 8V_SN1
			奇数轴转速传感器电源 8V_SN1
10	拨叉位置信号_1（2-N-6）传感器地线 GND_5VSN1	22	拨叉位置信号_4（4-N-R）
	拨叉位置信号_4（4-N-R）传感器地线 GND_5VSN1	23	拨叉位置信号_2（5-N-1）
	偶数轴离合器电磁阀油压传感器地线 GND_5VSN1	24	拨叉位置信号_1（2-N-6）传感器地线 GND_5VSN1
	电子泵电机霍尔传感器 1—地线 GND_5VSN1		拨叉位置信号_4（4-N-R）传感器地线 GND_5VSN1
	电子泵电机霍尔传感器 2—地线 GND_5VSN1		偶数轴离合器电磁阀油压传感器地线 GND_5VSN1
	电子泵电机霍尔传感器 3—地线 GND_5VSN1		电子泵电机霍尔传感器 1—地线 GND_5VSN1
11	—		电子泵电机霍尔传感器 2—地线 GND_5VSN1
12	拨叉位置信号_1（2-N-6）		电子泵电机霍尔传感器 3—地线 GND_5VSN1

(续)

端子	功能	端子	功能
25	预留模拟输入信号	35	奇数轴离合器电磁阀高边线性输出
26	偶数轴离合器电磁阀低边回路信号	36	AR 1 电磁阀高边线性输出
27	1、5 挡电磁阀低边回路信号	37	AR 2 电磁阀高边线性输出
27	3、7 挡电磁阀低边回路信号	38	润滑流量电磁阀高边线性输出
27	AR 1 电磁阀低边回路信号	39	拨叉位置信号_1（2-N-6）传感器电源 5V_SN1
28	2、6 挡电磁阀低边回路信号	39	拨叉位置信号_1（2-N-6）传感器电源 5V_SN1
28	4、R 挡电磁阀低边回路信号	39	拨叉位置信号_4（4-N-R）传感器电源 5V_SN1
28	AR 2 电磁阀低边回路信号	39	拨叉位置信号_4（4-N-R）传感器电源 5V_SN1
29	润滑流量电磁阀低边回路信号	39	偶数轴离合器电磁阀油压传感器电源 5V_SN1
29	开关电磁阀低边回路信号	39	偶数轴离合器电磁阀油压传感器电源 5V_SN1
30	电子泵电机霍尔传感器信号 2	39	电子泵电机霍尔传感器 1—电源 5V_SN1
31	油底壳温度传感器信号	39	电子泵电机霍尔传感器 2—电源 5V_SN1
32	偶数轴转速信号	39	电子泵电机霍尔传感器 2—电源 5V_SN1
33	偶数轴转速传感器电源 8V_SN2	39	电子泵电机霍尔传感器 3—电源 5V_SN1
34	拨叉位置信号_2（5-N-1）传感器地线 GND_5VSN2	40	电子泵电机霍尔传感器信号 3
34	拨叉位置信号_3（3-N-7）传感器地线 GND_5VSN2	40	电子泵电机霍尔传感器信号 3
34	奇数轴离合器电磁阀油压传感器地线 GND_5VSN2	41	电子泵电机_U 相输出
34	挡位传感器（P/R/N/D）地线 GND_5VSN2	42	电子泵电机_V 相输出
34	换挡拨片地线 GND_5VSN2	43	电子泵电机_W 相输出

4.4 电动汽车电力驱动系统基本组成与电路图识读

4.4.1 电力驱动系统基本组成

电动汽车的电力驱动系统主要由驱动电机、电机控制器和减速器三部分组成。驱动电机与电机控制器之间通过三相高压线束和低压线束进行连接。电机控制器的主要功能是将动力电池提供的直流电转换为三相交流电，然后传递给驱动电机。

驱动电机的温度传感器和旋转变压器通过低压连接线路与电机控制器相连。这些传感器将驱动电机的转子温度和转子位置信息传递给电机控制器，以便电机控制器能够更精确地控制驱动电机的运行。

电动汽车电力驱动系统如图 4-4-1 所示。

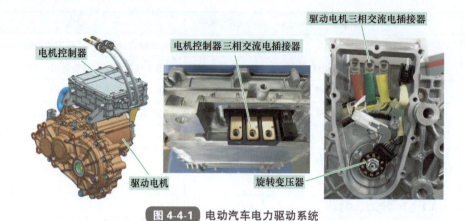

图 4-4-1 电动汽车电力驱动系统

4.4.2 小鹏 G9 电力驱动系统电路图识读

小鹏 G9 电力驱动系统电路如图 4-4-2 所示。

（1）电机控制器供电电路

电机控制器接受三路供电，其中两路为 30 常电供电，第三路为 KL87 主继电器供电。具体供电流程如下：

① 30 常电供电：蓄电池通过发动机舱电器盒内的 EF33 7.5A 熔丝向驱动电机控制器提供 1 号和 14 号端子的电源。

② KL87 主继电器供电：整车控制器控制主继电器电磁线圈通电，主继电器吸合后输出 KL87 供电。该供电经过发动机舱电器盒内的 EF7 7.5A 熔丝供应到驱动电机控制器的 19 号端子。

③ 接地线路：电机控制器的接地是通过 26 号和 32 号端子连接到搭铁点 GF62 实现的。同时，驱动电机控制器外壳的接地则是通过搭铁点 GE5 实现的。

（2）驱动电机温度传感器电路

在驱动电机低压线路中，包含两个电机温度传感器。驱动电机控制器 22 号、23 号、24 号和 25 号端子分别为电机温度传感器 1 和 2 的正（+）、负（−）信号输入端子。通过这些端子，驱动电机控制器能够感应驱动电机的运行温度，并实时调整冷却系统的效率，以确保电机在最佳状态下运行。

（3）驱动电机旋转变压器电路

旋转变压器作为电机转子位置传感器，其作用是向驱动电机控制器提供驱动电机转子的位置信息。旋转变压器的信号分为正弦信号、余弦信号和励磁信号。根据图 4-4-2，旋转变压器的正弦信号（SIN+/SIN−）通过驱动电机控制器的 12 号和 13 号端子接收。余弦信号（COS+/COS−）则通过驱动电机控制器的 16 号和 17 号端子接收。励磁线圈的正负极则分别连接至驱动电机控制器的 9 号和 10 号端子。为了防止信号受到干扰，旋转变压器线束外围包裹有屏蔽线，屏蔽线接地是通过驱动电机控制器的 15 号端子实现的。

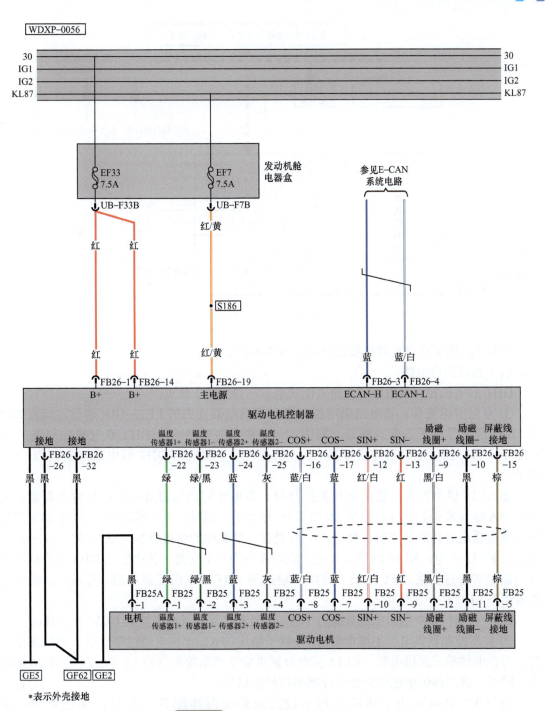

图 4-4-2 小鹏 G9 电力驱动系统电路

4.4.3 问界 M7 前驱双电机增程系统电路图识读

问界 M7 前驱采用双电机增程系统（DHT前驱）包含DHT双电机控制器、P1 发电机、P3 驱动电机和减速器等。前驱系统基本原理如图 4-4-3 所示。

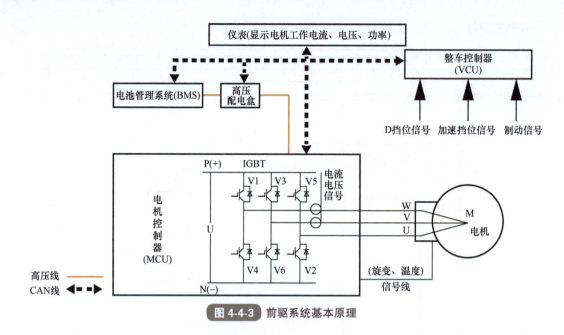

图 4-4-3　前驱系统基本原理

问界 M7 前驱双电机增程系统电路如图 4-4-4 所示。

（1）系统供电电路

DHT 双电机控制器供电有两路常电供电和一路 KL15 供电。

① 常电供电流程：蓄电池供电经过发动机舱电器盒内的 LF13 10A 熔丝，经过插接器 FC45 的 2 号端子后分为两路。其中，一路供电直接供应至 DHT 双电机控制器的 10 号端子，另一路供电则通过插接器 FC45 的 2 号端子供应至 DHT 双电机控制器的 11 号端子。

② KL15 供电流程：当点火开关打开时，蓄电池的供电将通过发动机舱电器盒内的 LF12 5A 熔丝输送到主继电器的 85 号和 30 号端子。同时，整车控制器的 31 号端子将控制主继电器电磁线圈的搭铁，使主继电器吸合。蓄电池的供电将从主继电器的 87 号端子输出为 KL15 供电。KL15 的供电经过节点后将分为多个支路，其中供应 DHT 双电机控制器的供电将通过插接器 FC15 的 9 号端子输送到 DHT 双电机控制器的 2 号端子。此供电也被用作 ECU 的使能信号。

DHT 双电机控制器的接地是通过 1 号、6 号和 7 号端子在搭铁点 G034 处实现的。

③ 整车控制器供电：主继电器 87 号端子输出的 KL15 供电经过节点后，形成多个支路，为各电控单元提供电源。KL15 供电分别供应至整车控制器的 11 号、24 号和 36 号端子。同时，这三路供电也作为整车控制器的使能信号。

问界 M7 电机采用了油冷冷却系统，该系统内部配备了电机油泵控制器，如图 4-4-4 所示。

① 电机油泵控制器的常电供电流程：蓄电池供电经过发动机舱电器盒内的 LF20 15A 熔丝，然后通过插接器 FC45 的 32 号端子，最终供应至电机油泵控制器的 5 号端子。

② 电机油泵控制器的 KL15 供电流程：主继电器 87 号端子输出的 KL15 供电经过节点后被分为多个支路，其中一条支路将 KL15 供电输送至电机油泵控制器的 3 号端子。

第4章 汽车动力系统基本组成与电路图识读

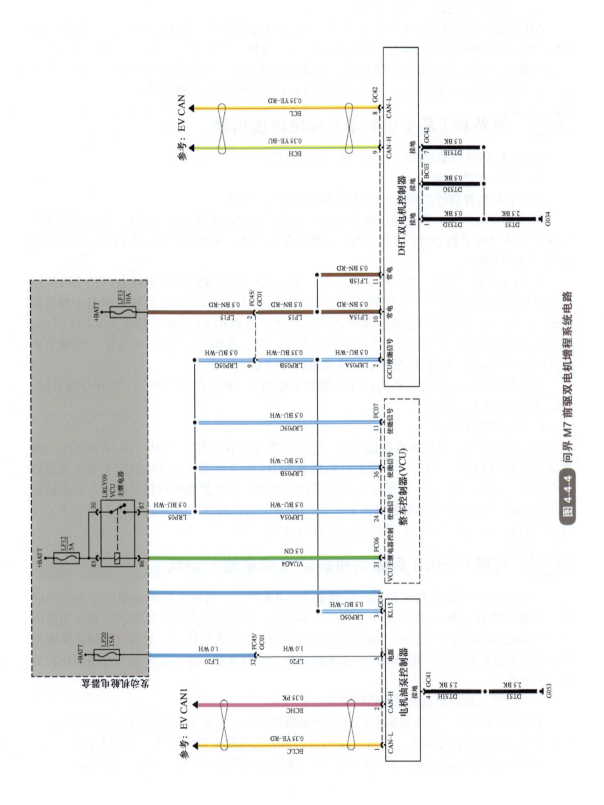

图 4-4-4 问界 M7 前驱双电机增程系统电路

（2）系统通信电路（EV CAN）

DHT 双电机控制器的 8 号和 9 号端子为 CAN 总线端子，与 EV CAN 总线连接。EV CAN 总线连接的控制单元包括诊断接口、网关控制器、电机油泵控制器、发电机控制器、电动压缩机总成、后驱动电机控制器、车载充电机总成、动力电池管理系统、PTC 加热器、整车控制器、电子换挡开关、智能制动助力器以及发动机控制器等。

4.4.4 问界 M7 后电机驱动系统电路图识读

问界 M7 后电机驱动系统电路如图 4-4-5 所示。

（1）系统供电电路

后驱动电机控制器由两路常电供电和一路 KL15 供电。

① 常电供电流程：蓄电池供电经过行李舱电器盒内的 BF07 10A 熔丝，再经过插接器 CC33 的 45 号端子和 CC17 的 7 号端子，然后分为两路，分别供应至后电机驱动控制器的 10 号和 11 号端子。

② KL15 供电流程：点火开关打开时，蓄电池供电由发动机舱电器盒内的 LF12 5A 熔丝供应到主继电器的 85 号和 30 号端子。同时，整车控制器的 31 号端子控制主继电器电磁线圈搭铁，主继电器吸合，蓄电池供电从主继电器的 87 号端子输出为 KL15 供电。KL15 供电输出后经过节点分为多个支路，其中一个支路经过插接器 FC13 的 5 号端子和 CC17 的 10 号端子后，供应至后电机驱动控制器的 2 号端子。

后电机驱动控制器的接地通过其 6 号和 7 号端子，经过插接器 BC01 的 6 号端子后，在搭铁点 G034 处实现接地。

（2）电机油泵电路

电机油泵的常电供电由蓄电池供电，经过行李舱电器盒内的 BF10 15A 熔丝供出，通过插接器 CC33 的 2 号端子，然后经过插接器 CC17 的 9 号端子，最终供应至电机油泵的 1 号端子。电机油泵的 2 号端子通过 LIN 总线与后电机驱动控制器连接并通信，后电机驱动控制器通过 LIN 总线感知电机油泵的工作状态。电机油泵的接地通过其 3 号端子，经过插接器 BC01 的 8 号端子，最终在搭铁点 G033 处实现。

4.4.5 红旗 E-HS9 后驱电机驱动系统电路图识读

红旗 E-HS9 后驱电机驱动系统电路如图 4-4-6 所示，后驱电机驱动系统逆变器的插接器和端子功能如图 4-4-7 所示。尽管图 4-4-6 中并未直接提供插接器端子的具体功能信息，但在电路图或维修手册中，插接器图及端子功能表均有所体现。为有效解读此类电路图，建议结合插接器图、端子功能图和电路图进行综合查看，这将极大提升电路识别的效率与准确性。

（1）后驱电机驱动系统逆变器的供电情况

如图 4-4-6 所示，逆变器供电信息位于电路图上方。主要供电路径包括两种类型：一是从蓄电池出发的常电供电，经过一系列熔丝后，为后驱电机驱动系统逆变器提供电能；另一路供电则通过 AR09 IG1 继电器及熔丝，同样供应至后驱电机驱动系统逆变器。

第4章 汽车动力系统基本组成与电路图识读

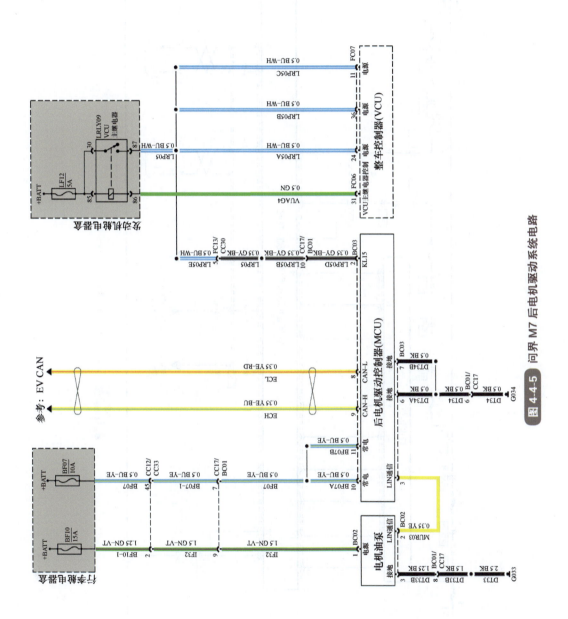

图 4-4-5 问界 M7 后电机驱动系统电路

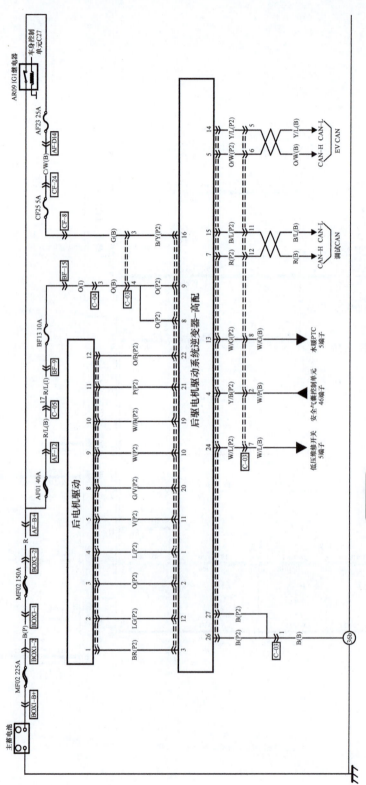

图 4-4-6 红旗 E-HS9 后驱电机驱动系统电路

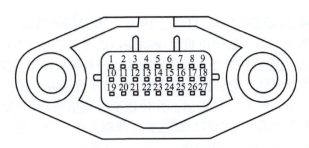

后驱电机驱动系统逆变器(245kW)-高配

端子号码	定义	端子号码	定义
1	R2	15	—
2	R1	16	IG
3	NTC1+	17	—
4	碰撞急停信号	18	—
5	EV_CAN-H	19	S4
6	—	20	S2
7	—	21	NTC2+
8	常电1	22	NTC2-
9	常电2	23	—
10	S3	24	高压互锁输出
11	S1	25	—
12	NTC1-	26	接地(GND)
13	高压互锁输入	27	接地(GND)
14	EV_CAN-L	—	—

图 4-4-7 后驱电机驱动系统逆变器的插接器和端子功能

具体供电电路如下：

① 蓄电池常电供电：此供电路径始于电路图 4-4-6 左上方的蓄电池正极，依次经过 MF02 熔丝（额定电流 225A）、MF02 熔丝（额定电流 150A），通过连接点后，再经过 AF01 熔丝（额定电流 40A）、BF13 熔丝（额定电流 10A）。随后，此路供电被分为两路，分别输送至后驱电机驱动系统逆变器的 8 号和 9 号端子。

② IG1 继电器供电：车身控制单元负责输出 IG1 继电器电磁线圈的供电，该供电流经继电器电磁线圈后接地，促使 IG1 继电器吸合。主蓄电池正极供电通过 MF02 熔丝（额定电流 225A）、MF02 熔丝（额定电流 150A）输送至 IG1 继电器的常电充电触点。由于继电器吸合，供电经 IG1 继电器负载供电触点流出，经过 AF23 熔丝（额定电流 25A）和 CF25 熔丝（额定电流 5A）后，最终供应至后驱电机驱动系统逆变器的 16 号端子。

③ 后驱电机驱动系统逆变器的接地电路：接地信号由逆变器的 26 号和 27 号端子输出后，汇集成一路，最终连接至搭铁点 36b，实现接地连接。

（2）后驱电机驱动连接电路

后驱电机驱动与后驱电机驱动逆变器实现信号的传输。

① 旋转变压器电路：参照图 4-4-7 所示，动力电机插接器的 4 号和 3 号端子负责连接驱动电机旋转变压器励磁线圈与后驱电机驱动系统逆变器。后驱电机驱动系统逆变器则通过插接器的 1 号和 2 号端子为励磁线圈提供必要的电能。此外，动力电池插接器的 9 号、5 号端子和 10 号、8 号端子分别作为旋转变压器的余弦信号和正弦信号端子，它们与后驱

电机驱动系统逆变器插接器的10号、11号、19号、20号端子形成连接。

② 电机温度传感器电路：后驱电机驱动插接器的3号端子（NTC1+）和12号端子（NTC1-）负责输出电机温度传感器1的信号，这些信号被传输至后驱电机驱动系统逆变器的3号和12号端子。同时，电机温度传感器2的温度信号由后驱电机驱动的21号端子（NTC2+）和22号端子（NTC2-）输出，并传递至后驱电机驱动系统逆变器的21号和22号端子。后驱电机驱动系统逆变器依据这些电机温度传感器信号来感知电机的运行温度，进而调整电机热管理系统的工作效率。

（3）高压互锁电路

后驱电机驱动系统逆变器的13号端子接收来自水暖PTC的高压互锁信号，并通过24号端子将这一信号输出至低压维修开关。高压系统始终监控处于低压状态的高压互锁信号，一旦检测到信号中断，将立即执行高压下电程序，以断开动力电池的高压电输出。

（4）通信电路

后驱电机驱动系统逆变器通过7号和15号端子的CAN总线与其他电控单元相连，实现驱动电机和逆变器工作状态信息的共享。

第 5 章

Chapter 5

安全舒适系统基本组成与电路图识读

5.1 安全气囊系统基本组成与电路图识读

5.1.1 安全气囊系统基本组成

安全气囊系统的组成分布在汽车的不同位置，不同汽车所采用部件的结构和数量有所不同，但其基本组成和工作原理都大致相同。安全气囊系统主要由碰撞传感器、安全气囊控制单元（SRS ECU）、气囊传感器和气囊组成。安全气囊系统组成如图 5-1-1 所示。

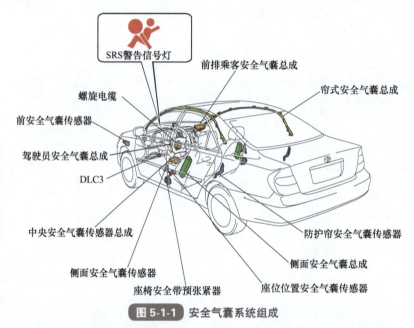

图 5-1-1 安全气囊系统组成

当汽车受到前方一定角度范围内的高速碰撞时，车体会强烈的振动，同时车速急剧下降，安装在汽车前端的碰撞传感器和与 SRS ECU 安装在一起的防护碰撞传感器（安全传感器）会检测到汽车突然减速和撞击强度的信号，当达到规定的强度时，传感器即向 SRS ECU 发出信号。SRS ECU 接收到信号后，与其原存储信号进行比较，若达到安全气囊的展开条件，则由驱动电路向安全气囊组件中的气体发生器送去起动信号。气体发生器接到起动信号后，安全气囊系统就会引发某种类似微量炸药爆炸的化学反应，隐藏在车内的安全气囊会在瞬间充气弹出，在驾乘的身体与车内零部件碰撞之前能及时弹出，在人体接触到安全气囊时，安全气囊通过气囊表面的气孔开始排气，从而起到铺垫作用，减轻身体所受的冲击力，最终达到减轻驾乘所受伤害的效果。安全气囊点火条件如图 5-1-2 所示。

5.1.2 小鹏 G3 安全气囊系统电路图识读

（1）供电与碰撞传感器电路识读

SRS 模块供电及碰撞传感器电路如图 5-1-3 所示。

第 5 章 安全舒适系统基本组成与电路图识读

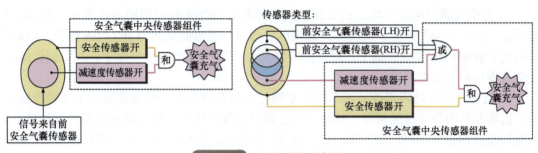

图 5-1-2 安全气囊点火条件

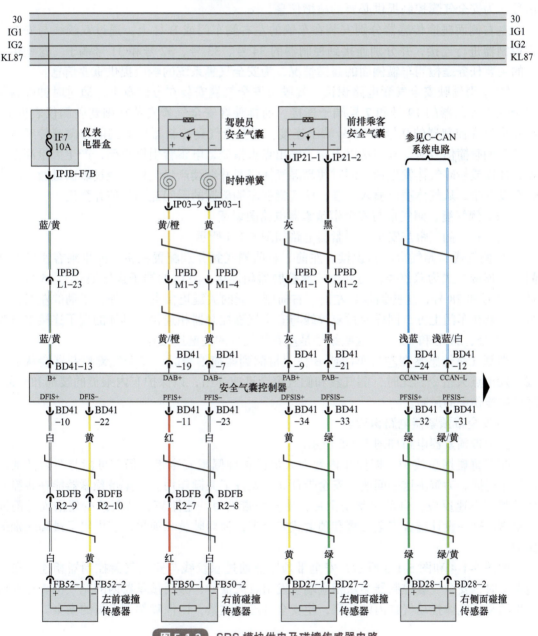

图 5-1-3 SRS 模块供电及碰撞传感器电路

① 安全气囊控制器供电。点火开关负责控制安全气囊控制器的 IG1 供电，具体流程如下：当点火开关打开时，蓄电池开始供电，经过仪表电器盒内的 IF7 10A 熔丝，然后通过插接器 IPBD L1 的 23 号端子，最终供应到安全气囊控制器的 13 号端子。在得到供电后，安全气囊控制器随即开始工作。

② 碰撞传感器电路识读。在车辆的左侧前方和右侧前方，各安装有一个碰撞传感器，用于监测左右两侧的碰撞情况。这两个传感器通过双绞线与安全气囊控制器进行连接，分别连接至控制器的 10 号、22 号、11 号和 23 号端子。这种连接方式能够确保信号传输的稳定性和可靠性，降低外界干扰对信号的影响。传感器的主要功能是传输左前和右前碰撞信号，为安全气囊控制提供必要的碰撞信息。

左右侧面碰撞传感器分别安装在车辆的左右侧车门或 B 柱上，通过双绞线与安全气囊控制器进行连接，并分别连接到控制器的 34 号、33 号、32 号和 31 号端子。这些传感器的主要任务是检测车辆侧面的碰撞情况，为安全气囊系统的响应提供重要信息。

③ 主副驾驶安全气囊电路识读。驾驶员安全气囊安装在方向盘上，通过时钟弹簧与安全气囊控制器的 19 号和 7 号端子连接。前排乘客安全气囊安装在副驾驶侧仪表板上，与安全气囊控制器的 9 号和 21 号端子连接。当安全气囊控制器检测到前方碰撞传感器发出的车辆碰撞信号时，分别从以上端子输出点火指令，电雷管引爆火药，产生大量高温气体，冲撞或粉碎气体发生剂，同时使高温气体降温并继续产生气体。经过多次过滤，除去烟雾及灰尘，从气体喷口喷入气囊，使气囊在车辆碰撞的瞬间充满气体并弹出。

(2) 侧气囊、侧气帘与安全带预紧器电路图识读

侧气囊、侧气帘与安全带预紧器电路如图 5-1-4 所示。

① 侧气囊、侧气帘电路识读。左前、右前侧气囊分别配置在主、前排乘客座椅的两侧，其连接方式为双绞线，与安全气囊控制器相连接。具体的端子连接编号为 25 号、26 号、27 号和 28 号，这些编号是左前、右前侧气囊的关键连接点。另外，车辆的左右侧气帘则安装在车门上方，同样通过双绞线与安全气囊控制器相连接。具体的端子连接编号为 2 号、1 号、29 号和 30 号，这些编号是左右侧气帘的关键连接点。

当侧气囊传感器在左右车门或 B 柱上检测到碰撞信号时，安全气囊控制器会从上述端子发出点火指令。此时，侧气囊和侧气帘会迅速弹出，以保护车内乘员的腰部和头部，降低碰撞伤害的风险。

② 安全带预紧器电路识读。

安全带预紧器电路如图 5-1-5 所示。

在严重碰撞事故中，即使车内驾乘人员已正确佩戴安全带，仍有可能与车内其他部位发生碰撞。为解决这一问题，安全带预紧器发挥了关键作用。安全带预紧器能在碰撞发生的瞬间迅速反应，自动拉紧安全带，使安全带缩短一定距离，从而减少驾乘人员前冲的距离。这一设计结合安全气囊和预紧式安全带，为驾驶员和前排乘客提供了最高级别的保护。

如图 5-1-4 和图 5-1-5 所示，安全带预紧器通过双绞线与安全气囊控制器相连。在碰撞发生时，安全气囊控制器会从相应端子发出点火信号，激活预紧器内的充气机。充气机产生的高压气体推动气缸内的活塞，使安全带迅速收紧，以保障驾乘人员的安全。

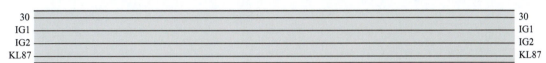

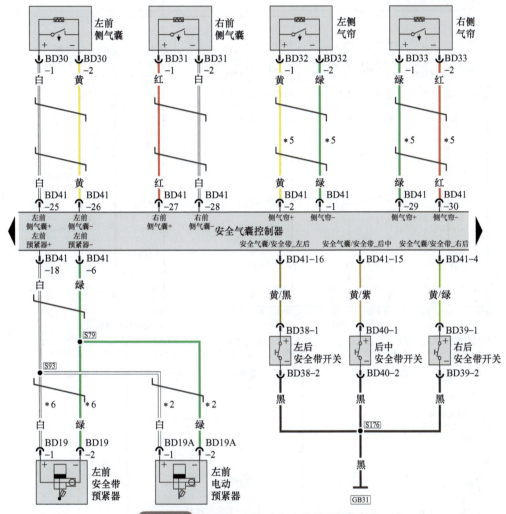

图 5-1-4 侧气囊、侧气帘与安全带预紧器电路

（3）安全带开关电路识读

安全带开关具有检测功能，能够确认安全带是否被正确系上，并通过声光警报提示驾乘人员。如电路图 5-1-5 所示，前排乘客座椅已配备右前乘员识别传感器，专门用于监测左前座椅是否有人乘坐。若检测到左前座椅为空，则在右前侧发生碰撞时，前排乘客气囊将不会起动，从而确保安全。安全气囊控制器通过其 17 号端子向左前乘员识别传感器提供电源，并从其负极端子将电源输送到右前安全带开关，最后经搭铁点 GB61 接地，形成回路。

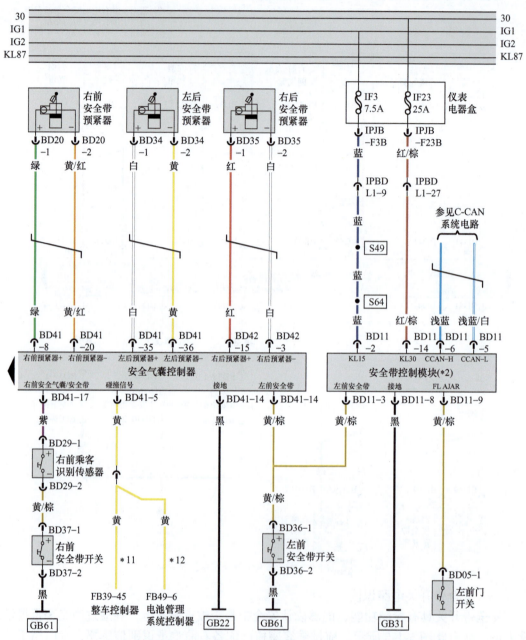

图 5-1-5 安全带预紧器电路

5.1.3 问界 M9 安全气囊系统电路图识读

问界 M9 车型安全气囊系统组成框图如图 5-1-6 所示。

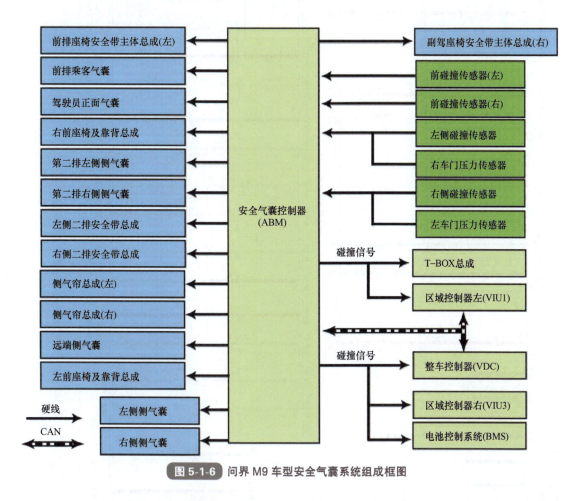

图 5-1-6　问界 M9 车型安全气囊系统组成框图

安全气囊控制器依据碰撞传感器所输入的数据，经过精确计算后，负责触发安全气囊的点爆、安全带的预紧以及高压开关的激活，同时记录碰撞事件的全过程。T-BOX 总成负责接收碰撞信号，并履行碰撞信息上传等重要职责。BMS 在接收到碰撞信号后，将执行高压下电等关键操作，以确保车辆安全。

检测车辆碰撞强度的信号，通过特定传感器获取，将信号传递给安全气囊控制器。其中，安装于车辆前部的碰撞传感器，被称为前碰撞传感器；而位于安全气囊控制器内部的碰撞传感器，则被称为中央传感器。

此外，车门压力传感器用于检测侧面碰撞在车门上产生的压力，并将这一压力信号传递给安全气囊控制器，以便精确控制侧气囊和侧气帘的开启，从而确保乘客在侧面碰撞中的安全。

问界 M9 车型安全气囊供电、碰撞传感器电路如图 5-1-7 所示。

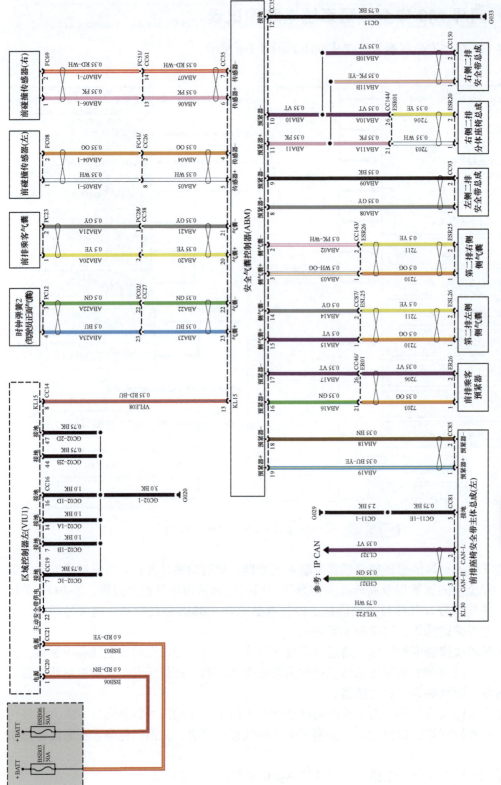

图 5-1-7 问界 M9 车型安全气囊供电、碰撞传感器电路

（1）安全气囊控制器供电、接地电路识读

安全气囊控制器的供电由区域控制器左提供。起动开关打开后，区域控制器左通过其插接器 CC14 的 8 号端子，将 KL15 供电至安全气囊控制器插接器 CC35 的 13 号端子；安全气囊控制器通过其插接器 CC35 的 12 号端子输出接地信号至搭铁点 G033，实现接地连接。至此安全气囊控制器的供电回路接通，安全气囊控制器处于工作状态。

（2）前碰撞传感器电路识读

安全气囊控制器通过插接器 CC35 的 5 号和 4 号端子、6 号和 7 号端子分别向前碰撞传感器（左）和前碰撞传感器（右）提供供电和接地信号，并实时检测其工作状态，一旦发生碰撞，安全气囊控制器向相应的气囊总成发出点火信号。为确保信号传输的稳定可靠性，两个前碰撞传感器均通过双绞线与安全气囊控制器进行连接，此种连接方式有效规避了信号干扰损失的风险。

（3）侧面碰撞传感器和车门压力传感器电路识读

问界 M9 车型侧面碰撞传感器和车门压力传感器电路如图 5-1-8 所示。

左侧碰撞传感器与右车门压力传感器共享供电、信号以及接地线路。在安全气囊控制器的管理中，插接器 CC33 的 12 号端子为两者插接器的 1 号端子提供电力，同时，控制器也通过监测该端子电压的波动以检测碰撞事件。两个传感器的接地功能通过其各自插接器的 2 号端子与安全气囊控制器插接器 CC33 的 11 号端子连接实现，具体接地操作由安全气囊控制器负责。

类似地，右侧碰撞传感器与左车门压力传感器也共享供电、信号以及接地线路。在此配置下，安全气囊控制器通过插接器 CC33 的 9 号端子为两个传感器插接器的 1 号端子供电，并通过监测该端子电压的变化以检测碰撞事件。两个传感器的接地功能通过其各自插接器的 2 号端子与安全气囊控制器插接器 CC33 的 10 号端子连接实现，具体的接地操作同样由安全气囊控制器负责。

（4）通信电路识读

在安全气囊控制器检测到碰撞信号输入，并确认车辆遭受撞击的情况下，控制器会通过其插接器 CC33 的 13 号端子，向区域控制器左及 T-BOX 总成发出碰撞输出信号 1。T-BOX 总成与区域控制器左在接收到此信号后，将协同执行包括碰撞信息上传、前车门开锁以及起动在线紧急呼救在内的关键功能。

同时，控制器还会通过插接器 CC33 的 14 号端子发出碰撞输出信号 2，此信号将分别传递至区域控制器后、整车域控制器、电池控制系统等。区域控制器后在接收到此信号后，将负责控制后部车门解锁及后部报警灯的闪烁等功能。电池控制系统则会根据接收到的信号执行高压下电操作。

此外，安全气囊控制器的插接器 CC33 的 1 号和 2 号端子，作为 CHS CAN 总线连接端子，承担着与 ADAS 控制器、整车域控制器、区域控制器左、集成电动制动系统控制器、制动冗余模块、电子助力转向等系统之间的通信任务，以实现信息共享。

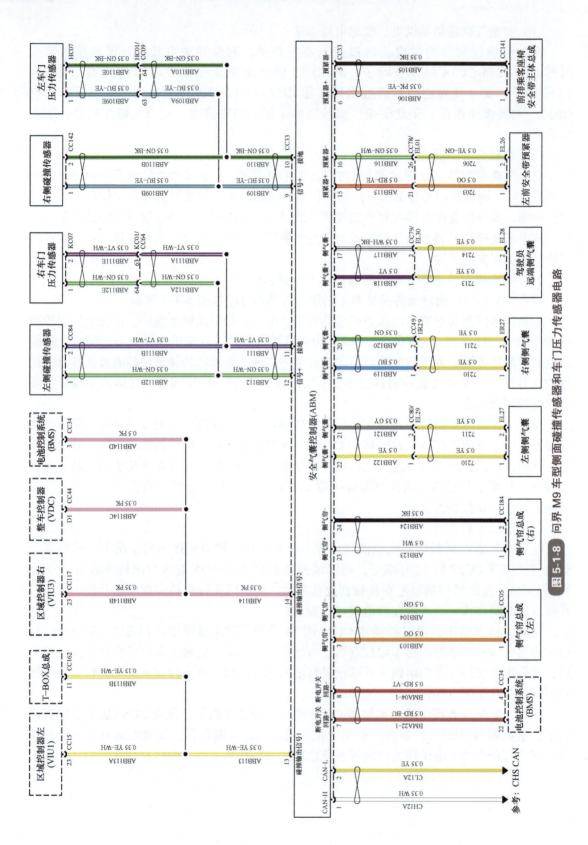

图 5-1-8 问界 M9 车型侧面碰撞传感器和车门压力传感器电路

5.2 中控与防盗系统基本组成与电路图识读

5.2.1 中控与防盗系统基本组成

中控门锁系统是中央控制门锁系统的简称,主要由控制部分和执行部分组成,如图 5-2-1 所示。中控门锁系统是通过门锁控制开关和钥匙的操作控制电动机,同时控制所有车门的关闭与开启装置,其作用是增加汽车使用的方便性和安全性。

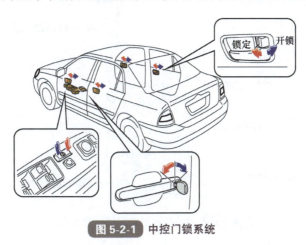

图 5-2-1 中控门锁系统

(1) 门锁控制开关

门锁控制开关一般安装在驾驶员侧前门内扶手上,通过门锁控制开关可以同时锁上和打开所有的车门,如图 5-2-2a 所示。

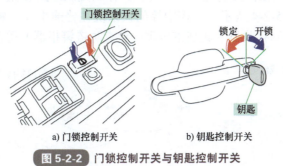

a) 门锁控制开关　　b) 钥匙控制开关

图 5-2-2 门锁控制开关与钥匙控制开关

(2) 钥匙控制开关

钥匙控制开关装在左前门和右前门的外侧门锁上。当从车外用车门钥匙开门或锁门时,钥匙控制开关便发出开门或锁门信号给门锁控制系统,实现车门的打开或锁止,如图 5-2-2b 所示。

(3) 门控开关

门控开关用来检测车门开闭的情况。车门打开时,门控开关接通;车门关闭时,门控开关断开。

（4）门锁执行机构

中控门锁用电磁驱动方式进行门锁的开启与关闭。目前门锁执行机构主要有电磁线圈式和直流电动机式。

电磁线圈式门锁执行机构，锁门时，给电磁线圈加正向电流，衔铁带动连杆左移，扣住门锁舌片；开门时，给电磁线圈加正向电流，衔铁带动连杆左移，脱离门锁舌片。

直流电动机式门锁执行机构（图5-2-3）的连杆由可逆转的直流电动机驱动，利用电动机的正转和反转完成锁门和开门的动作。

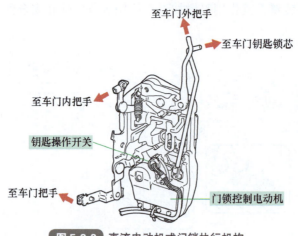

图 5-2-3 直流电动机式门锁执行机构

（5）门锁连杆操纵机构

当门锁电动机（或其他执行机构）运转时，通过门锁连杆操纵门锁锁定或开起。

（6）遥控中控门锁系统原理

遥控中控门锁系统也称无钥匙进入系统，其作用是从远处锁止和解锁所有车门，为驾驶员提供便利。如图5-2-4所示，遥控中控门锁系统在普通中控门锁系统的基础上增加发射器（钥匙）、车门控制接收器、集成继电器（含有防盗警报器）等部件。

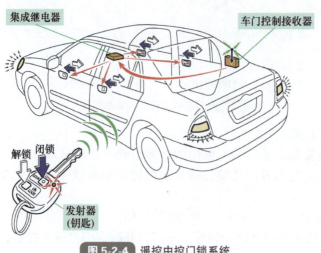

图 5-2-4 遥控中控门锁系统

第 5 章　安全舒适系统基本组成与电路图识读

遥控器有分开型和组合型 2 种。组合型遥控器的发射天线由钥匙板兼任。身份代码存储器中存储的身份代码通过输出部分经由发射天线发射出去。车门控制接收器对接收的信号进行放大和调制后，发送给防盗警报器，防盗警报器检查身份鉴定代码是否相符，当代码一致时，确定继电器动作，控制相应执行器。

5.2.2　问界 M5 中控门锁系统电路图识读

如图 5-2-5 所示，中控门锁系统电路主要由中控开关（位于左前门内侧的左前中控开关）、车身控制器以及 4 个车门锁组成。当中控开关发出开锁或解锁信号时，车身控制器会接收并处理这些信号。随后，车身控制器将控制 4 个车门锁的开启和关闭，确保车辆的安全性和便捷性。

（1）系统供电识读

如图 5-2-5 所示，中控门锁系统供电为常电供电，蓄电池供电经驾驶室电器盒内的 IF12 20A 熔丝供应到车身控制器的 14 号端子，此供电经车身控制器向 4 个车门锁提供 12V 供电。

（2）左前中控开关电路识读

图 5-2-5 所示左前中控开关为中控门锁系统的主开关，向车身控制器发送解锁和闭锁信号。

在车身控制器的 25 号端子，左前中控开关接收供电。此供电进一步传输至左前中控开关的 3 号端子，为其提供所需电能。根据车门锁的状态和驾驶员的操作，左前中控开关从其 1 号和 2 号端子发送解锁或闭锁信号至车身控制器的 49 号和 5 号端子。一旦车身控制器检测到闭锁信号，将从其 11 号端子向左前中控开关的 4 号端子发送上锁指示灯信号，从而点亮该指示灯。最后，左前中控开关的接地通过其 5 号端子在搭铁点 G015 处实现。

（3）门锁电路识读

车身控制器通过特定的端子（20 号和 18 号）发出解锁和闭锁信号，这些信号经过线束节点传输，被输送到 4 个车门锁的 4 号和 3 号端子执行相应的操作。

当左前车门被打开时，车身控制器通过 39 号端子捕获到这一动作，随后通过 CAN 总线将此信息传达给仪表控制单元。仪表随即显示左前车门为开启状态。左前车门锁的接地通过其 5 号端子在搭铁点 G015 处实现，右前车门锁的接地则通过其 2 号端子在相同搭铁点实现。

值得注意的是，左后车门和右后车门均装备了儿童锁，这两处的儿童锁是相互联动的。当儿童锁需要被操作时，车身控制器通过 16 号端子向左右后车门锁的 2 号和 5 号端子发送相应的锁止或开锁信号。同时，儿童锁电动机接收控制信号，完成儿童锁的锁定和解锁操作。随后，左右后车门锁通过其 1 号端子向车身控制器的 16 号和 6 号端子反馈儿童锁的状态信息。车身控制器将儿童锁的状态信息通过 CAN 总线发送给仪表控制单元，以便在仪表上显示儿童锁的状态。左后车门锁的接地，通过其 5 号端子在搭铁点 G024 处实现；右后车门锁接地，通过其 2 号端子在搭铁点 G034 处实现。

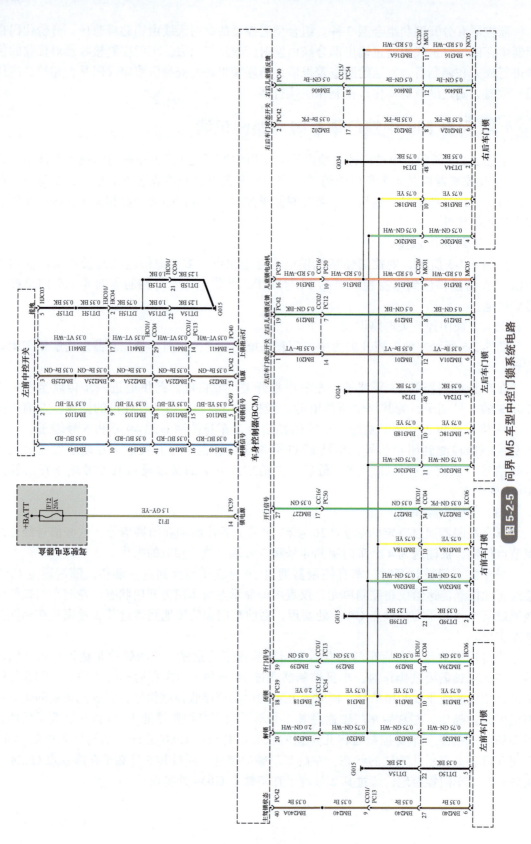

图 5-2-5 问界 M5 车型中控门锁系统电路

5.2.3 小鹏 P7 中控门锁系统电路图识读

小鹏 P7 车门锁由车身控制器控制,中控门锁开关向车身控制器提供驾驶员的操作信号,由车身控制器控制各门锁的闭锁和解锁。

(1) 车身控制器供电电路

如图 5-2-6 所示,车身控制器采用了两种供电方式,即 30 供电(蓄电池常电)和 IG1 供电(点火开关 ON 挡的供电)。

① 30 供电(蓄电池常电)。30 电供电共分为四路,分别供应至车身控制器不同的端子。

第一路,蓄电池常电供电从蓄电池正极出发,经过仪表熔丝盒中的 IF04 熔丝(额定电流 30A),该熔丝连接至仪表熔丝盒插接器 IPJB01 的 6 号端子,并随后通过插接器 IPBD1 的 3 号端子,最终供应至车身控制器插接器 BD104 的 24 号端子。

第二路,蓄电池供电也经过 IF01 熔丝(额定电流 15A),从仪表熔丝盒插接器 IPJB01 的 3 号端子输出,经过插接器 IPBD1 的 1 号端子,最终供应至车身控制器插接器 BD103 的 24 号端子。

第三路,蓄电池供电还通过 IF03 熔丝(额定电流 10A),从仪表熔丝盒插接器 IPJB01 的 5 号端子供出,再经过插接器 IPBD1 的 16 号端子,供应至车身控制器插接器 BD105 的 23 号端子。

第四路,蓄电池供电经 IF05 熔丝(额定电流 20A),从仪表熔丝盒插接器 IPJB01 的 7 号端子供出,通过插接器 IPBD1 的 27 号端子,供应至车身控制器插接器 BD105 的 22 号端子。

② IG1 供电。在点火开关处于 ON 挡位的情况下,蓄电池的电力供应会经过后熔丝盒内的 RF20 熔丝(额定电流 5A),从后熔丝盒插接器 REB01 的 31 号端子进行输出,最终稳定地供应至车身控制器插接器 BD106 的 52 号端子上。

(2) 中控门锁开关电路识读

如图 5-2-6 所示,中控门锁开关被巧妙地集成于左前电动门窗开关之内。为实现车门解锁与闭锁功能,中控门锁开关经由插接器 FL09 的 2 号和 4 号端子,分别向车身控制器插接器 BD107 的 20 号和 21 号端子传递解锁和闭锁指令。车身控制器根据这些精确指令,有效地执行车门锁的解锁和闭锁操作。

此外,为了提供中控门锁按钮的背光照明供电,车身控制器通过其插接器 BD105 的 2 号端子,将电源输送到中控门锁插接器 FL09 的 6 号端子。同时,中控门锁开关插接器 FL09 的 12 号端子负责输出接地信号至车身控制器 BD107 的 24 号端子,以确保可靠稳定地接地。

(3) 左后充电口盖和充电口电机电路识读

如图 5-2-6 所示。车身控制器负责精确检测并控制左后充电口盖的开启与关闭动作,同时直接指挥左后充电口电机以执行充电口的解锁与闭锁功能。具体而言,车身控制器通过插接器 BD107 的 30 号和 34 号端子精准感知左后充电口的打开与关闭状态。在需要充电时,用户需手动选择左后充电口盖的开关状态,随后车身控制器会通过插接器 BD104 的 22 号和 21 号端子来精确控制左后充电口盖的关闭与开起操作。

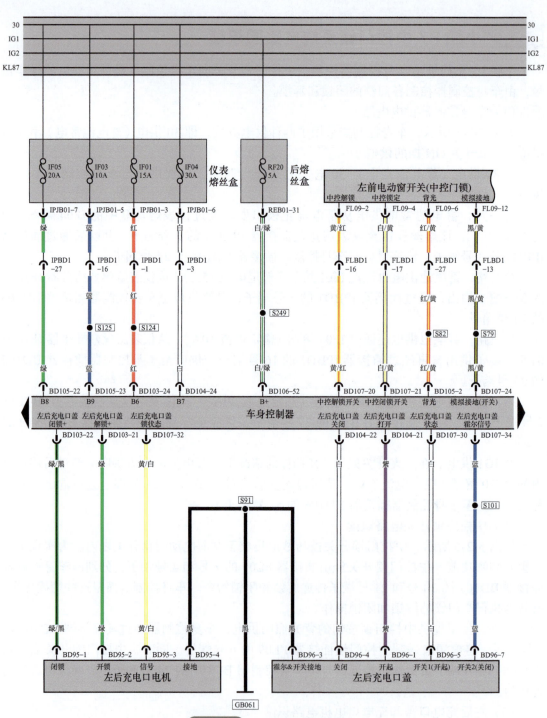

图 5-2-6 车身控制器供电电路

此外，车身控制器还通过插接器 BD107 的 32 号端子实时监测左后充电口盖锁的具体状态。当中控系统执行闭锁或解锁操作时，车身控制器会迅速响应，通过插接器 BD103 的 22 号和 21 号端子向左后充电口电机发出指令，确保充电口能够准确执行闭锁与解锁动作。

（4）车门锁体总成电路识读

小鹏 P7 车门锁体总成电路如图 5-2-7 和图 5-2-8 所示。该车型中，各车门锁总成的解锁与闭锁操作均通过车身控制器进行统一调控。同时，车身控制器利用特定的端子接口实时对各车门锁的状态信息以及后车门儿童锁的状态信息进行监测。

具体而言，如图 5-2-7 所示，车身控制器通过插接器 BD104 的 23 号和 25 号端子，实现对各车门锁总成解锁和闭锁动作的精准控制。

如图 5-2-8 所示，车身控制器通过插接器 BD106 的 36 号和 48 号端子，实时获取左前门锁和左前门的状态信息。

如图 5-2-7 所示，对于左后门的状态监测，车身控制器通过插接器 BD106 的 47 号端子、BD015 的 9 号端子和 BD107 的 19 号端子，分别检测左后门的开启状态、左后门儿童锁的闭锁状态和反馈状态。

如图 5-2-7 所示车身控制器通过插接器 BD106 的 35 号端子，实时监测右前门的开启状态。

如图 5-2-8 所示对于右后门及其儿童锁的状态监测，车身控制器则通过插接器 BD105 的 8 号端子、BD108 的 30 号端子以及 BD106 的 34 号端子，分别获取右后儿童锁的闭锁状态、右后儿童锁的状态反馈信号以及右后门锁开关状态等信息。

5.2.4 小鹏 P7 隐藏式门把手控制系统电路图识读

图 5-2-9 所示为小鹏 P7 隐藏式门把手控制系统组成简图。该系统通过中央的隐藏式门把手控制器对 4 个车门的隐藏把手电机实施集中管理。此外，系统还配备了 4 个隐藏门把手电机位置传感器，用于实时监测隐藏把手的工作状态，以确保其正常运作。

（1）隐藏式门把手控制器的供电、接地电路识图

如图 5-2-10 所示，隐藏式门把手控制器的电源系统由三路 30 供电（常电供电）和一路 IG1 供电构成。

① 30 供电：蓄电池正极供电经过后熔丝盒内的熔丝 RF07（额定电流 25A）、RF08（额定电流 25A）、RF10（额定电流 7.5A）进行分配，并通过后熔丝盒插接器 REB01 的 9 号、10 号和 12 号端子输出，进一步供应至隐藏式门把手控制器插接器 BD93 的 10 号、17 号端子以及 BD94 的 12 号端子，确保电源的稳定供应。

② IG1 供电：在点火开关处于 ON 状态时，蓄电池供电通过后熔丝盒内的熔丝 RF18（额定电流 5A）提供，并经过后熔丝盒插接器 REB01 的 29 号端子输出，直接供应至隐藏式门把手控制器插接器 BD94 的 10 号端子，以满足控制器的点火供电需求。

③ 接地连接：隐藏式门把手控制单元设有三个接地输出端子。其中，插接器 BD93 的 12 号和 15 号端子输出的接地信号，在搭铁点 GB141 处实现有效接地；而插接器 BD94 的 23 号端子输出的接地信号，在搭铁点 GB131 处实现接地。这一系列接地连接的设置确保了控制器接地回路的完整性和安全性。

至此，隐藏式门把手控制器的供电回路已全面接通，控制器进入正常工作状态。

（2）门把手电机和电机位置传感器电路识读

以左前门把手电机为例，左前门把手电机电路如图 5-2-10 所示，左前门把手电机位置传感器如图 5-2-11 所示。

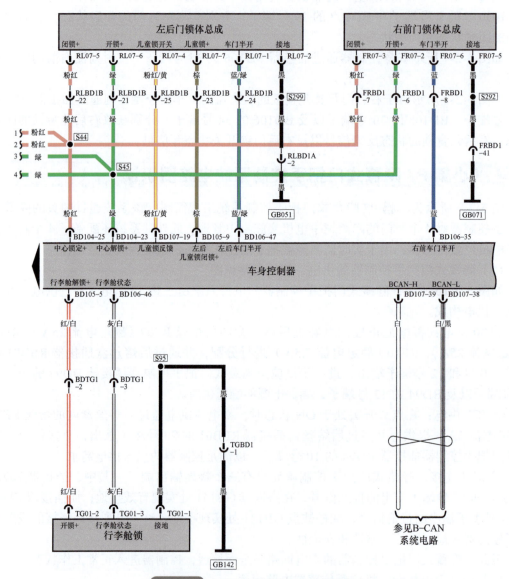

图 5-2-7 小鹏 P7 车门锁体总成电路（1）

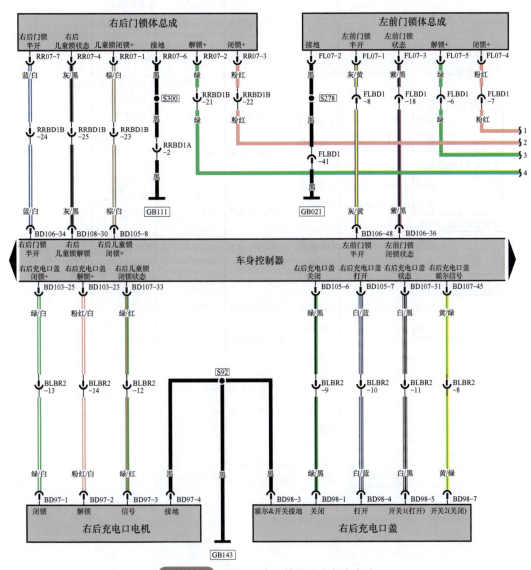

图 5-2-8 小鹏 P7 车门锁体总成电路（2）

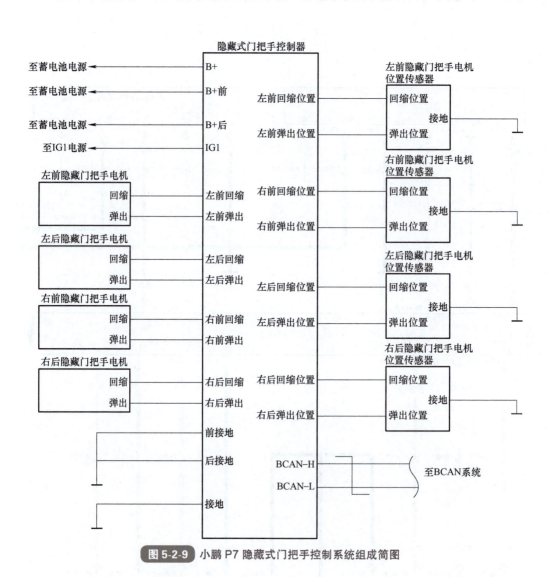

图 5-2-9 小鹏 P7 隐藏式门把手控制系统组成简图

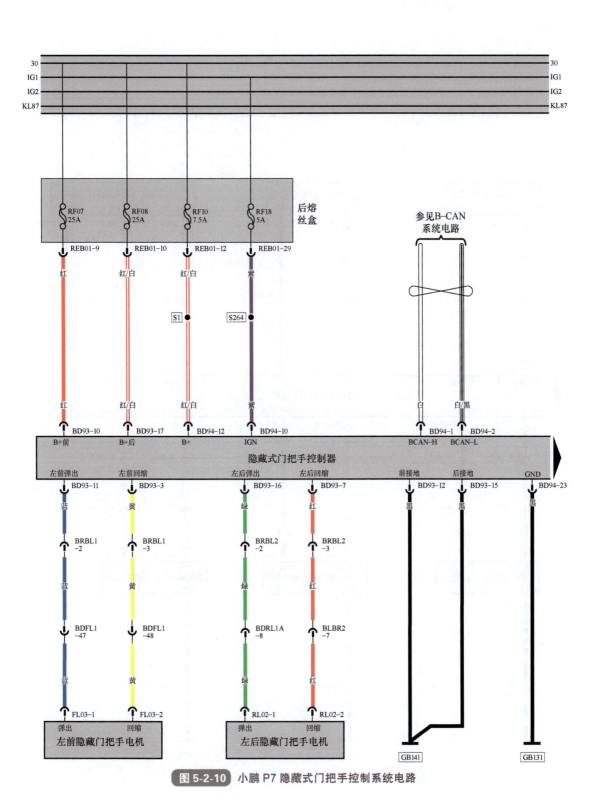

图 5-2-10 小鹏 P7 隐藏式门把手控制系统电路

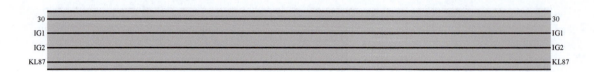

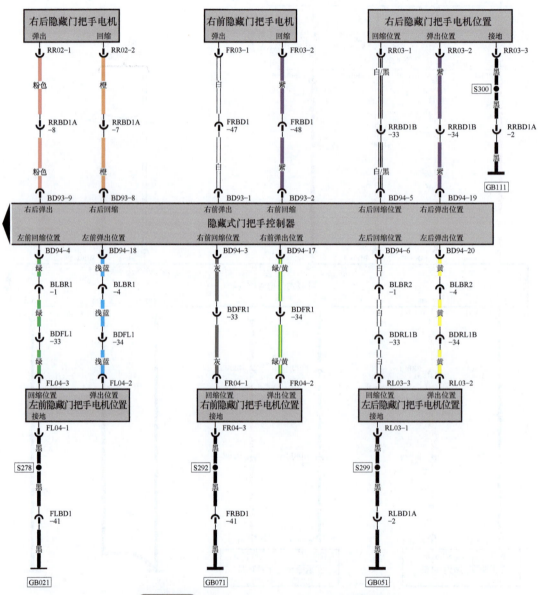

图 5-2-11 小鹏 P7 隐藏式门把手电机位置传感器

第 5 章 安全舒适系统基本组成与电路图识读

隐藏式门把手控制器采用特定的控制机制，通过插接器 BD93 的 3 号与 11 号端子精确调控左前隐藏式门把手电机的运行状态，以实现门把手的自动弹出与回缩功能。同时，该系统亦通过插接器 BD94 的 4 号与 18 号端子接收并传输左前隐藏门把手电机位置传感器所发出的信号，确保整个控制系统的精准性与稳定性。

5.3 ABS/ASR/ESC 基本组成与电路图识读

5.3.1 ABS/ASR/ESC 基本组成

（1）防抱死制动系统（ABS）

汽车防抱死制动系统（Anti-Lock Braking System，ABS）是汽车上的一种制安全装置，其作用是在汽车制动时，防止车轮抱死在路面上滑拖，目的是提高汽车制动过程中的方向稳定性、转向控制能力和缩短制动距离，使汽车制动更为安全有效。

当汽车防抱死制动系统（ABS）检测到车轮即将抱死（停止旋转），控制模块会迅速减小该轮的制动力。通过多次每秒的制动力调整，ABS 使车轮保持在最大附着力的范围内，防止车辆方向失去控制。

（2）驱动防滑转电子控制系统（ASR）

汽车驱动防滑转电子控制系统（Anti-Slip Regulation，ASR），又称牵引力控制系统。其作用是以驱动力为控制对象，防止汽车在起步加速过程中驱动轮打滑特别是防止汽车在非对称路面或转弯时驱动轮空转。

当系统检测到车轮打滑，控制模块通过减小发动机输出力或增加相应车轮的制动力来控制车辆的牵引力，防止打滑。

（3）电子稳定控制系统（ESC）

汽车电子稳定控制系统（Electronic Stability Controller，ESC），它是一种辅助驾驶员控制车辆的主动安全技术，同时也是汽车防抱死制动系统（ABS）和牵引力控制系统（TCS 或 ASR）功能的进一步扩展。在 ESC 上可以看到 ABS 和 TCS 功能的影子，可以说是目前车辆安全电子设备的集大成者。ESC 主要对车辆纵向和横向稳定性进行控制，保证车辆稳定行驶，如汽车在路滑时左拐过度转向（转弯右侧甩尾）时会产生滑动，ESC 系统就会迅速制动右前轮使其恢复附着力，产生一种相反的转矩使汽车保持在原来的车道上。

ESC 系统一般主要由传感器（轮速传感器、横向加速度传感器、纵向加速度传感器、偏航率传感器、转向角传感器、制动液压传感器等）、串联式制动主缸、ASR 和 ESC 按键等组成，如图 5-3-1 所示。

5.3.2 问界 M5 ESC 电路图识读

问界 M5 车型 ESC 电路如图 5-3-2 所示。

（1）系统供电电路识读

如图 5-3-2 所示，系统供电包括三路：电子稳定控制系统供电、ESC 电机电源供电和 ESC 阀体供电。

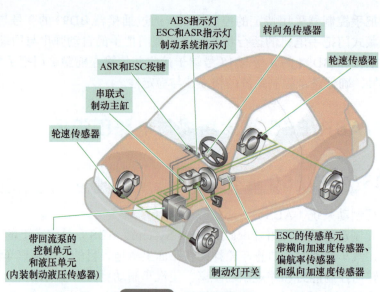

图 5-3-1　ESC 系统组成

电子稳定控制系统供电类型为 IG 供电，当点火开关打开时，蓄电池供电经过发动机舱电器盒内的 LF24 5A 熔丝供出，再经过插接器 FCR02 的 28 号端子，最终供应至电子稳定控制系统的 36 号端子。电子稳定控制系统接地是通过其 14 号和 46 号端子分别在搭铁点 G046 和 G045 处实现的。

ESC 电机电源供电和 ESC 阀体供电均为常电供电。蓄电池供电经过发动机舱电器盒内的 LSB01 40A 和 LSB02 40A 熔丝，再分别经过插接器 FCR02 的 22 号和 36 号端子，供应至电子稳定控制系统的 1 号和 30 号端子，为 ESC 执行机构总成内的电机和阀体提供稳定的供电。

（2）轮速传感器电路识读

左前和右前轮速传感器采用的是霍尔式有源传感器技术，这种传感器具有信号稳定性高、抗干扰能力强的特点。在车辆的电子稳定控制系统中，通过其 7 号和 26 号端子对两个轮速传感器进行供电，确保传感器正常工作。当车轮转动时，两个轮速传感器会通过其 2 号端子将转速信号传递至电子稳定控制系统的 24 号和 21 号端子，这些信号经过处理后，可以实时监测两个前轮的运行状态。

左后和右后轮速传感器与 EPB（电子驻车制动系统）电机安装在一起。两个传感器同样采用霍尔式有源传感器技术。电子稳定控制系统分别通过其 39 号和 22 号端子输出供电至两个轮速传感器的 2 号端子。当车轮转动时，两个轮速传感器会通过其 1 号端子将转速信号传递至电子稳定控制系统的 23 号和 37 号端子，这些信号经过处理后，可以实时监测两个后轮的运行状态。

（3）制动信号电路识读

由制动踏板、车身控制器和整车控制器提供的制动信号通过节点传递至电子稳定控制系统的 38 号端子，电子稳定控制系统检测这一信号，对 ESC 执行机构总成内的电机和阀体作出相应的控制，为车辆提供制动力。

第 5 章 安全舒适系统基本组成与电路图识读

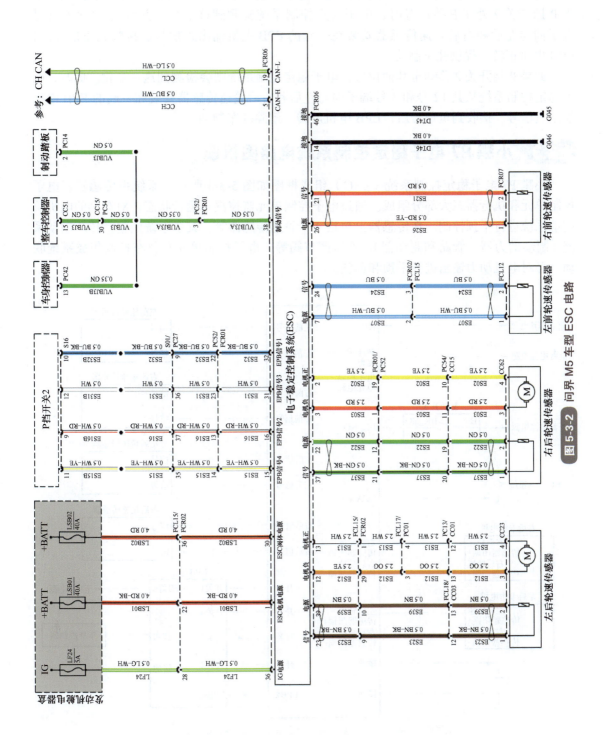

图 5-3-2 问界 M5 车型 ESC 电路

(4) EPB 电路识读

在车辆系统中，P 挡开关 2 通过向电子稳定控制系统发送 EPB 信号来控制驻车制动。当 P 挡开关 2 处于 P 挡位置时，电子稳定控制系统检测到该信号，并从其 13 号和 2 号端子向与左后和右后轮速传感器安装在一起的 EPB 电机输出正信号。接收到正信号后，EPB 电机正转，提供驻车制动。

如果 P 挡开关 2 移动至其他位置，电子稳定控制系统则会检测到这一变化。此时，电子稳定控制系统从其 12 号和 3 号端子向与左后和右后轮速传感器安装在一起的 EPB 电机输出负信号。接收到负信号后，EPB 电机反转，解除驻车制动。

5.3.3 小鹏 P7 电子稳定控制系统电路图识读

小鹏 P7 电子稳定控制系统（ESC）组成框图如图 5-3-3 所示。系统由传感器、电子控制单元和执行器三大部分组成。通过电子控制单元监控汽车运行状态，对车辆的电机及制动系统进行干预控制。在传感器上包括 4 个轮速传感器等，其余系统则包括传统制动系统（制动助力器、管路和制动器）、液压调节阀等，电子控制单元与整车控制集成系统联动，可对电机动力输出进行干预和调整。

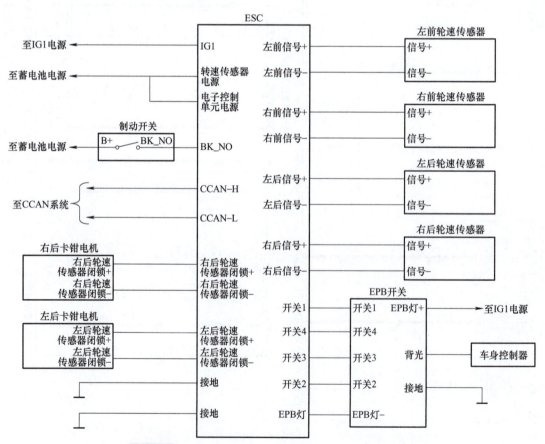

图 5-3-3 小鹏 P7 电子稳定控制系统（ESC）组成框图

小鹏 P7 电子稳定控制系统与电子驻车控制系统电路如图 5-3-4 和图 5-3-5 所示。

第 5 章　安全舒适系统基本组成与电路图识读

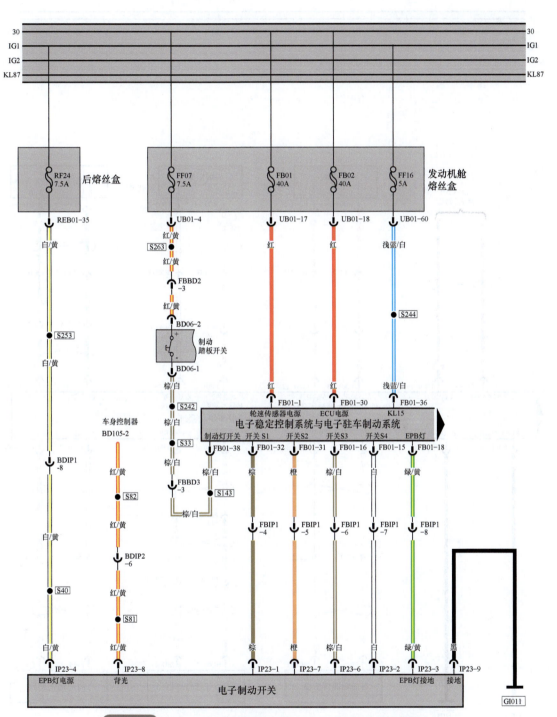

图 5-3-4　小鹏 P7 电子稳定控制系统与电子驻车制动系统电路（1）

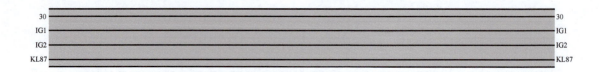

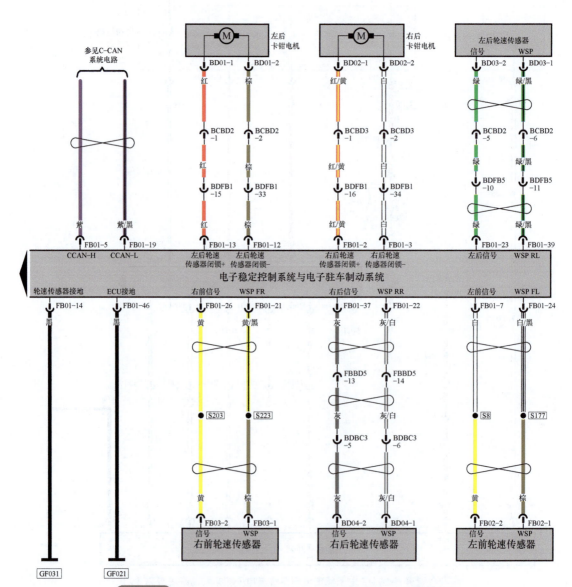

图 5-3-5 小鹏 P7 电子稳定控制系统与电子驻车制动系统电路（2）

（1）电子稳定控制系统控制器供电接地电路

如图 5-3-4 所示，电子稳定控制系统与电子驻车制动系统的供电由两路 30 供电以及一路 IG1 供电共同构成。

① 30 供电（即蓄电池常电供电）。其供电路径始于蓄电池正极，随后经过发动机舱熔丝盒内两个额定电流为 40A 的熔丝 FB01、FB02。之后，这两路供电分别从发动机舱熔丝盒插接器 UB01 的 17 号和 18 号端子输出，进一步供应至电子稳定控制系统与电子驻车制动系统的插接器 FB01 的 1 号和 30 号端子。

② IG1 供电（即点火开关位于 ON 位置时的供电）。当点火开关处于 ON 位置时，供电同样从蓄电池正极开始，经过发动机舱熔丝盒内额定电流为 5A 的熔丝 FF16，并从发动机舱熔丝盒插接器 UB01 的 60 号端子输出，最终供应至电子稳定控制系统与电子驻车制动系统的插接器 FB01 的 36 号端子。

③ 接地电路。如图 5-3-5 所示，电子稳定控制系统与电子驻车制动系统通过其插接器 FB01 的 14 号和 46 号端子，发送接地信号至搭铁点 GF031 和 GF021，以实现有效的接地连接。

（2）轮速传感器电路识读

4 个车轮的轮速传感器与电子稳定控制系统以及电子驻车制动系统均通过双绞线实现稳定连接。在此过程中，电子稳定控制系统和电子驻车制动系统负责向轮速传感器提供电能，并实时监测其信号输出，以确保能够准确判断车轮是否存在滑转现象。

以左后轮速传感器为例（图 5-3-5），电子稳定控制系统与电子驻车制动系统通过插接器 FB01 的 39 号端子，向左后轮速传感器插接器 BD03 的 1 号端子提供必要的电能。随后，左后轮速传感器将通过其插接器 BD03 的 2 号端子，输出轮速信号。该信号将沿着导线，经过一系列插接器的传递，最终抵达电子稳定控制系统与电子驻车制动系统的插接器 FB01 的 23 号端子，以供进一步处理和分析。

5.4 电动助力转向系统基本组成与电路图识读

5.4.1 电动助力转向系统基本组成

电动助力转向系统（EPS）根据电机驱动部位和机械结构的不同，可将电动助力转向系统（EPS）分为转向轴助力式、齿轮助力式和齿条助力式。电动助力转向系统的主要组成部分有：电动助力转向电机、转矩传感器、电控单元、转向管柱等。

（1）电动助力转向电机

电动助力转向电机（图 5-4-1）是整个系统的核心部件。它根据电子控制单元（也称为电控单元）的指令产生相应的助力转矩。这个助力转矩经过减速机构放大后，作用在机械转向器上，辅助驾驶员克服转向阻力，实现车辆的转向。

（2）转矩传感器

转矩传感器（图 5-4-2）是一种用来检测方向盘转动角度、转向方向和转向力度的装置。当方向盘左转或右转时，转矩传感器都会检测到转向信号。转矩传感器将这些信号传送给电控单元，使系统能够准确地了解驾驶员的操纵意图，从而使汽车电控单元发出正确的转向指令。

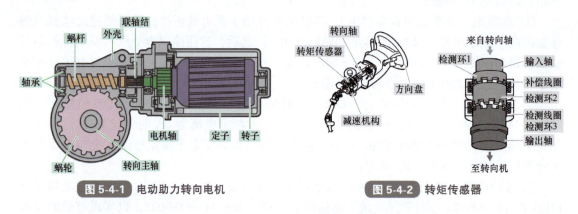

图 5-4-1　电动助力转向电机　　　　图 5-4-2　转矩传感器

（3）电控单元

电控单元是转向系统的控制中心，负责接收并处理来自传感器的信号，可以根据驾驶员的操纵意图调节电动助力转向电机的输出。它还可以根据不同的驾驶条件进行适应性调节，提供更好的操控感受和安全性能。

（4）传动管柱

转向管柱是转向系统连接方向盘和转向器的零部件。通过转向管柱，驾驶员把转矩传递给转向器，带动转向器实现转向。

5.4.2　问界 M5 电动助力转向系统电路图识读

问界 M5 电动助力转向系统及分线盒供电电路如图 5-4-3 所示。

（1）供电电路识读

电动助力转向系统由分线盒电源和 IG 供电两路。

① 分线盒电源供电流程：如图 5-4-3b 所示，蓄电池的电力经过蓄电池正极熔丝盒内的 ANF04 200A 熔丝输出，然后经过分线盒熔丝盒内的 ANF08 80A 熔丝，供给至电动助力转向系统插接器 FCL02 的 1 号端子，该供电在电动助力转向系统的控制下供应至电子转向助力电机。电动助力转向系统通过其 2 号端子与搭铁点 G001 连接，实现接地。

② IG 供电：点火开关打开时，蓄电池供电经发动机舱电器盒内的 LF22 5A 熔丝向电动助力转向插接器 FCL01 的 1 号端子，向电动助力转向系统提供电源。

（2）转矩传感器和转向电机电路识读

转矩传感器所需的电源由电动助力转向系统提供，该系统会实时监测转矩传感器传送的方向盘转矩信号以及转向电机转速信号。在接收这两个信号后，控制器会依据这些信息调整转向助力电机的运作，确保其能够准确跟随方向盘的转动方向，提供相应的助力。

第 5 章　安全舒适系统基本组成与电路图识读

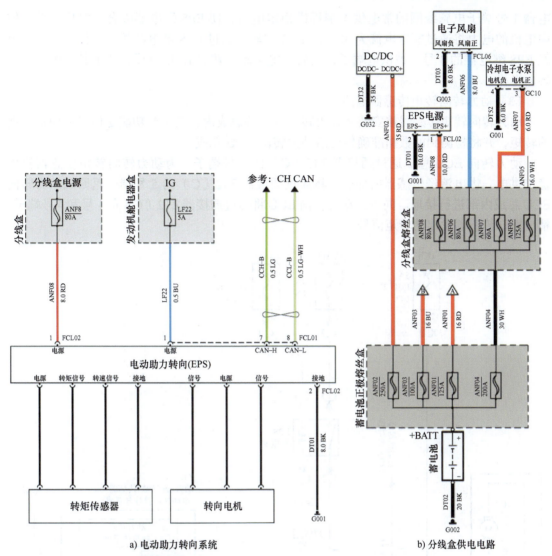

图 5-4-3　问界 M5 电动助力转向系统及分线盒供电电路

5.4.3　卡罗拉/雷凌电动助力转向系统电路图识读

卡罗拉/雷凌车系的电动助力转向系统电路如图 5-4-4 所示，以下是其电路构成与工作原理的详细说明。

（1）关于动力转向 ECU 总成的供电与接地电路

当点火开关处于 ON 状态时，蓄电池的电力将通过仪表板下熔丝盒内额定电流为 5A 的 ECU-IG NO.5 熔丝，稳定地供应至动力转向 ECU 总成插接器 E46（B）的 1 号端子。

（2）动力转向电机的供电流程

动力转向电机的电力供应由 EPS 继电器承担。点火开关打开后，动力转向 ECU 总成通过其插接器 E46（B）的 4 号端子，精确控制 EPS 继电器 1 号端子电磁线圈的接地连接。蓄电池的电力将经过发动机舱熔丝盒中额定电流为 5A 的 ECU-B NO.3 熔丝，为 EPS 继电器 1 号端子电磁线圈的常电供电端提供稳定电力，使 EPS 继电器吸合。之后，动力转向电机的电力将通过额定电流为 80A 的 EPS 熔丝，经过 EPS 继电器的 5 号供电端子，流经 EPS 继电器的 3 号负载供电端子，最后供电至动力转向 ECU 总成，并由其分配给动力转向电机。

（3）动力转向转矩传感器电路

动力转向转矩传感器被安装在动力转向管柱分总成内，其主要功能是检测方向盘转动的转矩，并将检测到的数据准确传送给动力转向 ECU 总成。

动力转向 ECU 总成通过插接器 Z12（C）的 2 号端子，为动力转向转矩传感器提供稳定供电。供电流经传感器内部后，将通过插接器 Z12（C）的 5 号端子返回到动力转向 ECU 总成内部进行接地。同时，动力转向 ECU 将通过插接器 Z12（C）的 1 号和 4 号端子，精准感知传感器发出的转矩信号。

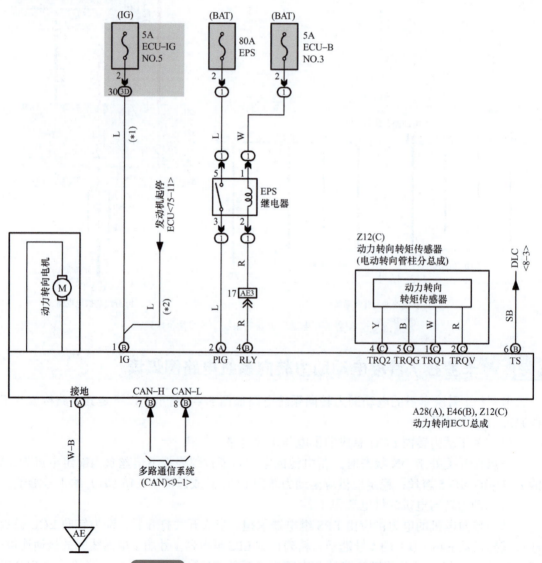

图 5-4-4　卡罗拉 / 雷凌车系的电动助力转向系统电路

5.5 空调系统基本组成与电路识读

5.5.1 空调系统基本组成

汽车空调系统，用于调节和改善车内空气的质量、温度、湿度和纯净度。无论外界气候条件如何变化，汽车空调系统确保了驾驶室和乘客舱内拥有一个舒适和健康的环境。它通过吸入外部空气或利用车内的空气循环，经过冷却、加热、去湿、过滤等多重处理过程，最终将适宜的空气送达车内的每一个角落。

在寒冷的天气里，汽车空调的采暖系统通过加热器芯，将发动机冷却系统的热量转移到空气中。一些先进的汽车空调系统还能进行空气质量监测，当传感器检测到有害气体或颗粒物时，会自动起动净化程序，进一步保证车内空气质量。

目前普遍采用的自动控制式空调系统组成框图如图 5-5-1 所示。

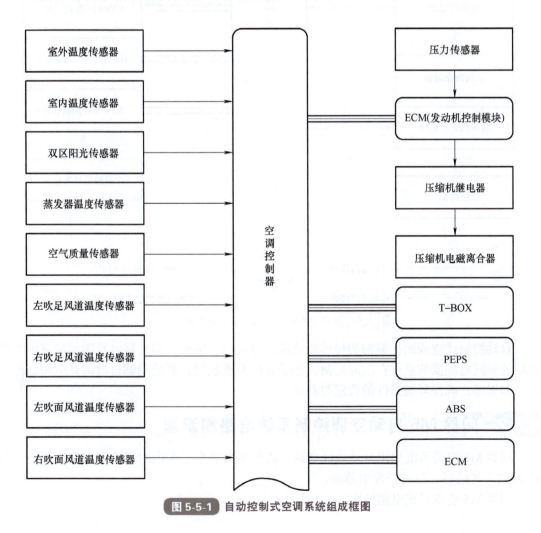

图 5-5-1 自动控制式空调系统组成框图

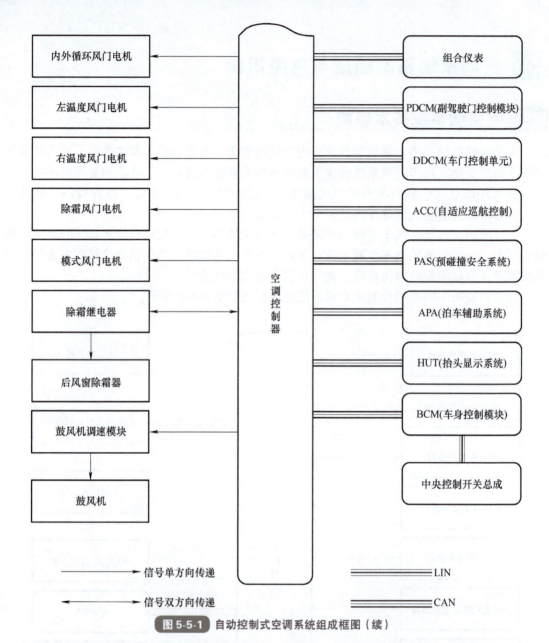

图 5-5-1 自动控制式空调系统组成框图（续）

自动控制式空调采用精密的传感器技术，对室内、室外、蒸发器以及脚部风道等关键区域的温度与湿度信息进行实时监测。基于这些精准数据，系统能够自动调整空调输出的温度和湿度，确保环境条件的稳定与舒适。

5.5.2 问界 M5 自动空调控制系统电路图识读

问界 M5 空调系统采用自动双区空调，高配车型装配了车内空气检测和净化系统，包括 PM2.5 传感器、负离子发生器等。

问界 M5 空调系统电路如图 5-5-2 所示。

第5章 安全舒适系统基本组成与电路图识读

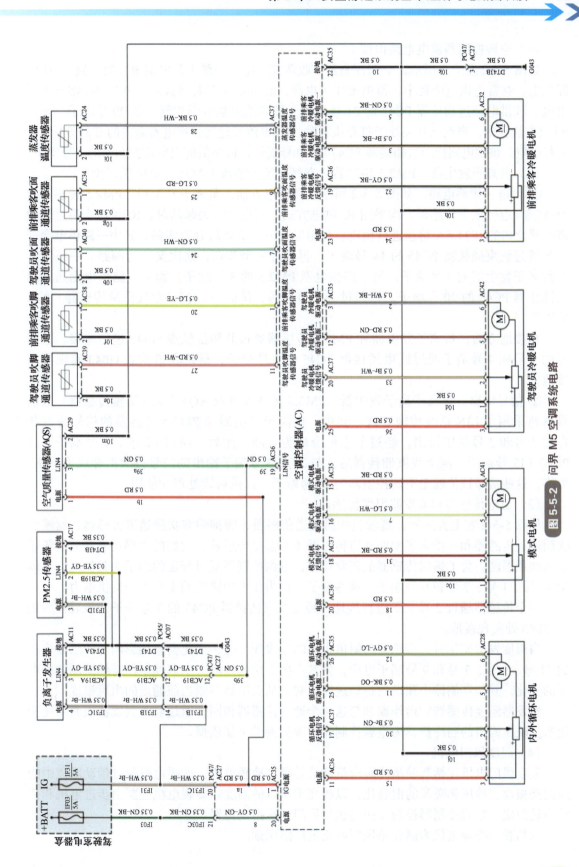

图 5-5-2 问界 M5 空调系统电路

(1) 空调控制器供电电路识读

如图 5-5-2 左上方所示，空调控制器接收两路供电，一路为常电供电，另一路为 IG 电源供电。在常电供电流程中，蓄电池作为电源，通过驾驶室电器盒内的 IF03 5A 熔丝进行供电。该供电经过插接器 PC47 的 21 号端子，最终供应至空调控制器的 20 号端子。而在 IG 供电流程中，当点火开关处于打开状态时，IG 电源经过驾驶室电器盒内的 IF31 5A 熔丝进行供电。该供电同样经过插接器 PC47 的 20 号端子，最终供应至空调控制器的 1 号端子。

(2) 负离子发生器、PM2.5 传感器、空气质量传感器（AQS）电路图识读

① 供电、接地电路。如图 5-5-2 所示，在供电方面，负离子发生器、PM2.5 传感器以及 AQS（空气质量传感器）均采用 IG 供电方式。当点火开关起动时，IG 供电会通过驾驶室电器盒内的 IF31 5A 熔丝进行供电。供电经过一个节点后分为两路。其中一路供电会进一步通过线束插接器 PC45 的 14 号端子，再经过一个节点，这次又分为两路。一路供电至负离子发生器的 4 号端子，另一路供电至 PM2.5 的 3 号端子。而另一路供电则通过线束插接器 PC47 的 20 号端子，再经过一个节点后，供应至 AQS（空气质量传感器）的 1 号端子。

在接地方面，负离子发生器和 PM2.5 传感器通过共用搭铁点 G043 进行连接。这两者的 1 号和 4 号端子经过线束插接器 PC45 的 4 号端子，最终在搭铁点 G043 实现可靠接地。

② 信号电路。负离子离子发生器、PM2.5 传感器以及 AQS（空气质量传感器）的信号电路采用了 LIN 总线传输方式。其中，负离子发生器和 PM2.5 传感器的信号通过各自的 3 号和 2 号端子输出，经过节点汇合成为一路。然后，经过 PC45（12 号端子）和 PC47（12 号端子）两个线束插接器后，与 AQS 3 号端子输出的信号再次汇合成为一路。最终，这些信号被传输至空调控制器的 19 号端子，以供后续处理和使用。

(3) 通道传感器和蒸发器温度传感器

如图 5-5-2 右上方所示，驾驶员吹脚通道传感器、前排乘客吹脚通道传感器、驾驶员吹面通道传感器和前排乘客吹面通道传感器 4 个温度传感器，它们的主要功能是监测各通道的吹风温度。为了确保传感器的正常运作，空调控制器通过特定的端子为其供电，具体为 11 号、1 号、7 号和 9 号端子，这些端子直接为 4 个传感器的 1 号端子提供电力。

每个传感器通过 2 号端子进行接地，经过线束插接器 PC47 的 3 号端子，最后在搭铁点 G043 处实现接地。

当温度发生变化时，传感器的阻值也会随之改变。这一变化会直接影响与传感器连接的 11 号、1 号、7 号和 9 号端子电压，使其产生相应的波动。空调控制器持续监测这些电压的变化，并与存储器中预设的逻辑进行比对，从而精确判断当前通道的出风温度。

蒸发器温度传感器的运作原理与这 4 个通道传感器相同，通过监测蒸发器表面温度变化来反映压缩机的制冷量，为空调控制器的决策提供可靠依据。

(4) 温度风门电机

温度风门电机包括驾驶员冷暖电机和前排乘客冷暖电机。冷暖电机通过带动风道中的风门挡板改变冷风和暖风的混合比，以改变出风口的温度。冷暖电机主要由步进电机和传动齿轮组成，空调控制器控制步进电机使风门到达指定位置。

以驾驶员冷暖电机为例介绍风门电机电路图识读。

第 5 章　安全舒适系统基本组成与电路图识读

驾驶员冷暖电机由步进电机、传动齿轮和滑动变阻器精密装配而成。空调控制器通过特定的 25 号端子，向驾驶员冷暖电机的 3 号端子提供电源，确保滑动变阻器正常运作。步进电机的驱动过程由空调控制器的 12 号和 3 号端子控制。步进电机旋转时，带动滑动变阻器一同旋转。空调控制器持续监测滑动变阻器的电压变化情况，主要是通过其 12 号端子来感知，以准确判断风门挡板的具体位置。模式电机和内外循环电机的工作原理与之相同，这里不再介绍。

5.5.3　长城魏派 VV7 自动空调控制系统电路图识读

长城魏派 VV7 自动空调控制系统电路如图 5-5-3、图 5-5-4 和图 5-5-5 所示。

（1）空调控制器供电、接地电路

如图 5-5-3 所示，空调控制器的电源供应是由蓄电池常电通过发动机舱熔丝盒内额定电流为 5A 的熔丝 F114 提供的，该电源直接输送至空调控制器插接器 J1 的 1 号端子。

空调控制器的接地电路，如图 5-5-4 所示，接地信号的引出是通过空调控制器插接器 J1 的 2 号端子实现的，进而将该信号连接至搭铁点 17，以此完成接地连接。

（2）传感器电路图识读

① 空气质量传感器。空气质量传感器负责监测空调外循环进风口的空气质量，并将相应的空气质量信号发送至空调控制器，以实现内外循环方式的智能控制。如图 5-5-3 所示，空气质量传感器的电力供应由 IG2 继电器负责。当 IG2 继电器被激活后，蓄电池的供电将通过发动机舱熔丝盒内额定电流为 5A 的熔丝 F124 进行供应，随后经过继电器负载供电触点，将供电传输至空气质量传感器。空调控制器通过插接器 J1 的 13 号端子接收来自传感器的信号，以监测空调外循环进风口的空气质量。

② 室内温度传感器。室内温度传感器用于检测乘员舱内部的温度，并将相关信息发送至空调控制器总成。如图 5-5-4 所示，空调控制器通过插接器 J5 的 5 号和 7 号端子，分别向室内温度传感器的 1 号和 3 号端子提供温度测量电压和阳光测量电压信号。室内温度传感器的 2 号端子将接地信号导向空调控制器插接器 J5 的 6 号端子，实现在空调控制器控制下的接地连接。同时，室内温度传感器的 4 号端子将基准温度测量电压输出至空调控制器插接器 J5 的 8 号端子。

③ 其他温度传感器。如图 5-5-3 和图 5-5-4 下部所示，室外温度传感器、左吹足风道温度传感器、右吹足风道温度传感器、中央左吹面温度传感器、中央右吹面温度传感器、蒸发器温度传感器以及双极阳光传感器采用共用接地信号工作机制。空调控制器插接器 J1 的 3 号端子为这些传感器提供接地服务。

室外温度传感器安装在驾驶员侧外后视镜内部。空调控制器插接器 J1 的 10 号端子负责向室外温度传感器提供供电。当外界温度变化时，室外温度传感器的电阻值将随之改变，空调控制器检测到的该端子电压变化。空调控制器将这一电压变化与内部存储的基准温度信号进行比较，从而计算出准确的室外温度信号。

左吹足风道温度传感器、右吹足风道温度传感器、中央左吹面温度传感器、中央右吹面温度传感器以及蒸发器温度传感器的工作原理与室外温度传感器相似。空调控制器分别通过插接器 J3 的 14 号端子、J4 的 1 号端子、J3 的 13 号端子、J4 的 12 号端子和 J3 的 12 号端子，检测这些温度传感器的电压变化，并与内部存储的基准温度信号进行比较，计算出相应部位的温度信号。

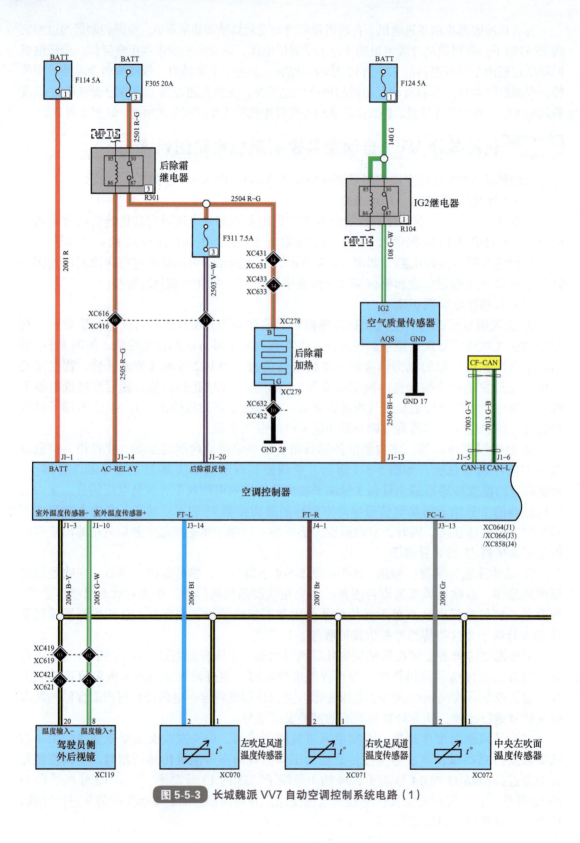

图 5-5-3 长城魏派 VV7 自动空调控制系统电路（1）

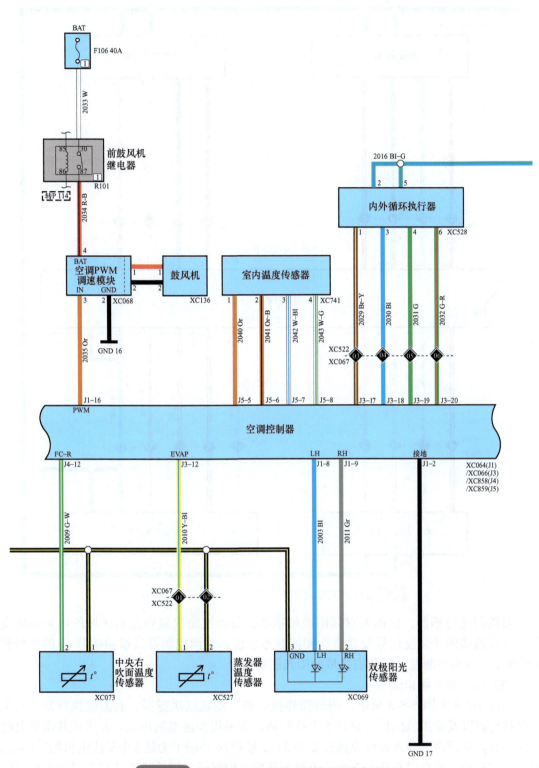

图 5-5-4 长城魏派 VV7 自动空调控制系统电路（2）

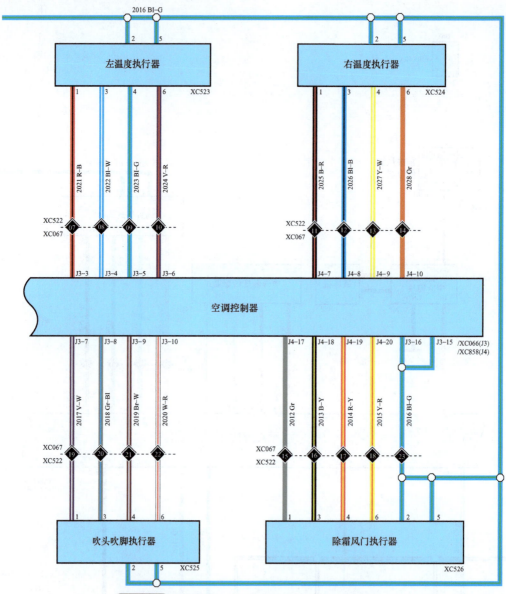

图 5-5-5 长城魏派 VV7 自动空调控制系统电路（3）

双极阳光传感器，也称为双区阳光传感器，负责检测仪表台左右区域的阳光强度变化，并将这些阳光强度信号发送至空调控制器总成。空调控制器通过插接器 J1 的 8 号和 9 号端子，分别检测左区域和右区域的阳光强度信号。

（3）执行器电路识读

如图 5-5-4 和图 5-5-5 所示，内外循环执行器、左温度执行器、右温度执行器、吹头吹脚执行器以及除霜风门执行器共 5 个执行器，均采用步进电机形式，并采用共用供电的工作机制。空调控制器通过线束插接器 J3 的 15 号和 16 号端子为这 5 个步进电机提供供电。同时，空调控制器通过与这 5 个步进电机相连的其他端子，向这 5 个步进电机输出精确的驱动信号，以实现各自风门的精确开启或关闭操作。

第 6 章

Chapter 6

高级驾驶辅助系统（ADAS）基本组成与电路图识读

6.1 ADAS 传感器类型

先进驾驶辅助系统（Advanced Driver Assistance Systems，ADAS）又称为高级驾驶辅助系统。其主要功能是利用安装在车上各式各样的传感器提前感知车辆及其周围情况并进行分析处理，发现危险及时预警，提醒驾驶员或执行器介入汽车操作，保障车辆安全行驶。近年来 ADAS 市场增长迅速，原来这类系统局限于高端市场，而现在已经进入中端市场，与此同时，许多低技术应用在入门级乘用车领域更加常见，经过改进的新型传感器技术也在为 ADAS 的广泛应用创造新的机会与策略。

ADAS 各系统使用的传感器和摄像头如图 6-1-1 所示。

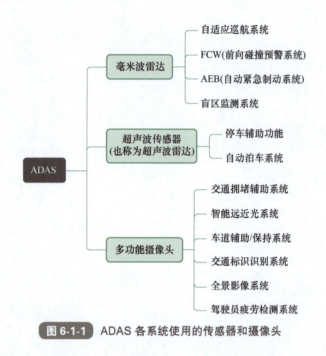

图 6-1-1 ADAS 各系统使用的传感器和摄像头

6.2 激光雷达系统基本组成与电路图识读

6.2.1 激光雷达系统基本组成

激光雷达，作为一种精确测定物体三维位置信息的传感器，其核心机制基于激光探测与测距原理。该设备通过发射和接收激光来测定与目标物之间的距离，同时结合目标物表面的反射能量、波谱幅度、频率及相位等多元信息，从而精细构建出目标物的三维结构数据。鉴于其在目标轮廓测量、角度测量、光照稳定性以及通用障碍物检测等方面的卓越性能，激光雷达已成为 L4 级及以上自动驾驶技术的核心组件。

激光雷达作为一种主动式传感器，通过发射脉冲激光并探测目标的散射光特性，进而获取目标的深度信息。其特点在于高精度、大范围和强抗干扰能力。然而，激光雷达所获取的数据往往稀疏且无序，难以直接利用；同时，其激光单色的特性限制了其在颜色和纹理信息获取方面的能力。因此，在实际应用中，通常需要搭配其他传感器以互补其不足。

激光雷达的显著优势在于其高精度和长距离探测能力，特别是在极端天气和夜间环境下，其精准度往往超过摄像头，有助于防止车辆误判，提升行车安全冗余度。然而，当前激光雷达仍存在成本较高和量产难度大等问题。

6.2.2 问界M9激光雷达系统电路图识读

问界M9车型前激光雷达电路如图6-2-1所示。该车型的激光雷达系统主要作用在于精确感知车辆前部路况，与组合惯导总成协同，共同实现车辆的自动驾驶功能。

（1）前激光雷达的供电接地电路

前激光雷达的供电系统由蓄电池常电供电构成。具体而言，蓄电池的供电经发动机舱电器盒内额定电流为30A的熔丝LF60供出，并通过一系列插接器，最终输送至前激光雷达插接器CC200的1号端子。接地信号则由插接器CC200的8号端子导出，连接至搭铁点G021处，实现稳定的接地连接。

（2）ADAS域控制器的供电与接地电路

ADAS域控制器插接器CC52的G2号和H1号端子为蓄电池常电供电输入点。蓄电池的供电经发动机舱电器盒内额定电流为20A的LF49熔丝供应，并在节点处分为两路，分别供应至ADAS域控制器插接器CC52的G2号和H1号端子。接地信号则通过插接器CC51的L1号和M2号端子、插接器CC52的H3号和G4号端子导出，连接至搭铁点G023、G022处，确保ADAS域控制器的稳定接地。

（3）前激光雷达工作原理概述

ADAS域控制器通过插接器CC51的H1号端子向前激光雷达插接器CC200的3号端子发送唤醒信号，以激活激光雷达。激光雷达随后通过其插接器CC200的4号和5号端子向ADAS域控制器的1-1号和1-2号端子输出差分信号+和差分信号−。这些信号在ADAS域控制器内部进行处理，并结合其他视觉传感器信号，共同生成车辆前部的环境信息。

（4）组合惯导总成的供电接地电路设计

蓄电池常电供电经发动机舱电器盒内额定电流为5A的LF54熔丝供应，并在节点处分为两路，分别输送至组合惯导总成插接器CC131的10号和24号端子。组合惯导总成通过其插接器CC131的8号和22号端子导出接地信号，这些信号在节点处汇成一路，最终连接至搭铁点G030处，实现稳定的接地连接。

（5）组合惯导总成的工作原理

组合惯导总成通过插接器CC132的1号端子接收来自高精度定位天线的定位信号，并通过插接器CC131的1号端子将组合定位GPI信号传输至ADAS域控制器。此外，组合惯导总成还通过连接至插接器CC131 3号和13号端子的CAN总线与超声波雷达控制器、ADAS域控制器进行通信，实现信息的共享与协同工作。

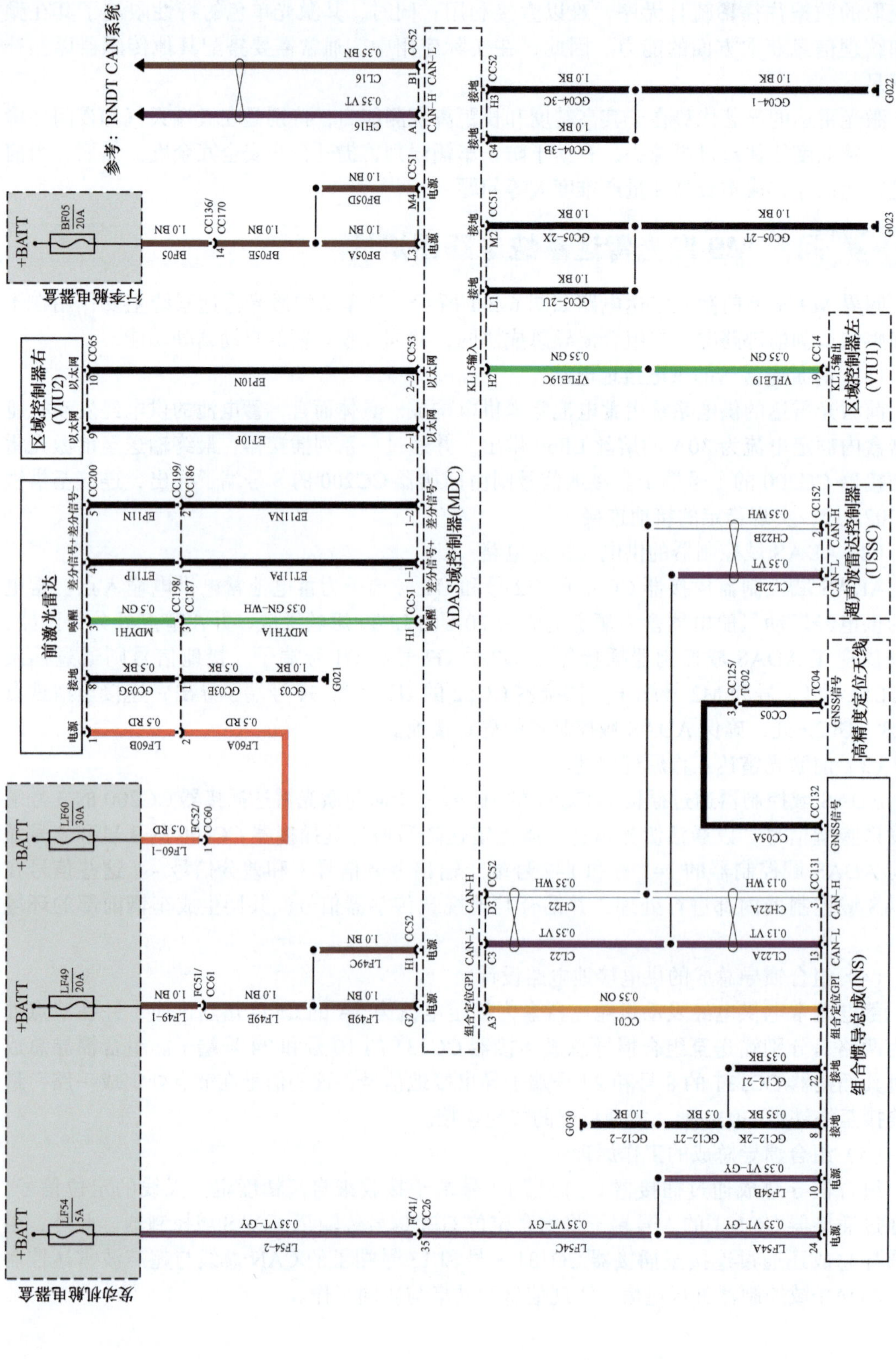

图 6-2-1 问界 M9 车型前激光雷达电路

6.3 毫米波雷达系统基本组成与电路图识读

6.3.1 毫米波雷达系统基本组成

毫米波雷达总成具备卓越的盲区监测功能，它通过精确探测主车左右两侧盲区内的障碍物，实时计算这些障碍物与主车的实际距离，并同步分析障碍物相对于主车的移动速度。基于这些核心数据，后向预警系统能够进行高效、准确的判断，并随即向驾驶员发出预警信号，以有效防范因未察觉盲区而可能引发的交通事故，并降低危险的车道切出风险，确保行车安全。

（1）短距离毫米波雷达

短距离毫米波雷达，是指工作频段在毫米波频段（76～77GHz）的雷达，测量原理跟一般雷达一样，把无线电波（雷达波）发出去，再接收回波，根据收发之间的时间差测得目标的数据。主要有三个用途：测距、测速、测方位角。

① 测距：雷达通过给目标连续发送电磁波，再用传感器接收天线接收从物体返回的电磁波，通过探测电磁波飞行（往返）时间来得到目标物距离。

② 测速：根据多普勒效应，通过计算返回接收天线雷达波的频率变化可以得到目标相对于雷达的运动速度，简单地说就是相对速度正比于频率变化量。

③ 测方位角：通过并列的接收天线收到同一目标反射雷达波的相位差，计算得到目标的方位角。

（2）前置毫米波雷达总成

前置毫米波雷达总成，作为智能驾驶系统的重要组成部分，主要负责精确监测主车前方可能存在的障碍物。通过先进的感知技术，它能够准确探测障碍物与主车之间的实际距离，以及障碍物相对于主车的移动速度。这些感知结果作为前向安全功能和智能驾驶功能的重要依据，有助于系统准确识别潜在障碍物，从而有效规避潜在的碰撞风险、交通事故以及危险的车道切出行为，确保行车安全。

前置毫米波雷达总成安装与连接如图6-3-1所示。

（3）后置毫米波雷达总成

后置毫米波雷达总成，其主要功能在于精准监测主车后方的障碍物，准确探测这些障碍物与主车之间的实际距离，以及它们相对于主车的移动速度。这些详尽的数据可作为后向安全功能和智能驾驶功能的核心感知结果之一，对于提升驾驶安全性具有至关重要的作用。通过准确识别障碍物并计算相关数据，该系统能够有效协助驾驶员规避潜在的碰撞风险，进而减少交通事故的发生。

6.3.2 毫米波雷达在ADAS系统中的应用

（1）自适应巡航（ACC）系统

自适应巡航（Adaptive Cruise Control，ACC）系统利用毫米波雷达检测前车位置，自动调整车速以保持安全距离。道路障碍清除后，车辆将恢复设定车速，并继续监测新目标。该系统简化了驾驶操作，适合多种路况。

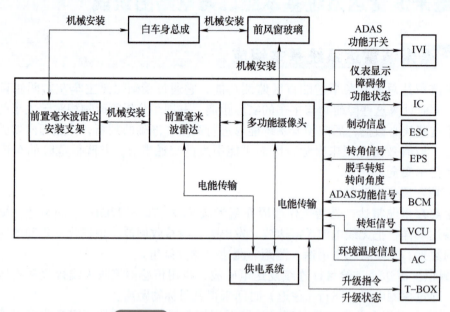

图 6-3-1 前置毫米波雷达总成安装与连接

ACC 系统包括信息感知单元、电子控制单元、执行单元和人机交互界面等，如图 6-3-2 所示。

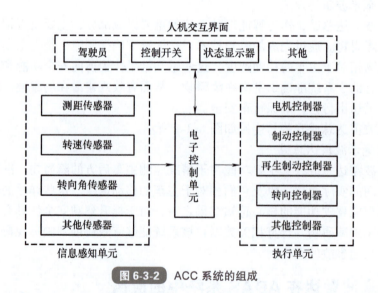

图 6-3-2 ACC 系统的组成

（2）前向碰撞预警（FCW）系统

前向碰撞预警（Forward Collision Warning，FCW）系统通过雷达或视觉传感器时刻监测前方车辆，判断本车与前车之间的距离、方位及相对速度，当存在潜在碰撞危险时对驾驶员进行警告。一般预警的方式有声音、视觉或触觉等。FCW系统一般本身不会采取任何制动措施去避免碰撞或控制车辆,但也有一些前向碰撞预警系统会提供不同程度的制动。

(3)自动紧急制动(AEB)系统

自动紧急制动(Autonomous Emergency Braking,AEB)系统,是指车辆在非自适应巡航的情况下正常行驶,如车辆遇到突发危险情况或与前车及行人距离小于安全距离时,主动进行制动(但具备这种功能的车辆并不一定能够将车辆完全停住),避免或减少追尾等碰撞事故的发生,从而提高行车安全性的一种技术。自动紧急制动系统主要由行车环境信息采集单元、电子控制单元和执行单元等组成。

(4)盲区监测(BSD)系统

盲区监测(Blind Spot Vehicle Discern,BSD)系统,是通过超声波、摄像头、探测雷达等车载传感器检测视野盲区内有无来车,在左右两个后视镜内或其他地方通过声音、灯光等方式提醒驾驶员后方安全范围内有无来车,从而消除视线盲区,提高行车的安全性。盲区监测(BSD)系统也称汽车并线辅助(LCA)系统,是汽车上的一款安全类的高科技配置。

6.3.3 问界M5毫米波雷达电路图识读

问界M5毫米波雷达电路如图6-3-3所示。

(1)前置毫米波雷达电路识读

① 供电接地电路识读:前置毫米波雷达的IG供电(点火开关打开时有电)由驾驶室电器盒内的IF21 5A熔丝提供,该电源通过插接器U05的8号端子供电至前置毫米波雷达。同时,该雷达的接地通过插接器U05的5号端子在接地点G048处实现接地。

② 通信电路:前置毫米波雷达通过插接器U05的3号和4号端子与多功能摄像头通过私有CAN总线通信并共享信号。同时U05的6号和7号端子通过CH CAN总线与信息娱乐系统、组合仪表、车身控制器、空调控制器、整车控制器、电子稳定控制系统、电子助力转向等控制器通信相互共享信息,从而实现自适应巡航、前向碰撞预警、自动紧急制动和盲区监测等系统的相关信息共享。

(2)后置毫米波雷达电路识读

① 供电接地电路识读:左侧和右侧后置毫米波雷达供电有两路。常电供电由驾驶室电器盒内的IF02 5A熔丝提供,分别供应至左侧和右侧后毫米波雷达的6号端子。左侧后置毫米波雷达的接地通过1号和9号端子在接地点G027处实现接地。右侧后置毫米波雷达的接地通过1号端子在接地点G034处实现接地。

② 通信电路:左侧后置毫米波雷达为主雷达发出左侧和右侧的报警信息;右侧后置毫米波雷达经3号和8号端子通过私有CAN总线向左侧后置毫米波雷达报告右侧的报警信息或目标信息。同时两个毫米波雷达分别通过2号和7号端子经CH CAN总线与信息娱乐系统、组合仪表、车身控制器、空调控制器、整车控制器、电子稳定控制系统、电子助力转向等控制器相互通信,从而实现盲区监测、开门预警、后方交通穿行提示3个功能。后置毫米波雷达通信如图6-3-4所示。

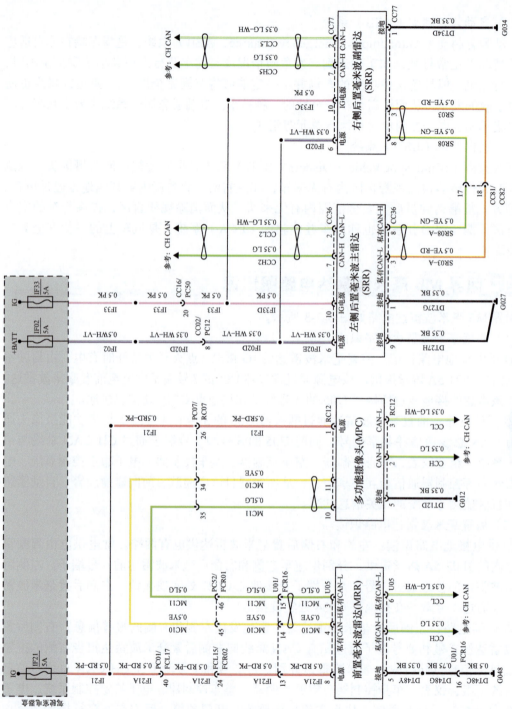

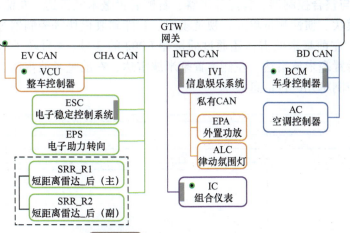

图 6-3-4 后置毫米波雷达通信

6.3.4 小鹏 P7 前中距毫米波雷达电路图识读

小鹏 P7 前中距毫米波雷达电路如图 6-3-5 所示。当点火开关处于 ON 挡位时，蓄电池将通过发动机舱熔丝盒内额定电流为 7.5A 的 FF18 熔丝提供供电，并通过发动机舱熔丝盒插接器 UB01 的 58 号端子输出，进而为中距测距雷达插接器 FP01 的 8 号端子供电。同时，中距测距雷达插接器 FP01 的 5 号端子将接地信号传导至搭铁点 GF071，确保接地连接的稳定性。

在信息共享方面，中距毫米波雷达产生的信号将通过总线系统与其他控制模块进行高效传输。具体而言，中距毫米波雷达通过插接器 FP01 的 6 号和 7 号端子所连接的 C-CAN 总线，与整合控制器、智能控制器、右侧后置毫米波雷达、左侧后置毫米波雷达、连续阻尼控制模块、惯性测量单元、视觉模块、智能驾驶模块灯控制器等实现信息共享；同时，通过插接器 FP01 的 3 号和 4 号端子所连接的 AD-CAN 总线和 S-CAN1 总线，与视觉模块、倒车雷达控制器、全景模块、智能控制器、整车控制器、倒车雷达控制器、惯性测量单元、智能驾驶模块、中央网关控制器等控制器实现信息的互联与共享。

6.3.5 小鹏 P7 短距毫米波雷达电路图识读

小鹏 P7 左前和右前短距毫米波雷达电路如图 6-3-6 所示。

如图 6-3-6 所示，小鹏 P7 的左前与右前毫米波雷达共同采用蓄电池常电进行供电。该常电供电经发动机舱熔丝盒内的 FF06 熔丝（额定电流 7.5A）输出，通过发动机舱熔丝盒插接器 UB01 的 5 号端子进行分配。随后，在特定节点处，该供电分为两路，分别传输至左前毫米波雷达插接器 FP02 的 8 号端子和右前毫米波雷达插接器 FP03 的 8 号端子。此外，两个毫米波雷达共享搭铁点设计。具体而言，左前毫米波雷达插接器 FP02 的 5 号端子与右前毫米波雷达插接器 FP03 的 2 号、5 号端子导出的接地信号在节点处汇合，最终通过搭铁点 GF071 实现接地连接。

在信号共享方面，左前毫米波雷达通过插接器 FP02 的 6 号、7 号端子所连接的

C-CAN总线，与整合控制器、智能控制器、右侧后置毫米波雷达、左侧后置毫米波雷达、连续阻尼控制模块、惯性测量单元、视觉模块、智能驾驶模块等控制器等多个系统实现信息互通。同时，左前毫米波雷达还通过插接器FP02的3号、4号端子所连接的S-CAN2总线，与右侧后置毫米波雷达、左侧后置毫米波雷达、右前毫米波雷达、智能控制器和智能驾驶模块等控制单元进行信息共享。

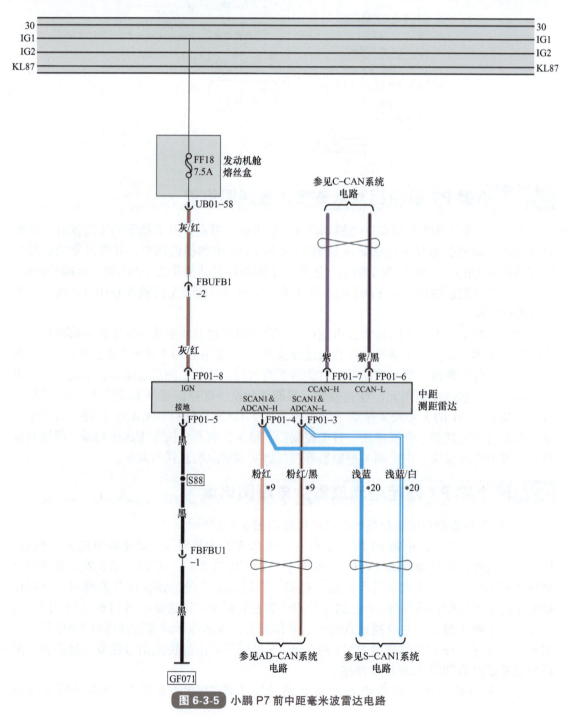

图6-3-5 小鹏P7前中距毫米波雷达电路

第6章 高级驾驶辅助系统（ADAS）基本组成与电路图识读

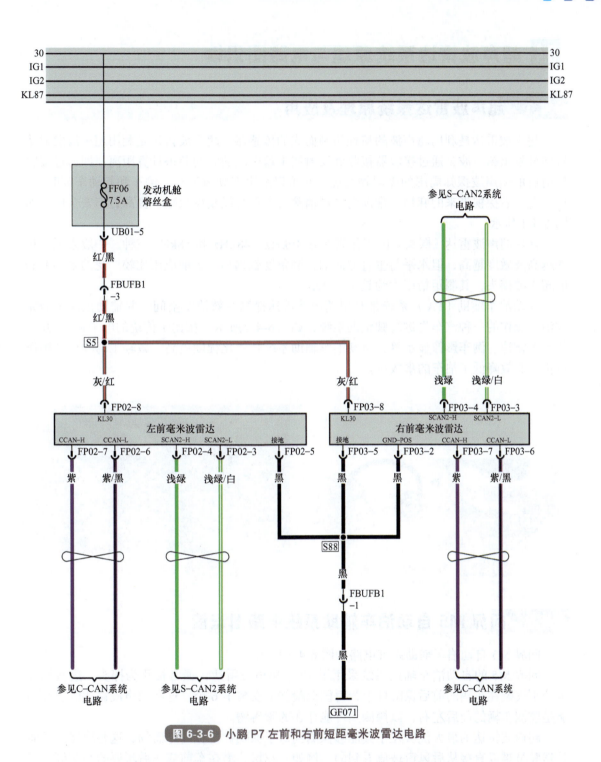

图 6-3-6　小鹏 P7 左前和右前短距毫米波雷达电路

类似地，右前毫米波雷达也通过其插接器 FP03 的 3 号、4 号端子所连接的 S-CAN2 总线，与右侧后置毫米波雷达、左侧后置毫米波雷达、左前毫米波雷达、智能控制器和智能驾驶模块等控制单元实现信息交互。

6.4 超声波雷达系统原理与电路图识读

6.4.1 超声波雷达系统原理及应用

超声波雷达是利用超声波的特性研制而成的传感器，超声波雷达是利用超声波发射装置向外发出超声波，通过接收器接收到反射回来超声波的时间差来计算距离，即通过接收反射后的超声波探知周围的障碍物情况。它可以解决驾驶员泊车、倒车和起动车辆时前、后、左、右探视带来的麻烦，帮助驾驶员消除盲点和视线模糊缺陷，提高行车安全性，如图 6-4-1 所示。

常用超声波雷达（探头）的工作频率有 40kHz、48kHz 和 58kHz 三种。一般来说，频率越高灵敏度越高，但水平与垂直方向的探测角度就越小，目前应用比较广泛的是 40kHz 的超声波探头，其测距精度大约是 1～3cm。

自动泊车辅助（PA）系统是利用超声波雷达探测有效泊车空间，并辅助控制车辆完成泊车操作的一种汽车先进驾驶辅助系统，如图 6-4-2 所示。相比于传统的电子辅助功能，如倒车雷达、倒车影像显示等，自动泊车辅助系统智能化程度更高，减轻了驾驶员的操作负担，有效降低了泊车的事故率。

图 6-4-1 超声波雷达示意图

图 6-4-2 自动泊车辅助系统

6.4.2 问界 M5 自动泊车辅助系统电路图识读

问界 M5 自动泊车辅助系统电路如图 6-4-3 所示。

问界 M5 的自动泊车辅助系统采用了 12 个超声波雷达，通常被称为探头。这些探头被分别安装在车辆的前后保险杠上，每侧保险杠上安装了 6 个。这些超声波雷达的主要功能是监测车辆的前后左右，以探测到可能存在的障碍物。

超声波雷达的最大优势在于其能够探测到低于保险杠位置的障碍物，这些障碍物可能是驾驶员难以直接从后风窗玻璃看到的。例如，花坛、蹲在车前或车后玩耍的小孩等。当超声波雷达探测到这些障碍物时，系统会发出报警声，以提醒驾驶员注意并采取相应的避障措施。

第6章 高级驾驶辅助系统（ADAS）基本组成与电路图识读

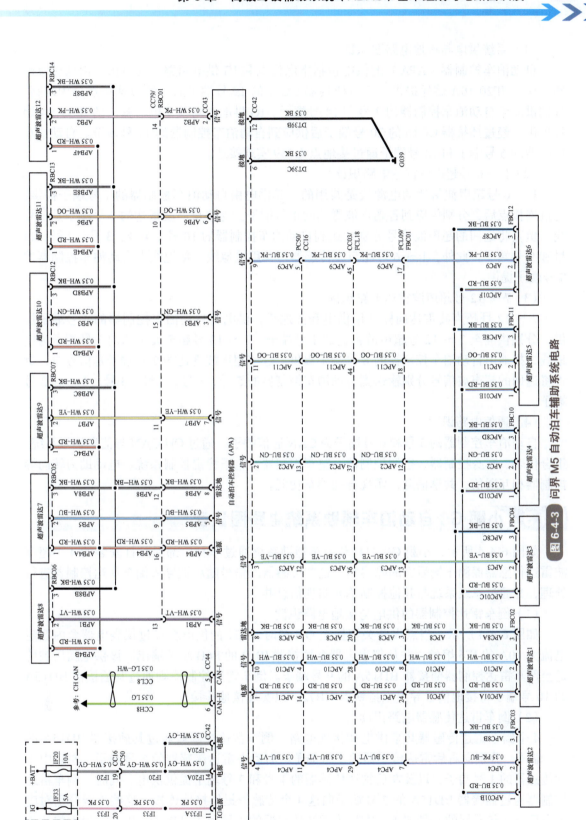

图 6-4-3 问界 M5 自动泊车辅助系统电路

(1) 系统供电与接地电路图识读

自动泊车控制器（APA）的供电包括常电供电和 IG 供电两路。常电供电由驾驶室电器盒中的 IF20 10A 熔丝提供，经过插接器 CC16 的 19 号端子后，经过连接点分为两路，分别供应给自动泊车控制器的 7 号和 14 号端子。IG 供电由驾驶室电器盒内的 IF33 5A 熔丝提供，经过插接器 CC16 的 20 号端子后供应到自动泊车控制器的 11 号端子。自动泊车控制器的 6 号端子和 12 号端子通过接地点 G039 实现接地。

(2) 1~6 号超声波雷达电路识读

1~6 号超声波雷达的电源线是共用的，其供电由自动泊车控制器的 1 号端子提供，经过连接点后，分别供应到各超声波雷达的 1 号端子。这些超声波雷达的 2 号端子是信号线，负责将返回的超声波信号分别输送到自动泊车控制器的 10 号、4 号、3 号、2 号、11 号和 9 号端子。此外，1~6 号超声波传感器还共用接地线，接地线由自动泊车控制器的 8 号端子提供。

(3) 7~12 号超声波雷达电路识读

7~12 号超声波雷达同样共用供电和接地线，供电由自动泊车控制器的 4 号端子提供，分别供应至 7~12 号超声波雷达的 1 号端子。7~12 号超声波雷达的 3 号端子为接地线，接地由自动泊车控制器的 8 号端子提供。这些超声波雷达的 2 号端子是信号线，负责将返回的超声波信号分别输送到自动泊车控制器的 5 号、1 号、7 号、3 号、6 号和 2 号端子。

(4) 通信电路识读

自动泊车控制器的 5 号和 6 号端子为 CAN 通信端子，通过 CH CAN 与信息娱乐系统、组合仪表、车身控制器、空调控制器、整车控制器、电子稳定控制系统、电动助力转向等控制器相互通信，共享信息，实现自动泊车功能。

6.4.3　小鹏 G9 自动泊车辅助系统电路图识读

如图 6-4-4 所示，小鹏 G9 的自动泊车辅助系统通过车身后部保险杠安装的 4 个超声波雷达传感器探测车辆后方的障碍物。这些传感器的信号随后被导入倒车雷达控制器进行处理，并通过总线系统与其他控制单元实现信息共享。

(1) 倒车雷达控制器的供电与接地电路识读

如图 6-4-4 所示，当点火开关切换至 ON 挡时，IG1 的供电会经过仪表电器盒内额定电流 10A 的 IF6 熔丝，并从仪表电器盒插接器 IPJB 的 F6B 端子输出。该供电随后被传送至倒车雷达控制器插接器 BD15A 的 9 号端子。倒车雷达控制器则通过其插接器 BD15A 的 10 号端子将接地信号导出至搭铁点 GB72，以实现接地连接。

(2) 倒车雷达传感器电路识读

4 个倒车雷达传感器共享供电和接地电路。倒车雷达控制器通过其插接器 BD15A 的 1 号端子，分别向右后雷达传感器的 1 号端子、右后中雷达传感器的 3 号端子、左后中雷达传感器的 1 号端子，以及左后雷达传感器的 1 号和 3 号端子提供供电。同时，倒车雷达控制器通过插接器 BD15A 的 2 号端子向这 4 个传感器提供接地连接，这些连接分别对应于右后雷达传感器的 4 号端子、右后中雷达传感器的 1 号和 4 号端子，以及左后中雷达传感器和左后雷达传感器的 4 号端子。此外，倒车雷达控制器还通过连接至插接器 BD15A

的 6 号端子（LIN 端子）接收 4 个雷达传感器发出的位置信号。

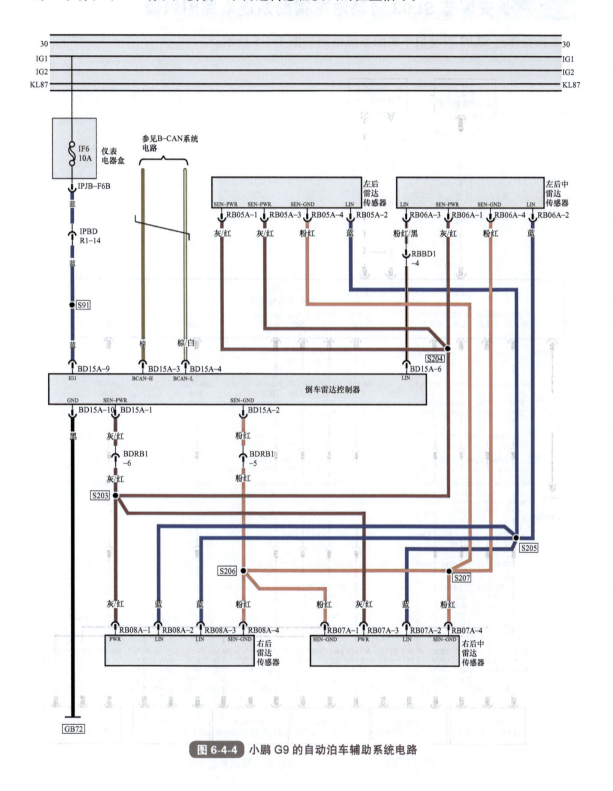

图 6-4-4　小鹏 G9 的自动泊车辅助系统电路

6.4.4 长安深蓝 SL03 自动泊车辅助系统电路图识读

长安深蓝 SL03 自动泊车辅助系统电路如图 6-4-5 所示。

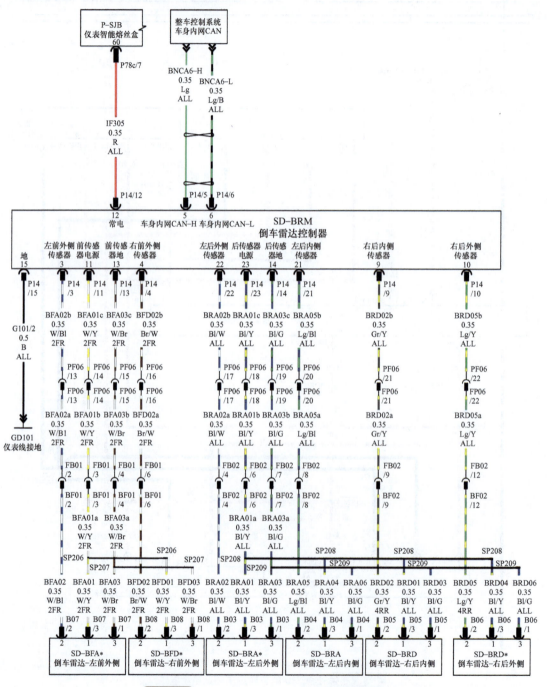

图 6-4-5　长安深蓝 SL03 自动泊车辅助系统电路

（1）倒车雷达控制器的供电与接地

仪表智能熔丝盒稳定地向倒车雷达控制器的 12 号端子提供常电供电，确保控制器持续稳定工作。同时，倒车雷达控制器通过其 15 号端子将接地信号导出，并传输至仪表线束搭铁点 GD101，实现可靠的接地连接。

（2）前倒车雷达传感器的电路

如图 6-4-5 所示，倒车雷达 – 左前外侧与倒车雷达 – 右前外侧共享供电和接地线路，以提高系统的集成度和可靠性。倒车雷达控制器通过其 11 号端子输出的供电分别经由插接器 B07 和 B08 的 3 号端子，为左前外侧和右前外侧倒车雷达传感器的 1 号端子提供稳定电力。

左前外侧和右前外侧倒车雷达传感器的 3 号端子分别输出接地信号，这些信号通过插接器 B07 和 B08 的 1 号端子传递至倒车雷达控制器的 13 号端子，由控制器进行精确的接地控制。

此外，左前外侧和右前外侧倒车雷达传感器通过各自的 2 号端子输出传感器信号，这些信号经插接器 B07 和 B08 的 2 号端子，分别传送至倒车雷达控制器的 3 号和 4 号端子，供控制器进行分析处理。

（3）后倒车雷达传感器电路

长安深蓝 SL03 车辆的后保险杠上已配备 4 个倒车雷达，如图 6-4-5 所示。这 4 个倒车雷达共享同一供电和接地电路系统。具体而言，倒车雷达控制器通过其 23 号端子为 4 个后倒车雷达的 1 号端子提供电源供给。各倒车雷达的接地信号则由其 3 号端子独立输出，并统一连接至倒车雷达控制器的 14 号端子。

此外，倒车雷达控制器通过其 22 号、21 号、9 号和 10 号端子，分别接收来自左后外侧、左后内侧、右后内侧和右后外侧倒车雷达的传感器信号，以确保车辆倒车过程中的安全监测与精准控制。

6.5 多功能摄像头系统作用、应用及电路图识读

6.5.1 多功能摄像头作用与应用

摄像头也称视觉传感器，可以采集图像，将图像转换为二维数据；然后，对采集的图像（车道、行人、车道线、交通标志等）进行模式识别，通过图像匹配算法识别行驶过程中的车辆、行人、交通标志等；最后，依据目标物体的运动模式或使用双目定位技术，以估算目标物体与本车的相对距离和相对速度。

车载摄像头主要用于检测路面的车道线、障碍物、交通标识牌、地面标识、交通信号和通行空间。

（1）交通拥堵辅助系统

交通拥堵辅助（Traffic Jam Assistant，TJA）系统，在堵车时候，为驾驶员提供一定的辅助系统，缓解驾驶员的疲劳。它是 ACC 功能的一个拓展版，可以跟 ACC 一样走走停停，但增加了轻微转向调整的功能，称之为集成式巡航系统（ICA）。毫米波雷达和前

置摄像头将前方车辆流量、道路边界、车道宽度前车车距、自车的转向角等信息反馈给车距控制单元。

（2）智能远光灯功能

智能远光灯（HMA）功能是根据交通和环境因素来请求开启或关闭远光灯，此功能可以在夜间行车中实现前照灯的优化使用。

系统识别的相关交通参与者包括 ECE R48 定义的相向和同向行驶车辆，ECE R50 定义的相向和同向行驶的摩托车以及相向行驶的自行车。

功能激活参考的环境包括充足照明，可以根据多个路灯存在、数字地图对城镇区域的指示以及外界环境亮度高于阈值来判断。

（3）车道辅助系统

车道辅助（LAS）系统包含：车道偏离预警（LDW）、道路偏离辅助（RDP）。

车道偏离辅助功能在自身车辆发生了无意识车道偏离的情况下对驾驶员进行告警。无意识的车道偏离既包括已经发生的车道偏离，也包括即将发生的车道偏离。对驾驶员的告警可以减少侧向碰撞以及其他相关事故的发生。

道路偏离辅助通过控制电动助力转向（EPS）系统为驾驶员提供转向控制，并阻止车辆在驾驶员未意识到的情况下偏离自身车道。RDP 可以在车辆即将到达车道边界的时候预先作用，因此，可以减少侧向碰撞以及其他相关事故。此功能不支持自动驾驶，所以驾驶员脱手驾驶会触发警告。

在车道边线可见的情况下，车道辅助（LAS）系统使用视频系统的车道边线探测系统，测量自身车辆与车道两侧边缘线的相对距离与方位。除了使用这些几何信息触发告警，环境因素也会被检查用以抑制相关的警告。车道辅助系统如图 6-5-1 所示。

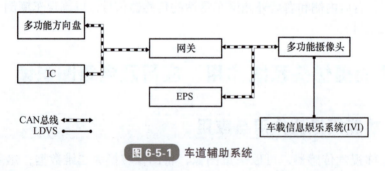

图 6-5-1 车道辅助系统

（4）交通标识识别系统（TSR/SLA）

TSR/SLA 监视道路上与车辆限速关联的交通标志，识别后发送提示驾驶员。该信息也可以与来自导航系统的限速信息进行融合，得出最终限速显示给驾驶员。限速信息通过车辆总线发送，并且通过仪表盘或者抬头显示提醒驾驶员。在超速情况下，此功能可以通过提供限速信息或超速报警来提醒驾驶员。

（5）全景影像系统

全景影像系统是由前泊车辅助系统（APA）摄像头、后 APA 摄像头、外后视镜摄像头（左、右 APA 摄像头）、全景泊车控制器、车载信息娱乐系统（IVI）、中控显示屏等组成，如图 6-5-2 所示。

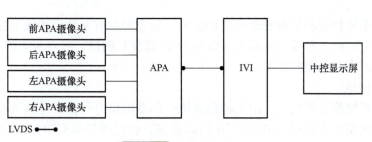

图 6-5-2 全景影像系统

全景影像系统通过安装在车辆前后左右 4 颗鱼眼摄像头采集车辆四周影像，经过实时图像畸变还原对接技术对图像进行处理，最终形成一幅无缝完整的车周全景鸟瞰图，并通过中控屏显示出来的泊车辅助系统。该系统能减小视野盲区，帮助用户顺利泊车入位，提高窄路、窄巷等场景的通过性。

（6）疲劳驾驶预警系统

疲劳驾驶预警系统（Driver Fatigue Monitor System）是指驾驶员精神状态不佳或进入浅层睡眠时，系统会依据驾驶员精神状态指数分别给出语音提示、振动提醒、电脉冲警示等，警告驾驶员已经进入疲劳状态，需要休息。其功用是监视并提醒驾驶员自身的疲劳状态，减少驾驶员疲劳驾驶的潜在危害。

疲劳驾驶预警系统也称为防疲劳预警系统、疲劳识别系统、注意力警示辅助系统、驾驶员安全警告系统（DAC）等。

问界 M5 疲劳驾驶预警系统控制原理和逻辑如图 6-5-3 所示。

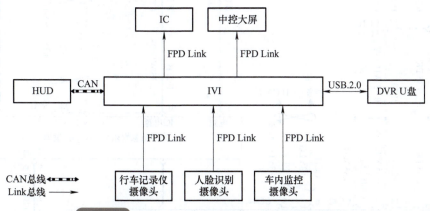

图 6-5-3 问界 M5 疲劳驾驶预警系统控制原理和逻辑

系统通过人脸识别摄像头输出视频信号到 IVI，IVI 对视频进行处理，通过相应算法进行疲劳检测。车内监控摄像头提供视频信号到 IVI，IVI 对视频进行处理，通过相应算法进行车内监控。行车记录仪摄像头提供视频信号到 IVI，IVI 对视频进行处理，处理视频和图片信息传输到 DVR 存储接口进行存储。

6.5.2 问界 M5 全景影像系统电路图识读

问界 M5 全景影像系统电路如图 6-5-4 所示。

泊车辅助系统控制器采集安装在车辆前方、后方和左右室外后视镜下方的 4 颗鱼眼摄像（鱼眼摄像头可独立实现大范围无死角的 360° 监控）图像，并对采集的图像进行处理，形成一幅完整的全车鸟瞰拼接图，并在中控屏上显示出来。

（1）系统供电

泊车辅助系统控制器供电：泊车辅助系统控制器的供电包括常电供电和 IG 供电两路。常电供电由驾驶室电器盒中的 IF20 10A 熔丝提供，经过插接器 CC16 的 19 号端子后，经过连接点分为两路，分别供应给泊车辅助系统控制器的 7 号和 14 号端子。IG 供电由驾驶室电器盒内的 IF33 5A 熔丝提供，经过插接器 CC16 的 20 号端子后供应到泊车辅助系统控制器的 11 号端子。泊车辅助系统控制器的 6 号端子和 12 号端子通过接地点 G039 实现接地。

车载信息娱乐系统控制器供电：车载信息娱乐系统控制器的供电也包括常电供电和 IG 供电两路。常电供电由驾驶室电器盒中的 IF06 15A 熔丝提供，供应到车载信息娱乐系统控制器的 1 号端子。IG 供电由驾驶室电器盒内的 IF28 5A 熔丝提供，供应到车载信息娱乐系统控制器的 10 号端子。

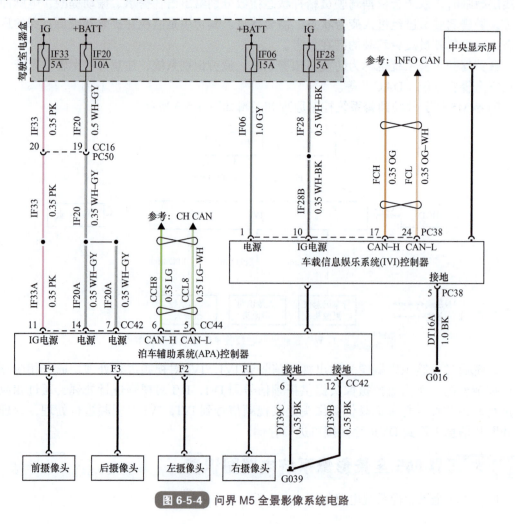

图 6-5-4 问界 M5 全景影像系统电路

（2）系统工作原理

泊车辅助系统控制器通过 F1 号、F2 号、F3 号、F4 号端子采集 4 个鱼眼摄像头的图像，经过处理后，通过 CH CAN 总线与车载信息娱乐系统控制器进行通信。车载信息娱乐系统控制器接收处理后的环境图像信号，进一步处理后传输给中央显示屏，最终在中央显示屏上显示完整的全车鸟瞰拼接图。

6.5.3 小鹏 G9 全景影像系统电路图识读

小鹏 G9 全景影像系统电路如图 6-5-5 所示。

如图 6-5-5 所示，小鹏 G9 的全景影像系统通过全景模块接收 4 颗全景摄像头的数据信息，并进行处理与拼接。之后，全景模块与中央显示屏进行通信，将处理后的车辆全景状态信息在中央显示屏上予以展示。

（1）全景模块的供电接地电路

全景模块的供电系统由两路常电供电和一路 IG1 供电共同构成。蓄电池常电供电流经仪表电器盒内额定电流为 7.5A 的 IF21 熔丝后，通过仪表电器盒插接器 IPJB 的 F21B 号端子输出，随后经过 S134 节点分为两路，分别供应至全景模块插接器 BD54 的 1 号和 2 号端子。当点火开关处于 ON 挡位时，IG1 供电流经仪表电器盒内额定电流为 7.5A 的 IF3 熔丝后，通过仪表电器盒插接器 IPJB 的 F3B 号端子输出，供应至全景模块插接器 BD54 的 3 号端子。全景模块通过插接器 BD54 的 9 号和 10 号端子导出接地信号至搭铁点 GB51，以实现其接地连接。

（2）全景摄像头电路

全景模块通过插接器 CMR_F&R 的 1 号和 2 号端子，分别为全景前、后摄像头提供供电，并接收这两个摄像头的数据信息。同时，全景模块还通过插接器 CMR_L&R 的 1 号和 2 号端子，为全景右、左摄像头提供供电，并接收这两个摄像头的数据信息。4 个摄像头所采集的数据信息，经过全景模块的处理与拼接后，通过插接器 CMR_0 的 1 号端子输出至中央显示屏。

6.5.4 蔚来 ES8 全景影像系统电路图识读

蔚来 ES8 全景影像系统电路如图 6-5-6 所示。该系统采用 4 颗环视摄像头，分别布置于车辆的前、后、左、右位置，负责捕捉相关区域的环境信息，随后将这些数据传输至中央计算集群进行处理和整合，最终生成车辆的全景视图，并在中控屏上直观呈现。

（1）中央计算集群供电接地电路识读

中央计算集群的供电供应由仪表板熔丝盒与行李舱熔丝盒共同完成。其中，仪表板熔丝盒通过内部两个额定电流为 30A 的熔丝 IF10 和 IF16，分别为 ADAS 系统提供从供电 1 和从供电 2。这两条供电线路经由仪表板熔丝盒插接器 MAIN60 的 28 号和 51 号端子，输送至中央计算集群插接器 MAIN320 的 9 号和 13 号端子。

与此同时，行李舱熔丝盒也提供 ADAS 系统的主供电 1 和主供电 2。具体而言，蓄电池的供电经过行李舱熔丝盒内两个额定电流为 30A 的熔丝 TF08 和 TF10，分别通过行李舱熔丝盒插接器 MAIN297 的 23 号和 25 号端子，输送至中央计算集群插接器 MAIN319 的 14 号和 12 号端子。

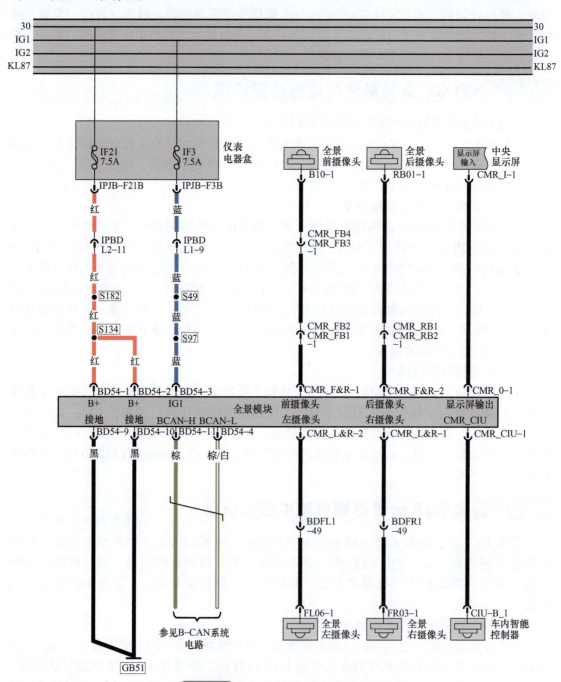

图 6-5-5　小鹏 G9 全景影像系统电路

在接地方面，中央计算集群通过插接器 MAIN319 的 9 号和 13 号端子，将接地信号导出至搭铁点 G209_1（s），实现接地连接。同时，也通过插接器 MAIN320 的 12 号和 14 号端子，将接地信号导出至搭铁点 G209_2（s），确保系统的稳定接地。

第6章 高级驾驶辅助系统（ADAS）基本组成与电路图识读

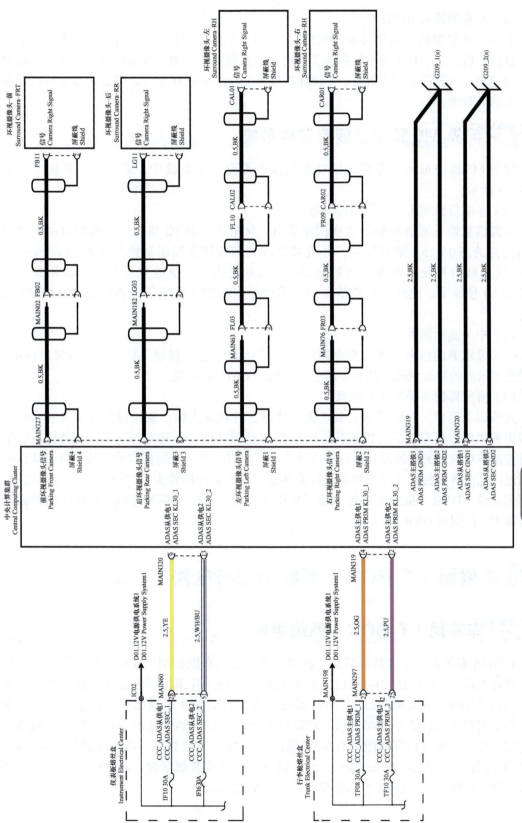

图 6-5-6 蔚来 ES8 全景影像系统电路

(2)环视摄像头电路图识读

中央计算集群通过插接器 MAIN327 的 3 号、4 号、1 号和 2 号端子，分别精准地接收来自前、后、左、右 4 颗环视摄像头所传输的数据信号。为了确保数据信号在传输过程中的稳定性、可靠性及抗干扰性，4 颗环视摄像头与中央计算集群之间的连接导线均配备了专业的屏蔽线。

6.5.5 问界 M5 驾驶员疲劳监控系统

问界 M5 驾驶员疲劳监控系统功能集成在影音娱乐系统中，影音娱乐系统电路如图 6-5-7 所示。

（1）车载信息娱乐系统控制器供电

车载信息娱乐系统控制器接受两路供电：常电供电和 IG 供电。常电供电由驾驶室电器盒内的 IF06 15A 熔丝提供，并直接供应到车载信息娱乐系统控制器的 1 号端子。而 IG 供电则由驾驶室电器盒内的 IF28 5A 熔丝提供，并供应到车载信息娱乐系统控制器的 10 号端子。此外，车载信息娱乐系统控制器的 5 号端子在搭铁点 G016 处实现接地。

（2）中央显示屏供电

中央显示屏的供电由驾驶室电器盒内的 IF14 10A 熔丝提供，该路供电为常电供电。而中央显示屏的接地则通过其 4 号端子在搭铁点 G019 处实现。

（3）疲劳驾驶预警系统工作原理

人脸识别摄像头时时检测驾驶员面部状态，并将从人脸识别摄像头的 1 号和 2 号端子输出视频信号至车载信息娱乐系统控制器 J6 插接器的 5 号和 6 号端子，车载信息娱乐系统控制器对视频进行处理，通过相应算法进行疲劳检测。检测到驾驶员处于疲劳状态时会通过声光电等多种形式提醒驾驶员注意休息。车内监控摄像头（CMS）进行车内监控。行车记录仪（DVR）摄像头协助人脸识别摄像头进行监控视频的存储，将监控视频通过插接器 J13 存储到 DVR 储存内。

6.6 车联网（T-BOX）系统组成与电路图识读

6.6.1 车联网（T-BOX）系统组成

T-BOX 系统具备车辆数据采集、故障诊断、远程车辆控制、车辆定位、驾驶行为分析、轨迹查询、I-CALL、B-CALL、E-CALL 等功能，并预留配置备用电源。通过全球定位系统（GPS）和 CAN 总线采集车辆的当前位置信息和车辆数据，再进行打包，通过长期演进技术（LTE）将相关信息传输到平台。实现车辆信息的远程采集、车辆的远程监控、驾驶行为分析等功能。T-BOX 通过外部 MIC 和内置扬声器实现紧急通话功能。T-BOX 内置 G 传感器（G-sensor），当车辆发生碰撞或者翻车时，自动向平台发出紧急报警信号。车联网（T-BOX）系统组成如图 6-6-1 所示。

第6章 高级驾驶辅助系统（ADAS）基本组成与电路图识读

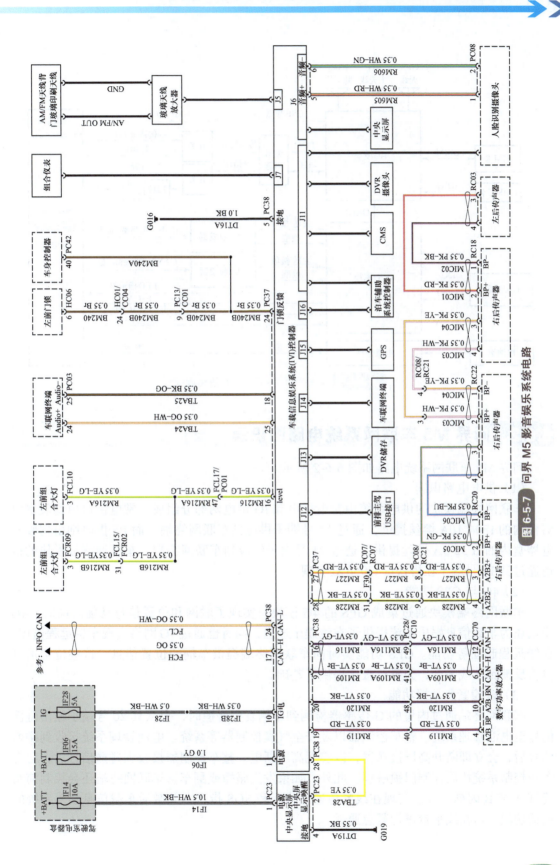

图 6-5-7 问界 M5 影音娱乐系统电路

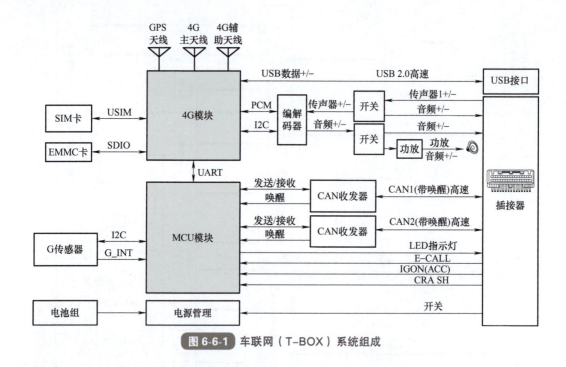

图 6-6-1 车联网（T-BOX）系统组成

6.6.2 问界 M5 车联网系统电路图识读

问界 M5 车联网系统电路如图 6-6-2 所示。
（1）供电电路识读

车联网终端模块的供电系统由常电供电和 IG 供电两部分组成。常电供电由驾驶室电器盒内的 IF04 10A 熔丝提供，通过 15 号端子供应到车联网终端。而 IG 供电则由驾驶室电器盒内的 IF32 5A 熔丝提供，通过 21 号端子供应到车联网终端。车联网终端模块的接地通过其 16 号端子在搭铁点 G056 处实现。

（2）4G 与 GPS 功能

车联网终端模块通过集成 GPS 的 4G 模块，实现了联网和位置信息功能。同时，4G 模块还为车载信息娱乐系统提供了在线娱乐通道，同时也通过4G 网络实现车辆远程监控、在线远程起动等功能。GPS 功能实时向车联网终端提供车辆的位置信息，这些位置信息也将反馈到在线平台，为事故救援提供了基础。

（3）碰撞紧急救援功能

车联网终端通过内置的 G 传感器检测到车辆发生碰撞时，会从其 20 号端子输出碰撞信号至电池管理系统、整车控制器以及安全气囊控制器等系统。电池管理系统接收到碰撞信号后，会立即断开高压接触器，以实现高压断电。整车控制器接收到碰撞信号后，会与车身控制系统协同控制门锁解锁。此外，如果发生碰撞或翻车，车联网终端还会控制前阅读灯 A 和 B 闪烁，分别实现在线紧急通话指示和 SOS 指示，并激活车载信息娱乐系统的通话功能，与在线平台进行紧急通话。

第6章 高级驾驶辅助系统（ADAS）基本组成与电路图识读

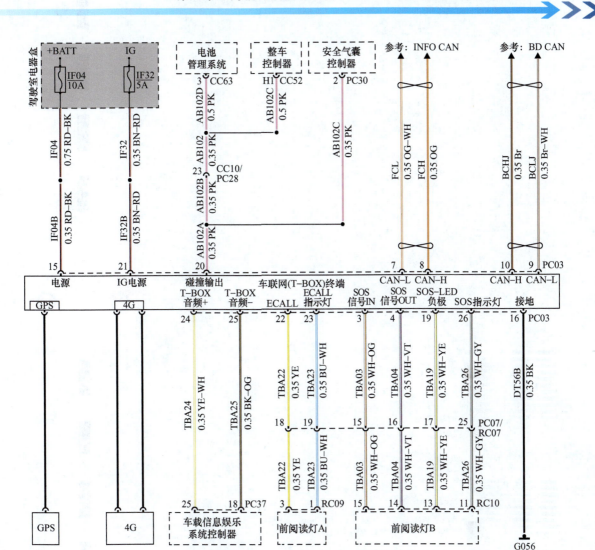

图 6-6-2 问界 M5 车联网系统电路

（4）通信功能

车联网终端的7号和8号端子是INFO CAN总线端子，主要用于与诊断口、组合仪表、时钟弹簧、车载信息娱乐系统、抬头显示系统等设备进行通信和数据交换。

车联网终端的9号和10号端子是BD CAN总线端子，主要用于连接诊断口、车身控制器、组合开关、驾驶员座椅控制器、前排乘客座椅控制器、尾门灯带、NFC进入控制器、四门外拉手控制器、后排加热控制器、电动门控制器、左右后组合灯等设备。这些设备通过BD CAN总线实现车门解锁、座椅加热断开、座椅位置调节等功能。

第 7 章

Chapter 7

常见品牌汽车电路图特点及识读方法

7.1 大众汽车电路图

7.1.1 大众汽车电路图特点

大众汽车电路图为使表达清晰，使用不同的符号代表不同的元器件。使用不同的数字和字母组合来代表配电盘上的每个接角，如 Z2、Y13。并且在每根导线上都标注有线径和线色。电路图中的导线为经线纬线连接，使用地址码表示连接位置。

（1）大众汽车电路图的组成

大众汽车电路图分为外线部分、内部连接部分、元器件部分、继电器/熔丝及其连接部分。

外线部分用粗实线在电路图中画出，集中在电路图的中间部分，每条线上都有导线颜色及线径的标注。线段都用接线柱号或插口号表示其连接关系。

内部连接部分在图上以细线画出。这部分连接是存在的，但线路是不可见的。标示线路只是为了说明这种连接关系。同时，使电路图更加容易被理解。

元器件部分在电路图中是主体，在图中用框图辅以相应的标号表示。每一个元器件都有一个代号，如 A 表示蓄电池；V7 表示散热器风扇等。电器元件的接线点都用标号标出，标号在元器件上可以找到。例如，起动机 B，有两个接点，一个标号 30，一个标号 50。

继电器/熔丝及其连接部分，在图的上部用灰色表示，灰色区域内部水平线为电源正极导线，如有 30、15、X 等。反映的内容有：继电器位置号、继电器名称、中央配电盒上插接件符号、中央配电盒上连接件符号、熔丝坐标号及熔丝容量等。

（2）所有电路纵向排列、相互不交叉

大众车系汽车电路图采用了断线代号法来处理线路复杂交错的问题。例如，假设某一条线路的上半段在电路序号为 52 的位置上，下半段电路在电路接续号为 122 的位置上。这时，在上半段电路的终止处画一个标有 122 的小方格，在下半段电路的开始处也有一小方格，内标有 52，通过 52 和 122 就可以将上、下半段电路连在一起了，这里以大众新捷达 2016 款 1.6L 发动机控制系统为例介绍电路中地址码与电路续接号的连接关系对比，如图 7-1-1 所示。

（3）整个电路以中央配电盒为中心

大众车系汽车电路图在表示线路走向的同时，还表达了线路的结构情况。中央配电盒的正向插有各种继电器和熔丝。

（4）节点标记具有固定含义

在大众车系汽车电路图中经常遇到接点标记的数字及字母，它们都具有固定的含义。如数字 30 代表的是来自蓄电池正极的供电线，数字 31 代表接地线，数字 15 代表来自点火开关的点火供电线，数字 50 代表点火开关在起动挡时的起动供电线，X 代表受控的大容量用电设备供电线（来自卸荷继电器的供电线）等。无论这些标记出现在电路的什么地方，相同的标记都代表相同的接点，具有相同的功能。大众车系节点标记及端子代号详解见表 7-1-1。

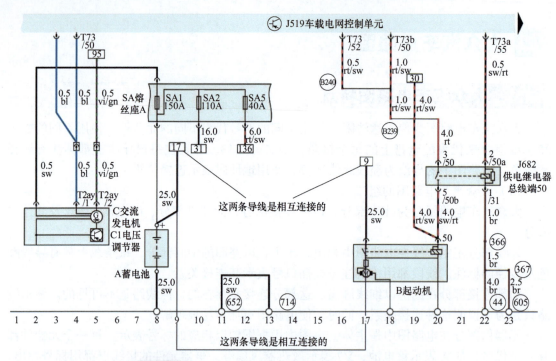

图 7-1-1 大众车系地址码与电路续接号的连接关系对比

表 7-1-1 大众车系节点标记及端子代号详解

端子	含义	端子	含义
15	蓄电池后由开关控制的正极（来自点火/起动开关的端子）	56d	变光开关上的超车接线柱
15a	由点火/起动开关控制的正极（熔丝后）	58	侧灯、尾灯、牌照灯
30	直接由蓄电池正极输出	58d	开关和仪表板照明（照明亮度调节）
30a	直接由蓄电池 E 极输出（熔丝后）	58L	左侧灯、尾灯和停车灯
31	蓄电池负极，或车辆接地	58R	右侧灯、尾灯和停车灯
49a	警报闪光器和警报开关互相连接的接线柱	71a	方向盘喇叭控制的电信号
50	点火/起动开关用于起动电机的输出	75	在起动时由点火/起动开关控制的用于切断用电器并保证蓄电池电流的输出端子
50b	告知车身控制器，车辆处于点火瞬间的电信号	85	继电器上，绕组末端输出接线柱
54	制动灯	86	继电器上，绕组始端输入接线柱
56	灯光开关用于变光和远光切换的输出	86s	将钥匙从点火/起动开关拔下后由点火/起动开关切断正极
56a	远光	87	继电器上常开触点输出接线柱
56b	变光	BLL	左转向灯

(续)

端子	含义	端子	含义
BLR	右转向灯	P	停车灯供电
BLS	2 制动开关信号	NSL	后雾灯
BTS	1 制动开关信号	PR	右侧驻车灯
LIN	局域互联网	PL	左侧驻车灯
GND	接地	Xr	雾灯供电
NL	前雾灯	TK	车门触点
K	控制单元的诊断导线	Xz	大灯供电

7.1.2 大众汽车电路图符号及导线颜色

（1）大众车系电路图形符号

大众车系电路中的元器件图形符号见表 7-1-2。

表 7-1-2 大众车系电路中的元器件图形符号

图形符号	电路中的含义	图形符号	电路中的含义
	线束的插头连接		元件上的插头连接
	元件上的可拆卸式导线连接	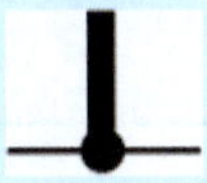	不可拆卸式导线连接
	元件内部导线连接		熔丝
	手动开关		按键开关
	机械开关	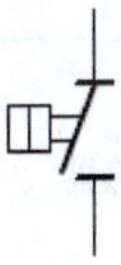	压力开关

（续）

图形符号	电路中的含义	图形符号	电路中的含义
	温控开关		多挡手动开关
	电阻		可变电阻
	温控电阻		电动机
	灯泡		双丝灯泡
	二极管		发光二极管
	继电器		电子控制继电器
	仪表		电容器
	点烟器		火花塞插头
	电子控制器		屏蔽线
	线圈		氧传感器
	霍尔传感器		爆燃传感器

(续)

图形符号	电路中的含义	图形符号	电路中的含义
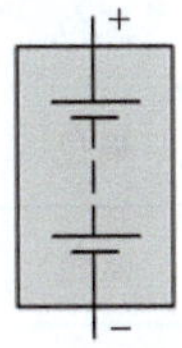	蓄电池	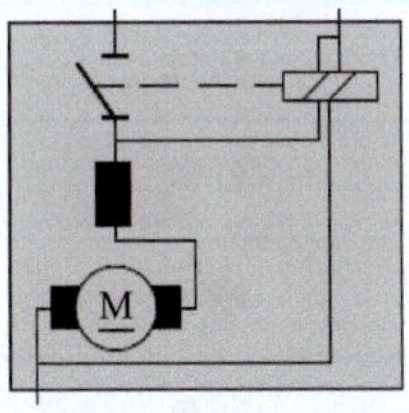	起动机
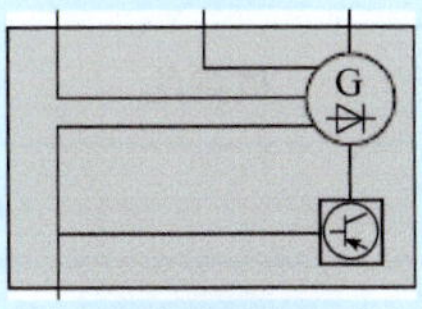	交流发电机	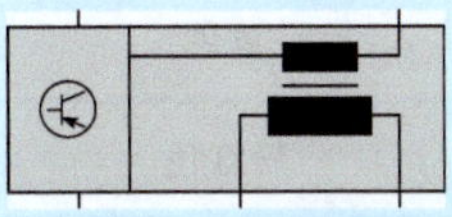	点火线圈
	数字时钟	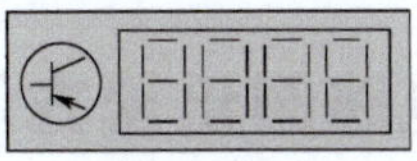	多功能显示
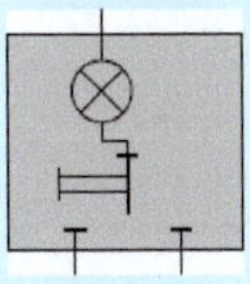	内部灯	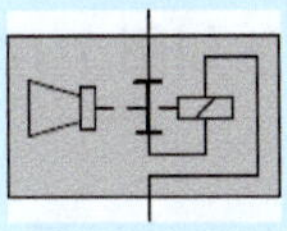	喇叭
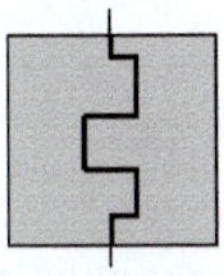	可加热后窗玻璃	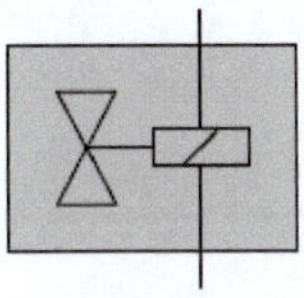	电磁阀
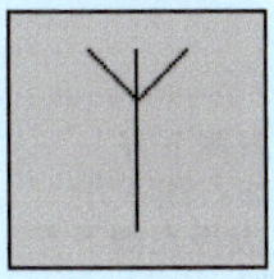	天线	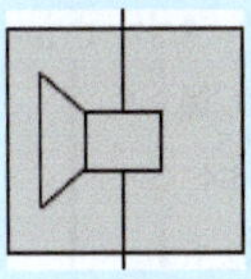	收音机喇叭
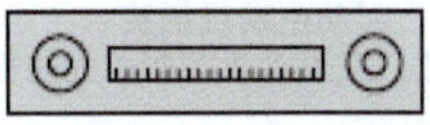	收音机		过热熔丝
	螺旋弹簧	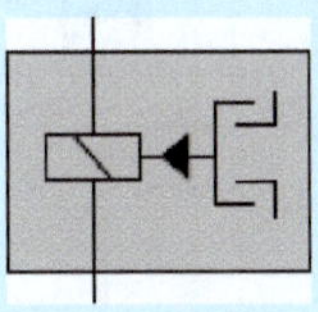	换挡杆锁电磁阀

（2）大众车系电路图线色

大众车系电路图导线颜色与车辆中线束颜色一致，采用单色和双色（条纹色）并用的方式。双色线条前面的颜色为底色，后面的颜色为条纹色，如 bl/gn 即为蓝色底色带有绿色条纹状的导线。大众车系导线颜色英文对比见表 7-1-3。

表 7-1-3　大众车系导线颜色英文对比

英文缩写	导线颜色	英文缩写	导线颜色
ws	白色	sw	黑色
ro/rt	红色	br	褐色
gn	绿色	bl	蓝色
gr	灰色	li/vi	淡紫色
ge	黄色	or	橘黄色
rs	粉红色		

7.1.3　大众汽车电路图识读方法

大众汽车电路图识读方法如图 7-1-2 和图 7-1-3 所示。

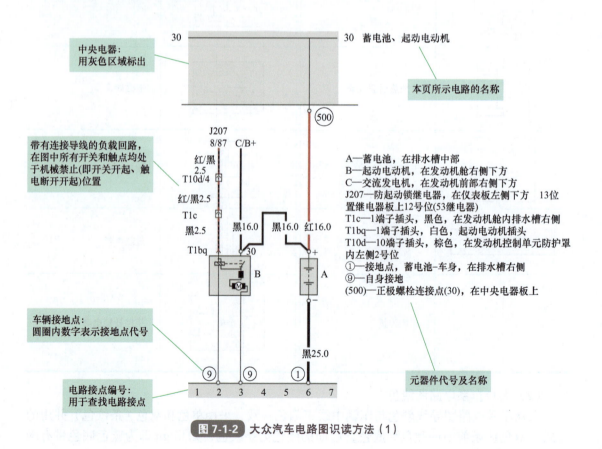

图 7-1-2　大众汽车电路图识读方法（1）

第 7 章 常见品牌汽车电路图特点及识读方法

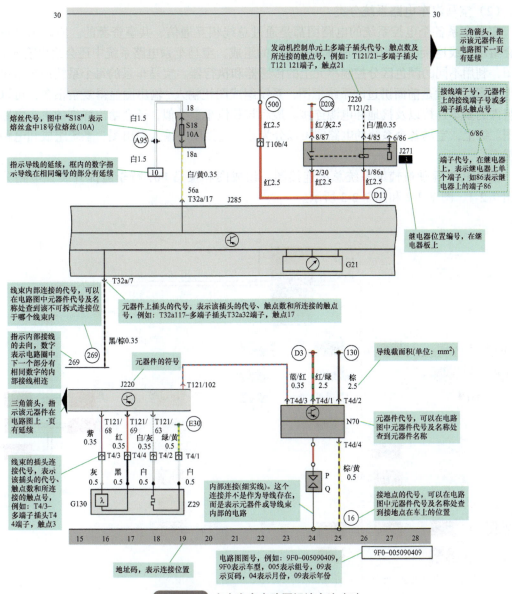

图 7-1-3 大众汽车电路图识读方法（2）

7.2 宝马汽车电路图

7.2.1 宝马汽车电路图特点

（1）宝马汽车电路图组成

宝马汽车功能多，电子装置数量多，造成汽车电路图系统非常庞大。但宝马车系电路图都是有相互独立的系统组成，只要借助一些规则将这些系统各个击破，便能轻松读懂宝马车系电路图。

（2）宝马汽车电路系统分类

宝马车系各个电控系统的电路图都是通过总线相互通信、共享资源的。所以每个系统都会给出总线连接图。为便于理解相关系统的组成，宝马车系电路系统中还会给出输入/输出图，利用不同的颜色区分控制单元上的传感器和执行器。宝马车系的每个系统还会给出系统组成图，也就是前面讲过的系统框图，系统组成图比输入/输出图显得复杂很多，可以看出组件的基本连接以及接地和电源连接。最后与其他车型类似，还会给出详细的汽车电路原理图。综上，宝马各个系统的电路图可以分为总线连接图、输入输出图、系统组成和电路原理图。

宝马F18驾驶员辅助系统总线连接图、组成图和宝马F07行李舱提升装置电路分别如图7-2-1、图7-2-2和图7-2-3所示。

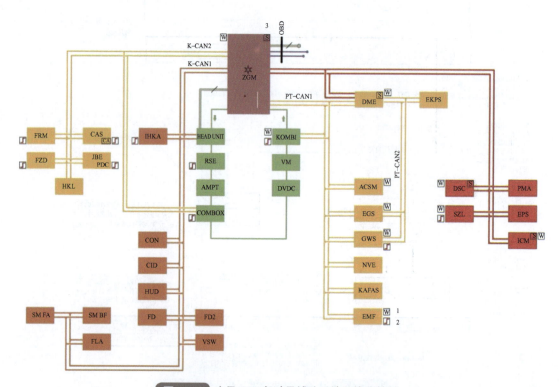

图 7-2-1　宝马F18驾驶员辅助系统总线连接图

1—可唤醒式控制单元　2—有唤醒权限的控制单元　3—用于FlexRay总线系统起动和同步的起动节点控制单元
ACSM—碰撞和安全模块　AMPT—顶级高保真音响放大器　CAS—便捷登车及起动系统　CID—中央显示屏
CON—控制器　DME—数字式发动机电子系统　DSC—动态稳定控制系统
DVDC—换碟机　EGS—变速器电子控制系统　EKPS—电子燃油泵控制系统　EMF—电子机械式驻车制动器
FD—后座区显示屏　FD2—后座区显示屏2　FLA—远光灯辅助系统　FRM—脚部空间模块　FZD—车顶功能中心
GWS—选挡开关　HEAD UNIT—CIC或CIC Basic Ⅱ　HKL—行李舱举升装置
HUD—平视显示屏　ICM—集成式底盘管理系统　IHKA—自动恒温空调　JBE—接线盒电子装置
KAFAS—基于摄像机原理的驾驶员辅助系统　K-CAN1—车身控制器局域网络1　K-CAN2—车身控制器局域网络2
KOMBI—组合仪表　NVE—夜视系统电子装置　OBD—诊断插座　RSE—后座区娱乐系统
SMBF—副驾驶员座椅模块　SMFA—驾驶员座椅模块　SZL—转向管柱开关中心
VM—视频模块　VSW—视频开关　ZGM—中央网管模块　EPS—电子助力转向　PMA—驻车辅助系统控制单元
注：多出的图注适用于其他宝马汽车。

第7章 常见品牌汽车电路图特点及识读方法

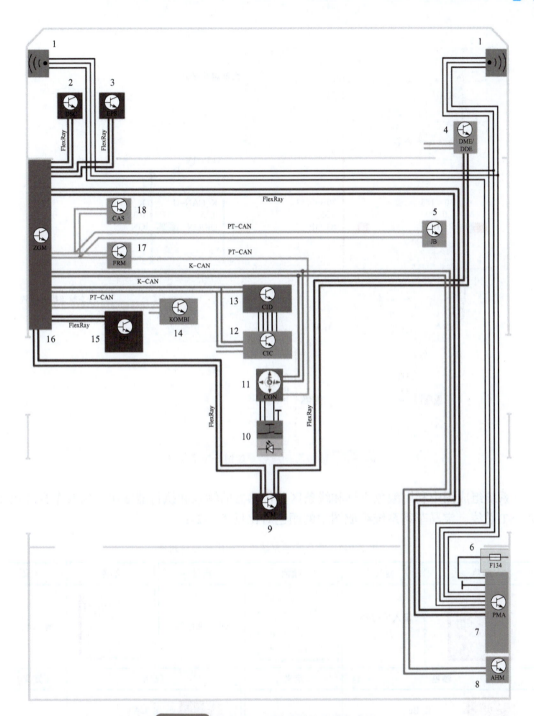

图7-2-2 宝马F18驾驶员辅助系统组成图

1—驻车辅助系统超声波传感器　2—动态稳定控制（DSC）系统　3—电子助力转向（EPS）系统
4—数字式发动机/柴油机电子（DME）系统　5—带有接线盒电子装置的接线盒JB　6—行李舱配电盒
7—驻车辅助系统控制单元（PMA）　8—挂车模块（AHM）　9—集中式底盘管理系统（ICM）　10—中控台上的驻车按钮
11—控制器（CON）　12—车辆信息计算机（CIC）　13—中央显示屏（CID）　14—组合仪表（KOMBI）
15—转向管柱开关中心（SZL）　16—中央网管模块（ZGM）　17—脚部空间模块（FRM）
18—便捷登车及起动系统（CAS）

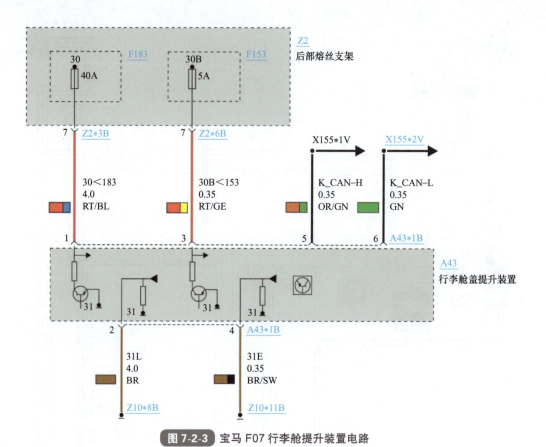

图 7-2-3 宝马 F07 行李舱提升装置电路

系统组成图中利用颜色方框和线条区分传感器的输入和执行器输出,以及车身总线和 MOST 总线。宝马车系系统组成图中的颜色对比见表 7-2-1。

表 7-2-1 宝马车系系统组成图中的颜色对比

颜色	定义	颜色	定义	颜色	定义
	输入传感器/开关		输出执行器		输入输出

颜色	定义	颜色	定义
K-Bus	车身总线	K-CAN	K-CAN
MOST	MOST 总线	D-Bus	诊断总线

第7章 常见品牌汽车电路图特点及识读方法

(续)

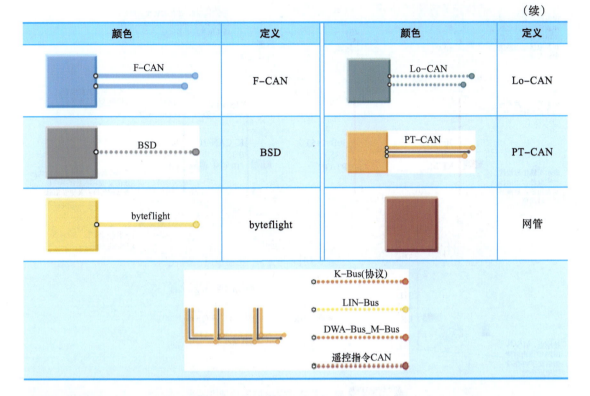

7.2.2 宝马汽车电路图识图方法

在宝马汽车诊断（ISTA）系统中的原版电路图与大众车系基本相同，模块采用灰色，虚线模块表示该模块在此页电路图中没有完全显示，电路走向也是从上至下相互不交叉。但线色表示方法与大众车系不同，在宝马原版电路图中只有红色、棕色和黑色三种线色，这三种线色和导线本身的颜色没有关系，而是表示信号或连接线。红色线条表示供电线路，棕色线条表示接地线路，黑色线条表示内部连接或连接到其他模块。

导线本身的颜色除了文本格式的导线线色，还有一种矩形框中的颜色标记。矩形框中颜色标记分布显示的是真实导线颜色。宝马车系汽车电路图识读方法如图 7-2-4 所示。文本格式导线颜色缩写与对比见表 7-2-2。

表 7-2-2 文本格式导线颜色缩写与对比

缩写	颜色	色标	缩写	颜色	色标	缩写	颜色	色标
BL	蓝色		GR	灰色		SW	黑色	
BR	棕色		OR	橘黄色		VI	紫色	
GE	黄色		RS	粉红色		WS	白色	
GN	绿色		RT	红色		TR	透明	

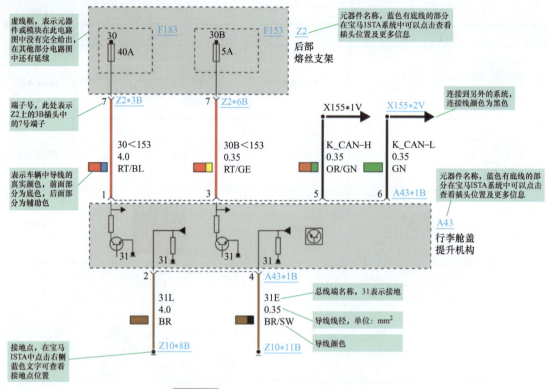

图 7-2-4 宝马车系汽车电路图识读方法

7.3 奔驰汽车电路图

7.3.1 奔驰汽车电路图特点

奔驰汽车采用横纵坐标来确定电器在电路图中的位置，其中数字做横坐标、字母做纵坐标。电气符号用代码及文字标注。代码前部是字母，表示电器种类，如：A 为仪表，B 为传感器，C 为电容，E 为灯，F 为熔丝盒，G 为蓄电池、发电机，H 为扬声器，K 为断电器，L 为转速、速度传感器，M 为电动机，N 为电控单元，R 为电阻、火花塞，S 为开关，T 为点火线圈，W 为搭铁点，X 为插接器，Y 为电磁阀，Z 为连接套。代码后部数字代表编号，一般电气代码之下注明元器件名称。插接器（字母 X）、搭铁点（字母 W），仅有代码不注明文字。

7.3.2 奔驰汽车导线颜色及用电设备图形符号

（1）导线颜色

在早期的奔驰汽车电路图中，导线颜色符号大多采用两位大写的英文缩略语，而近些年来，广泛采用的是小写的德文缩略语，导线颜色代码含义见表 7-3-1。

第 7 章 常见品牌汽车电路图特点及识读方法

表 7-3-1 导线颜色代码含义

英文缩写	导线颜色	英文缩写	导线颜色	英文缩写	导线颜色
BK（sw）	黑色	BR（br）	棕色	RD（rd）	红色
GN（gn）	绿色	GR（gr）	灰色	WT（wt）	白色
YL（ge）	黄色	VI（vio）	紫色		
PK（pk）	粉红色	BU（bu）	蓝色		

除单色线，奔驰汽车还采用了双色线及三色线，在电路图中，用 VI/YL、WT、BK/YL RD、BR/GN WT 等形式表示。

导线的标识，不仅仅只有线色，还有线粗。奔驰汽车电路图中，导线的标称截面积写在线色符号之前，如 0.75RD、2.5BD/YL 等。

（2）用电设备图形符号

奔驰汽车电路符号及含义见表 7-3-2。

表 7-3-2 奔驰汽车电路符号及含义

图形符号	解释	图形符号	解释
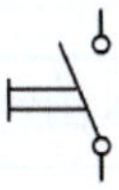	手动开关		手动按键开关
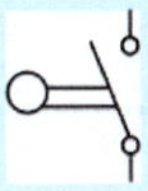	自动开关		自动压簧开关
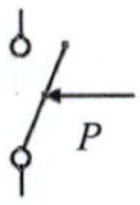	压力开关	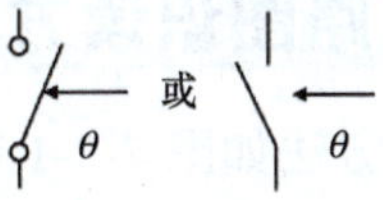	温度开关
	常开触点		常闭触点
	蓄电池	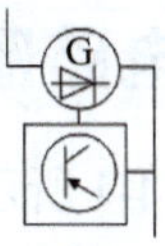	发电机
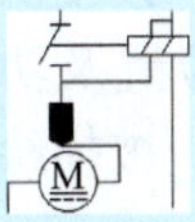	起动机		直流电动机
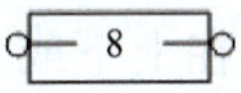	熔丝	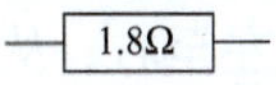	电阻
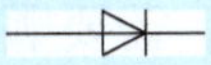	二极管		电子器件

227

(续)

图形符号	解释	图形符号	解释
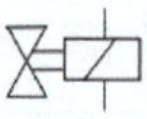	电磁阀	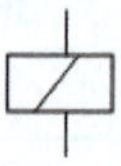	电磁线圈
	点火线圈		火花塞
	指示仪表		加热器电阻
	电位计	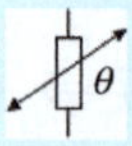	可变电阻
	平插头		圆插头
	螺钉连接		焊点连接
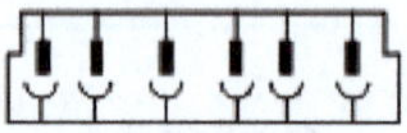	插接器		

7.3.3 奔驰汽车电路图识读方法

奔驰汽车电路图识读方法如图 7-3-1 所示。

7.4 捷豹路虎汽车电路图

7.4.1 捷豹路虎汽车电路图特点

捷豹路虎汽车电路如图 7-4-1 所示。电路图的布局主要遵循左右或左中右的排列原则，以确保清晰性和功能性。其中，供电部分通常位于电路图的左侧或左上方，以便从源头向后续部分提供电力。而用电设备则集中在电路图的右侧，直观地表示其位置及功能。控制模块则多被安排在电路的中部或右侧。导线作为电力和信号的传输通道，被描绘在电路图的中间位置，以便于连接各模块和设备。

此种布局可实现电源从左至右、从上至下的自然流动，同时允许信号在上下或左右方向上进行高效传输。然而，在复杂电路图中，尤其是当用电设备较多时，导线的描绘可能变得较为复杂，并可能导致增加导线交叉的情况。因此，在查阅电路图时，需要顺着导线的走向进行仔细查看，以确保对电路布局和功能的全面理解。

第7章 常见品牌汽车电路图特点及识读方法

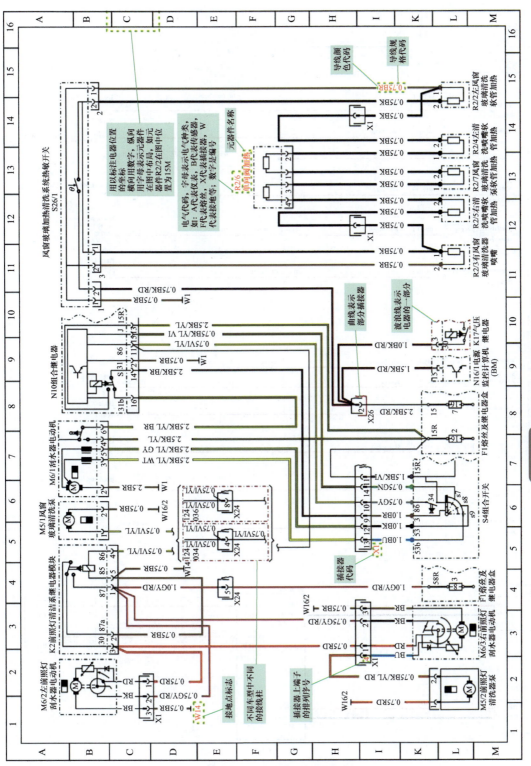

图7-3-1 奔驰汽车电路图识读方法

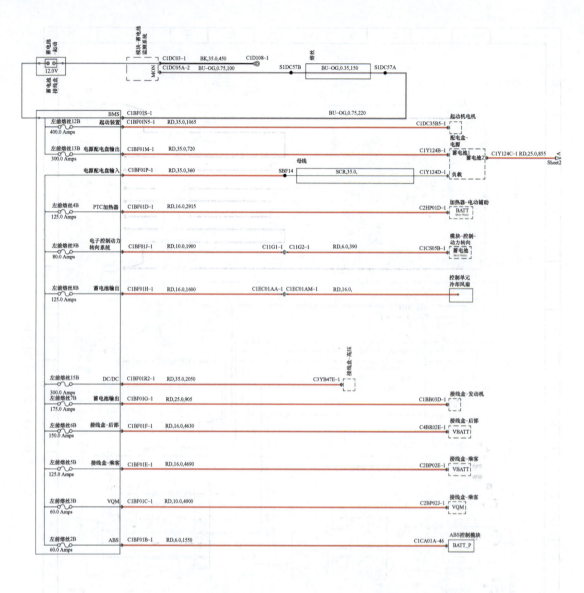

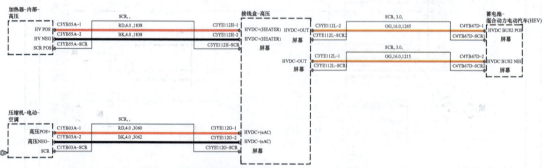

图 7-4-1 捷豹路虎汽车电路

第7章 常见品牌汽车电路图特点及识读方法

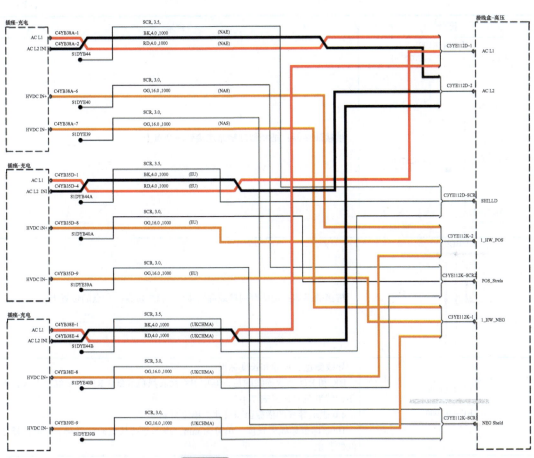

图 7-4-1 捷豹路虎汽车电路（续）

7.4.2 捷豹路虎汽车电路图符号及插接器定义

捷豹路虎汽车电路图符号及插接器定义见表 7-4-1。

表 7-4-1 捷豹路虎汽车电路图符号及插接器定义

符号	含义
插座-充电 AC L1 AC L2(N)	部件：虚线框表示该部件在此电路图中没有完全被绘制，实线框表示该部件在此电路中完全绘制
C4YB38E-9	插接器标号和端子号：C4YB38E 表示插接器标号，9 表示端子编号

231

(续)

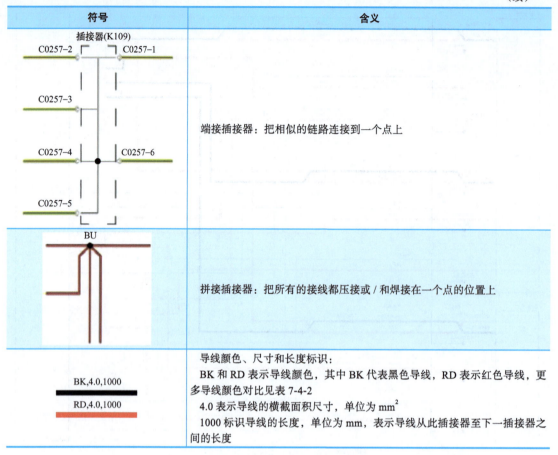

导线颜色对比见表 7-4-2。

表 7-4-2 导线颜色对比

颜色代码	颜色	颜色代码	颜色
BK 或 B	黑色	PK 或 K	粉红色
DN 或 N	咖啡色	RD 或 R	红色
BU 或 U	蓝色	VT 或 P	紫罗兰色（紫色）
GN 或 G	绿色	WH 或 W	白色
GY 或 S	灰色（蓝灰色）	YE 或 Y	黄色
OG 或 O	橙色		

7.5 问界汽车电路图

7.5.1 问界汽车电路图特点及识读方法

如图 7-5-1 和图 7-5-2 所示，问界汽车的电路图设计遵循了一种经典的三段式布局架

第7章 常见品牌汽车电路图特点及识读方法

构。此架构的采用旨在通过明确的层次划分，实现线路布局的最优化。具体而言，电路图的顶部为供电模块，该模块为整个电路系统提供了稳定的供电。中部区域则为核心的控制模块，它负责协调与调控各个用电设备的运行，确保系统的高效运作。而电路图的底部则集中描绘了用电器与接地点，这一设计不仅简化了线路的连接复杂度，有利于查找用电设备、插接器和搭铁点的分布。

导线作为连接各模块及用电设备的关键元素，被精心布置于供电模块、控制模块及用电设备之间，构建了一个完整且连贯的电路系统。在供电与信号的传输过程中，系统严格遵循由上至下的路径原则，以确保整个电路系统的流畅与高效运行。

值得注意的是，电路图中所有元器件与元器件之间的导线连接均严格依据车辆实际情况进行完整呈现。需明确的是，图中元器件与导线的大小及长度并不代表它们在实际车辆中的实际物理尺寸。例如，一条实际长度为 5m 的导线与一条仅有几厘米长的导线在电路图中可能以相似的图形符号表示。此外，为便于理解电器（电子）设备的工作原理，电路图中对部件内部复杂的导线连接进行了适当的简化处理。

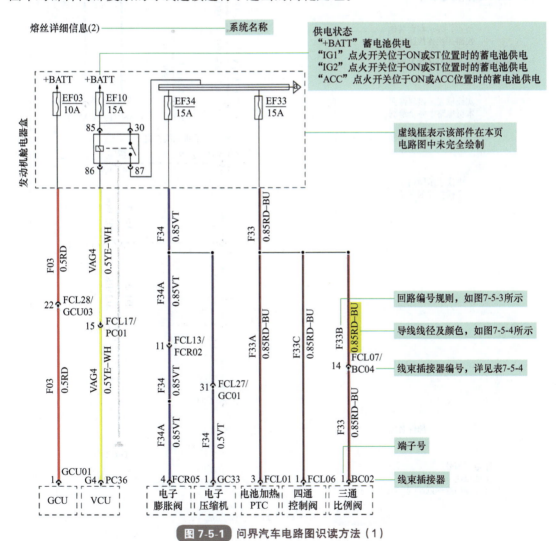

图 7-5-1 问界汽车电路图识读方法（1）

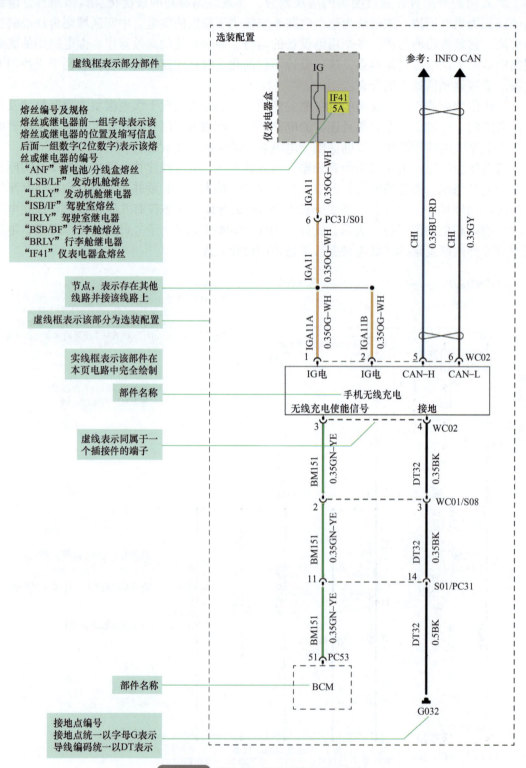

图 7-5-2 问界汽车电路图识读方法（2）

7.5.2 问界汽车电路图识读基础

（1）电气符号

问界汽车电路图中的电气符号见表 7-5-1。

表 7-5-1　问界汽车电路图中的电气符号

电气符号	电气名称	电气符号	电气名称
	分布式连接点		电容
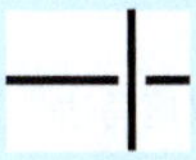	不连接交叉线		可变电容
	连接点		压电传感器
	可移动连接点		转向管柱滑动线圈
	接地	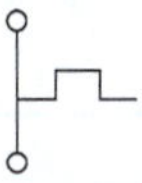	温度保护断路器
	插接器	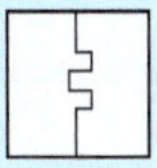	电热丝
	完整零部件	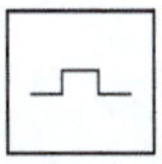	过热保护继电器
	部分零部件		仪表
	零部件壳体直接接地		天线
	带有螺栓或螺纹连接端子的零部件		点火线圈
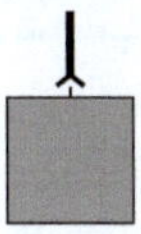	带有插接式连接端子的零部件		双丝灯泡
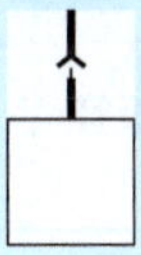	带有引出线插接式连接端子的零部件		霍尔传感器

（续）

电气符号	电气名称	电气符号	电气名称
	电阻丝		时钟弹簧
	部分电阻丝或加热丝		永磁单速马达
	温度或压力电位计		永磁双速马达
	外部控制电位计		导条
	蓄电池		ABS 轮速传感器
	线路断路器		线圈
	熔丝		电磁控制阀
	熔丝		晶体管
	屏蔽		灯泡
	单音扬声器		蜂鸣器
	二极管		短路插接器
	稳压二极管		发光二极管

(2) 电气识别与电路代码

问界汽车电路图中采用了统一标号规则来制定回路编号，回路编号分为功能号和分路号，如图 7-5-3 所示。此回路编号主要是为帮助车辆设计、生产而研发的。同时也可以帮助维修技术人员对电路故障的诊断。

① 功能号。如图 7-5-3 所示，前面一组字母和数字表示导线的功能。功能号中的字母"CF18"表示熔丝，说明来自熔丝"CF18"。维修技术人员在检测回路时，回路编号中的功能部分对检测是最有帮助的。功能号是基于一些回路的端子功能名称，告诉技术人员该回路的功能，及其来自的元件和端子。

② 分路号。如图 7-5-3 所示，功能号后面若有一组字母，则表示同一功能的导线存在支路。若有一个字母，说明该线路前存在一个节点；若有多个字母，说明该线路前存在多个节点。

(3) 导线颜色、线径说明

导线颜色、线径如图 7-5-4 所示，导线颜色包括一个底色和一个条纹色，它反映了导线在车上的实际颜色。在电路图中，导线颜色被放在导线的旁边，导线颜色对比见表 7-5-2。在线色的前面标记出了线径的信息，线径是以 mm² 为单位。

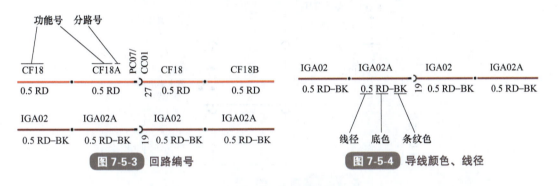

图 7-5-3 回路编号　　　　图 7-5-4 导线颜色、线径

表 7-5-2 导线颜色对比

颜色代码	线路颜色	颜色示例
B（BK）	黑色	
Br（BN）	棕色	
Bl（BU）	蓝色	
G（GN）	绿色	
Gy（GY）	灰色	
Lg（LG）	浅绿色	
O（OG）	橙色	
P（PK）	粉色	

颜色代码	线路颜色	颜色示例
R（RD）	红色	
V（VT）	紫色	
W（WH）	白色	
Y（YE）	黄色	

（4）熔丝、继电器编号规则

如图7-5-5所示，熔丝或继电器编号前面一组字母表示该熔丝或继电器的位置及缩写信息。后面一组数字（两位数字）表示该熔丝或继电器在车上的数字编号。熔丝、继电器位置与编号对比见表7-5-3。

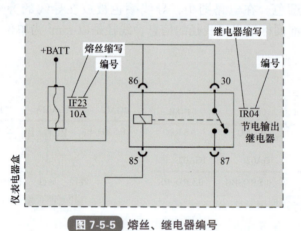

图7-5-5 熔丝、继电器编号

表7-5-3 熔丝、继电器位置与编号对比

熔丝、继电器位置	编号
蓄电池熔丝	ANF-
分线盒熔丝	ANF-
发动机舱熔丝	LSB-/LF-
发动机舱继电器	LRLY-
驾驶室熔丝	ISB-/IF-
驾驶室继电器	IRLY-
行李舱熔丝	BSB-/BF-
行李舱继电器	BRLY-

（5）线束插接器编号规则

如图7-5-6所示，线束插接器编号是根据实际车辆所使用的线束来编号的，首字母是表示所属的线束或表示对接插接器，后部是插接器的编号。线束插接器编号对比见表7-5-4。

第7章 常见品牌汽车电路图特点及识读方法

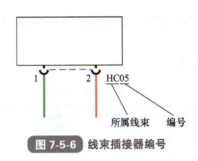

图 7-5-6 线束插接器编号

表 7-5-4 线束插接器编号对比

线束插头名称	编号	线束插头名称	编号
发动机舱线束插接器	FC-	驾驶员座椅相关线束插接器	EL-
驾驶室线束插接器	PC-	前排乘客座椅相关线束插接器	ER-
仪表板线束插接器	IC-	中排左侧座椅相关线束插接器	ESL-
底盘线束插接器	CC-	中排右侧座椅相关线束插接器	ESR-
发动机线束插接器	GC-	前门线束总成（左）线束插接器	HC-
前保险杠线束插接器	FBC-	前门线束总成（右）线束插接器	KC-
后保险杠线束插接器	RBC-	后门线束总成（左）线束插接器	MC-
前副车架线束插接器	BC-	后门线束总成（右）线束插接器	NC-
顶棚线束插接器	RC-	前门转接线束总成（左）线束插接器	HJC-
顶棚饰板线束插接器	RBC-	前门转接线束总成（右）线束插接器	KJC-
空调线束插接器	ACB-	后门转接线束总成（左）线束插接器	MJC-
副仪表板线束插接器	S-	后门转接线束总成（右）线束插接器	NJC-
尾门相关线束插接器	TC-		

（6）导线编码规则

① CAN 总线和搭铁，在任何插接器里面均以 CH 和 DT 表示。

② 导线编码均取 2 位英文字母（作为首两位）+ 接口序列 + 端子序列（阿拉伯数字），但对于控制器只有 1 个插口的导线，则导线编码不需要加入插口序列。如车身稳定系统（ESP）只有一个插口，则导线编码为两位英文字母（作为首两位）+ 端子序列（阿拉伯数字），即 ES1、ES2、ES3……；电动尾门控制器（PLG），有两个插口，插口序列为 A、B，则导线编码为两位英文字母（作为首两位）+ 插口序列 + 端子序列（阿拉伯数字），即 PLA1、PLA2、PLA3……PLB1、PLB2、PLB3……

③ 有总线连接的控制器，首先取其英文名称缩写的第 1 位和第 2 位作为编码前两位英文字母，若与其他总线的控制器重名，则取其英文名称缩写的第 1 位和第 3 位、第 1 位和第 4 位……

④ 无总线的系统，取其电气系统总成名称（非电气系统，则取其电气功能名称）前两位中文拼音的首字母作为编码前两位。如车灯总成（Che Deng Zong Cheng），即 CD 作为编码前两位；电源起动系统（Dian Yuan Qi Dong Xi Tong），即 DY 作为编码前两位。

⑤ 有信息交互的系统，按照总端子位数量较多者系统进行编码。

⑥ 有位置限定的系统，则用位置限定词拼音的首字母前（Q）、后（H）、左（Z）、

右（Y），作为编码第三位。如前鼓风机、后鼓风机，编码为GFQ1、GFQ2……GFH1、GFH2……

导线编码与系统对比见表7-5-5。

表7-5-5 导线编码与系统对比

编码	系统（功能）	编码	系统（功能）
GS	换挡控制器	BC	车身控制器
SB	换挡执行器	AV	全景影像控制器
TC	变速器控制器	NV	夜视控制器
FC	风扇控制器	PD	雷达控制器
EO	电子油泵控制器	IC	仪表
WD	四驱控制器	HU	抬头显示控制器
EM	发动机控制器	WC	无线充电控制器
EP	电动助力转向	RR	信息娱乐系统
PB	电子驻车控制器	AR	行车记录仪
ES	车身稳定系统	CC	换挡面板开关
MR	中距离毫米波雷达	AL	氛围灯控制器
MP	多功能摄像头	MS	开关控制器
SR	短距离毫米波雷达	AM	车窗防夹控制器
AP	自动泊车辅助	TB	远程通信单元
DF	疲劳驾驶监测	SM	天窗
AB	安全气囊控制器	YG	雨刮器
PL	电动尾门控制器	LB	喇叭
AC	空调控制器	HS	后视镜调节
DS	座椅控制器	CS	后除霜/后视镜加热
EC	电子转向管柱锁	CD	车灯
AF	自适应前照灯控制	YS	压缩机
CY	12V车载电源	DT	搭铁
CH/CL	CAN		

7.6 小鹏汽车电路图

7.6.1 小鹏汽车电路图特点及识读方法

小鹏汽车电路图识读方法如图7-6-1和图7-6-2所示。

小鹏汽车的电路图设计遵循了典型的上中下三段式布局原则。具体而言，该电路图的上部区域专注于供电线路的呈现，明确标出了4条关键供电线路：30供电（蓄电池常电供电）、IG1供电（点火开关位于ON位置时供电）、IG2供电（点火开关处于START位置

第7章 常见品牌汽车电路图特点及识读方法

时供电)以及KL87供电(通过主继电器实现供电)。

中部区域则聚焦于用电设备、控制模块及导线的详尽描绘,清晰展示了各设备之间的连接关系与布局。

而下部区域则专门用于展示搭铁点的分布情况,便于技术人员快速定位与理解。

此种布局设计巧妙地实现了供电或信号从上至下、从左至右的流动趋势,同时力求导线交叉的最小化,从而确保了电路图的清晰性与易读性。此举不仅提升了电路图的整体美观度,更大幅度降低了技术人员在识读过程中的难度与复杂度。

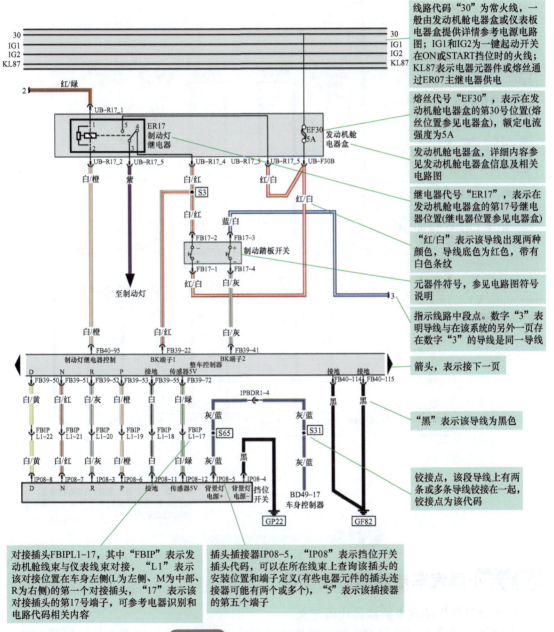

图 7-6-1　小鹏汽车电路图识读方法(1)

241

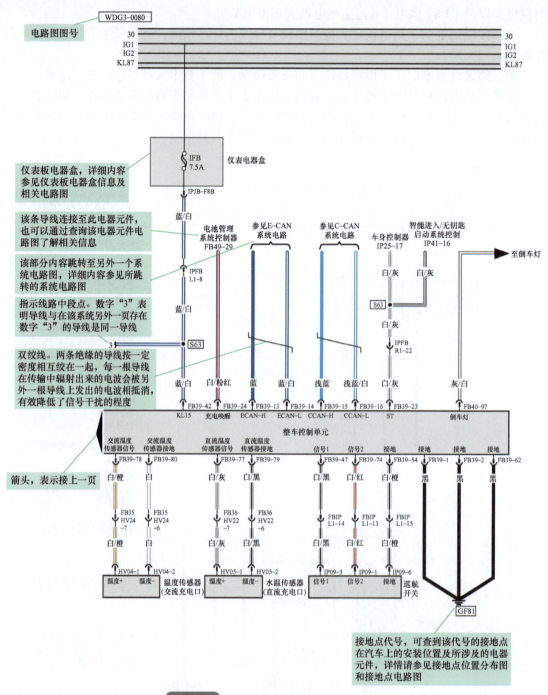

图 7-6-2 小鹏汽车电路图识读方法（2）

7.6.2 小鹏汽车电路图识读基础

（1）电气部件端线束插接器代码定义

电路图中的线束插接器编码规则以线束代码为基础。如车身线束中的插接器 BD01，其中 BD 为线束代码，插接器序列号从 01 开始。整车线束代码对比见表 7-6-1。

表 7-6-1 整车线束代码对比

线束代码	线束名称	线束代码	线束名称
B	前保险杠线束	FL	左前门线束
FB	发动机舱线束	FR	右前门线束
IP	仪表线束	RL	左后门线束
BD	车身线束	RR	右后门线束
RB	后保险杠线束	HV	高压线束
TG	尾门线束		

（2）对接插接器线束代码定义

图 7-6-3 和图 7-6-4 所示分别对接系统电路和实车中插接器的表示方法。

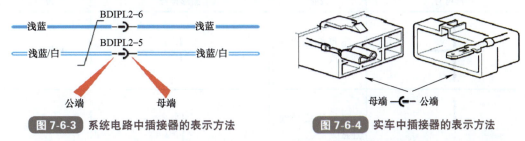

图 7-6-3 系统电路中插接器的表示方法　　图 7-6-4 实车中插接器的表示方法

图 7-6-3 中对接插接器 BDIPL2-6，其中 BDIP 表示从车身线束到仪表线束的插接器，L2 表示仪表左侧第二个（L 为左、M 为中、R 为右），-6 表示对接插接器端子。所有线束对接插接器都是以显示代码开头。

（3）导线颜色代码

低压线束导线颜色采用双色线，使用字母表示，如导线颜色代码为 LU-Y，第一个/组代码表示导线的基本色，第二个/组字母表示条纹的颜色，如图 7-6-5 所示。低压线束颜色代码与字母对比见表 7-6-2。

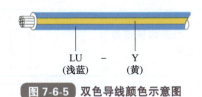

图 7-6-5 双色导线颜色示意图

表 7-6-2 低压线束颜色代码与字母对比

颜色代码	名称	图示	颜色代码	名称	图示
R	红		G	绿	
B	黑		LG	浅绿	

(续)

颜色代码	名称	图示	颜色代码	名称	图示
S	灰		K	粉红	
U	蓝		N	棕	
LU	浅蓝		W	白	
P	紫		Y	黄	
O	橙				

高压系统导线采用国家标准中规定的橙色导线。

(4) 元器件图形符号

小鹏汽车电路元器件图形符号及说明见表7-6-3。

表7-6-3 小鹏汽车电路元器件图形符号及说明

图形符号	说明	图形符号	说明
	不可拆卸式导线连接		二极管
	可拆卸式导线连接	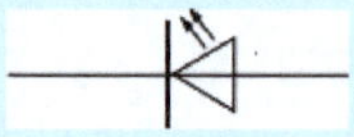	发光二极管
	部件内部导线连接(不可拆)	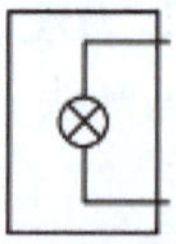	灯泡
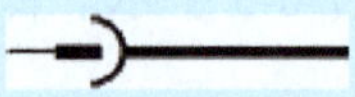	部件的插接器连接	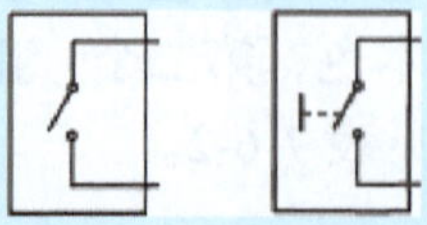	开关
	线束的插接器连接		传声器
	公插接器	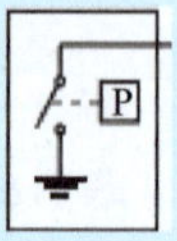	油压开关
	母插接器	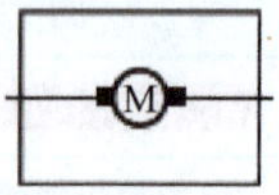	电机

(续)

图形符号	说明	图形符号	说明
	公插接器与母插接器对接，端子号不同，在电路图中的表现形式也不同	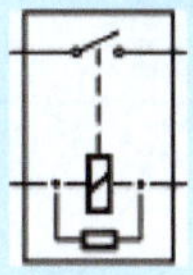	继电器
	无连接交叉导线	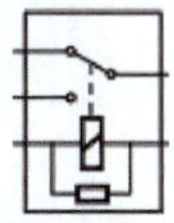	双掷继电器
	双绞线	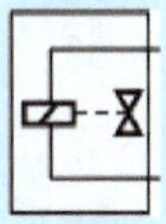	电磁阀
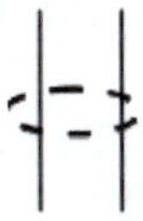	屏蔽线	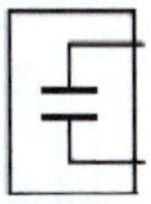	电容
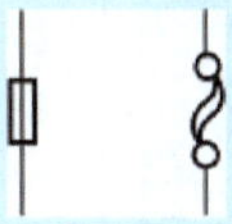	熔丝	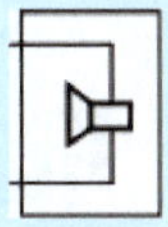	扬声器
	蓄电池	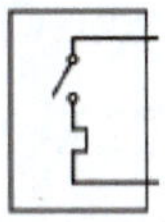	点烟器/加热丝
	接地点		天线
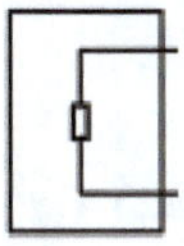	电阻		可变电阻

7.7 理想汽车电路图

7.7.1 理想汽车电路图特点及识读方法

理想汽车电路图采用了经典的上下布局形式，其中供电部分布置在电路图的左上方；电器元件被安排在电路图的顶部和底部，控制模块则位于电路图的中部。导线被安置在电路图的中心位置，而供电及信号线路则呈现出上下走向。这种布局形式使得电路图显得严谨而规范，便于检修时的阅读和查找。理想汽车电路图识读示例如图 7-7-1 所示。

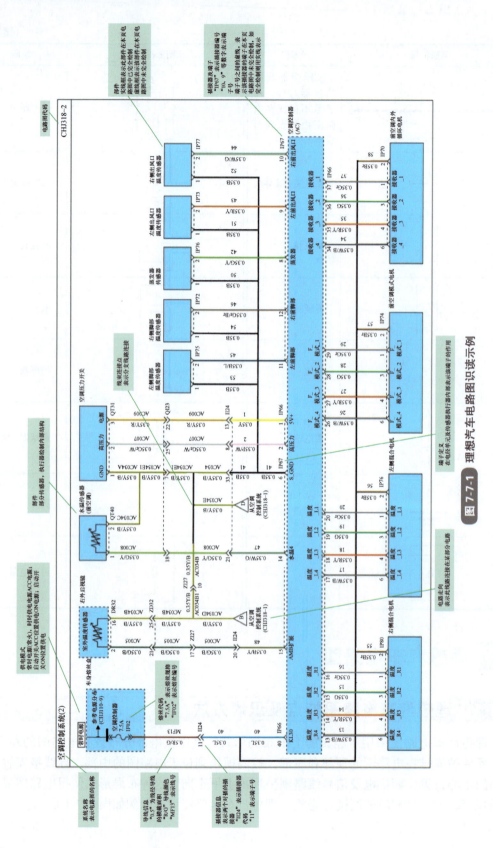

图 7-7-1 理想汽车电路图识读示例

7.7.2 理想汽车电路图导线颜色

在理想汽车电路图中，导线的绘制与车辆导线采用相同的颜色，包括单色和双色。单色表示线束只有一种颜色，如 W（白色）；双色则表示线束有两种颜色，如 W/B（白黑色）。在双色线束中，第一个颜色代表主色，应占导线的三分之二以上；第二个颜色为辅色，仅占导线的三分之一以下。导线颜色代码及对比见表 7-7-1。

表 7-7-1 导线颜色代码及对比

颜色代码	中文对比	颜色代码	中文对比	颜色代码	中文对比
W	白色	B	黑色	R	红色
P	粉色	G	绿色	O	橙色
Lb	浅蓝色	Br	棕色		

7.8 蔚来汽车电路图

7.8.1 蔚来汽车电路图特点及识读方法

蔚来汽车电路图识读方法如图 7-8-1 所示。

蔚来汽车电路图采用了左右分布的布局方式，将电器元件有序地排列在电路图的左侧、中部和右侧，而导线则绘制在电路中央位置，左右连接。此外，供电线路则排列在电路图的左侧上方。这种排列方式具有清晰、易读的优点，能够明确地展示电路的走向，方便技术人员进行查看和维修。

这种电路图的布局方式具有以下优点：

① 结构清晰。采用左右分布的方式，将不同类型的电器元件分别排列在电路图的左侧、中部和右侧，使得电路图的结构清晰明了，方便技术人员快速了解电路的基本构成。

② 易于维护。导线绘制在电路中央位置，左右连接，使得技术人员方便查找和跟踪电路的走向，从而实现快速定位和故障解决。

③ 高效性。这种电路图的布局方式使得技术人员可以快速查找到需要的电器元件和导线，从而有助于提高维修和排查故障的效率。

7.8.2 蔚来汽车电路图识读基础

（1）导线颜色

在电路图中，导线以彩色线条绘制并标注了颜色和线径。导线的线径以数字形式表示，例如 0.35、0.5、0.75（单位为 mm^2）等，而导线的颜色则以 2 位字母表示，如 YE 表示黄色线。如果是双色导线，则使用两种颜色组合表示，中间使用"/"符号隔开，前为主色，后为辅色，如 BU/GN 表示蓝色 / 绿色。导线颜色代号及中文对比见表 7-8-1。

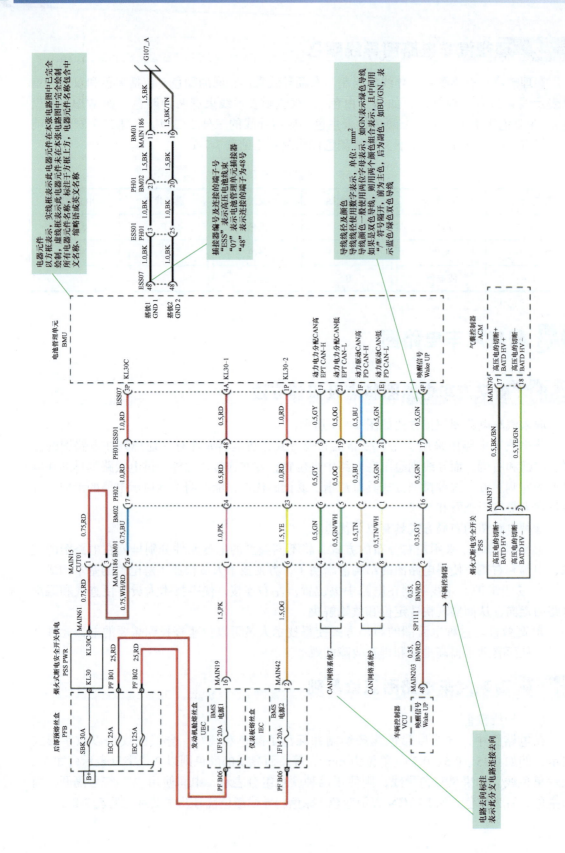

第7章 常见品牌汽车电路图特点及识读方法

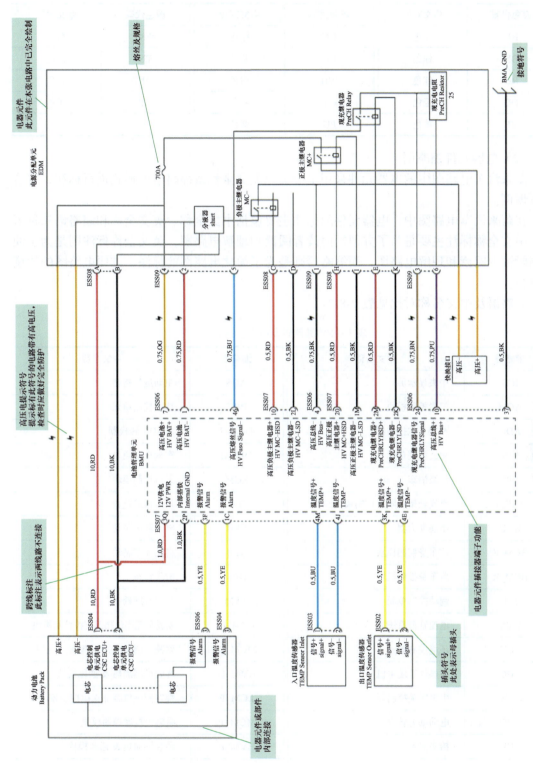

图 7-8-1 蔚来汽车电路图识读方法

表 7-8-1　导线颜色代号及中文对比

颜色代码	中文对比	颜色代码	中文对比	颜色代码	中文对比
BK	黑色	GN	绿色	PK	粉色
BN	棕色	BU	蓝色	TN	褐色
RD	红色	WH	白色	DK	深色
OG	橙色	GY	灰色	LT	浅色
YE	黄色	PU	紫色		

（2）电器元件缩略语

蔚来汽车电路图中的电器元件采用了中文、英文全称或缩略语的形式进行标注，符合国际惯例。

在蔚来汽车电路图中，电器元件的标注主要包括中文全称、英文全称和缩略语三种形式。中文全称标注主要是为了方便国内读者阅读和理解电路图，英文全称标注则是为了便于国际读者阅读和理解电路图，而缩略语则是为了简化电路图的标注，方便电路图的阅读和维护。

缩略语及中文名称对比见表 7-8-2。

表 7-8-2　缩略语及中文名称对比

缩略语	中文名称	缩略语	中文名称
ICS	中央显示屏	AGS	主动进气格栅
ACM	气囊控制模块	PEU	功率控制单元
ADC	ADAS 主控制器	DC/DC	DC/DC 转换器
AMP	功放控制单元	OBCM	车载充电模块
APA	高级泊车	RCM	天窗控制模块
ASDM	空气悬架和阻尼控制模块	IEC	仪表板熔丝盒
BAU	制动助力器	EPB	电子驻车制动
BCM_F	前车身控制模块	APB	自动驻车制动
BCM_R	后车身控制模块	HPS	液压状态
BCU	制动控制单元	PWM	脉冲宽度调制
BMS	电池管理系统	LCM_D	驾驶员侧座位腰部支撑控制模块
CCU	环境控制单元	MCM_D	驾驶员侧按摩控制模块
CDC	多媒体系统主机	HVM_D	驾驶员侧加热 & 通风模块
CGW	中央网关控制器	LCM_P	乘客侧座位腰部支撑控制模块
EPS	电动助力转向	MCM_P	乘客侧按摩控制模块
HUD	抬头显示	HVM_P	乘客侧加热 & 通风模块
HVIC	高压集成件	ECU	电子控制单元

(续)

缩略语	中文名称	缩略语	中文名称
IC	数字仪表显示屏	ACC	自适应巡航控制
PEU_F	前功率控制单元	BLDC	无刷直流电机
PEU_R	后功率控制单元	NTC	负温度系数
PLG	电动尾门	HVH	高压加热器
RAD_FC	前雷达传感器	ESS	紧急制动信号
RAD_FL	前雷达左侧传感器	EDS	电驱系统
RAD_FR	前雷达右侧传感器	UEC	发动机舱熔丝盒
RAD_RL	后雷达左侧传感器	PTC	加热器
RAD_RR	后雷达右侧传感器	TVOC	总挥发性有机物
SCM	转向管柱模块	PM2.5	PM2.5 传感器
SCU_D	驾驶员侧座椅控制单元	AUTO	自动
SCU_P	乘客侧座椅控制单元	AQS	空气质量传感器
SWC	方向盘控制	HVC	高压空气压缩机
VCU	车辆控制器	BMU	电池管理单元
WLC	无线充电	PTC_F	前 PTC 加热器
DSM	车门开关模块	ION	负离子发生器模块
LIN	本地内部连接网络	EXV	膨胀阀
TEC	行李舱熔丝盒	IGBT	绝缘栅双极型晶体管
NFC	近场通信	LDW	车道偏离预警
KSM	脚踢式传感器模块	ABA	主动制动辅助
RLS	阳光雨量传感器	ABP	自动制动填充
CAN	控制器局域网	AEB	自动紧急制动
EBA	紧急制动辅助	ESP	车身电子稳定系统
AWB	自动制动警告	CRC	循环冗余校验
HDC	陡坡缓降	SPI	串行外设接口
CDDS	驾驶员警示系统减速控制	RPS	转子位置传感器
ABS	防抱死制动系统	RTP	实时传输协议
SOC	充电状态	ENA	使能信号端
CAM_FC	前中摄像头	SYS	系统
FCTA	前方来车警示系统	FSW	帧同步字
LVDS	低压差分信号	NET	网络
ESG	发动机噪声发生器	SMM	系统管理模式

(续)

缩略语	中文名称	缩略语	中文名称
TSP	远程服务端	PBIS	自诊断可编程建立
DSP	数字信号处理	BERT	BUS 和 ECC 内存测试
CAM_FV	前摄像头视角	CPU	中央处理器
CAM_F	前摄像头	CCM	芯片比较模块
CAM_L	左摄像头	ESM	错误信号模块
CAM_R	右摄像头	NMI	不可屏蔽中断
CAM_B	后摄像头	PTS	踏板行程传感器
CAM_IV	内摄像头视角	BCS	B6 桥式电流感应
ISRVM	内部后视镜	CDM	概念数据模型
FLM_L	左前灯模块	LTM	限制
FLM_R	右前灯模块	PDUR	PDU 路由器
IBS	智能电池传感器	EOL	下线测试
RCP	后排控制面板	IB	助力器
PFB	预熔丝盒	DTR	数据终端就绪
EBD	电子制动力分配	CDD	驾驶员辅助系统减速控制
HHA	坡道保持辅助	SAS	转向角传感器
HBA	液压制动辅助	EMS	发动机管理系统
HBB	液压制动助力	TCU	远程控制单元
ARP	防翻滚保护	RAD	雷达
ESC	电子稳定性控制	BCM	车身控制模块
DTC	拖滞扭矩控制	CAM	摄像头
TCS	牵引力控制系统	ADM	主动减振器控制模块
HFC	制动摩擦片磨损液压补偿	VLC	车辆纵向控制
HRB	后轮液压助力	ECO	节能模式
EBP	制动预紧	EDM	电源分配单元
BDW	制动盘清洗	CSD	电池监控电路感应和诊断
AVH	自动驻车	CSC	电池检测电路
DSR	驾驶员转向辅助	CTM	电池温度管理
CDP	电子控制减速	CVT	电池温度诊断
HAZ	危险情况报警灯	BCV	电池电流电压感应和诊断
DWT	动态车轮转矩	OBC	车载充电机
HVI	高压互锁诊断	FCC	快速充电控制

第 7 章　常见品牌汽车电路图特点及识读方法

(续)

缩略语	中文名称	缩略语	中文名称
CBL	回路平衡错误	CTD	继电器诊断
CMC	芯片上的控制模块	HSD	高边驱动
NDS	蔚来汽车售后诊断系统	LSD	低边驱动
NVM	非易失性存储器诊断	IVT	电流电压温度
RTC	实时时钟	PDU	高压配电盒
BMM	BMU 模式管理	THM	热控制
ISO	绝缘故障诊断	HVDC	高电平直流电压
HVIL	高压互锁	EEP	电可擦除只读存储器
CRS	碰撞信号监测	IMMO	发动机防盗锁止系统
SOF	函数状态计算	VIN	车辆识别码
SOH	健康状态	VDC	车辆动态控制
SCI	串行通信接口	CC	巡航控制
UPA	超声波驻车辅助	AHC	远近光灯自动控制
VHM	车辆模式	MRR	中程雷达传感器

(3) 电器元件图形符号

根据相关标准，蔚来汽车中的电器元件图形符号进行绘制，见表 7-8-3。这些图形符号应清晰、简洁地表示电器元件的特征和功能，同时符号的形状和线条应简洁明了，避免使用过于复杂的图案和装饰，以便维护和检修人员能够快速识别和理解。

表 7-8-3　电器元件图形符号

图形符号	名称	图形符号	名称
B+	12V 蓄电池电压	母端　公端　端子号	直列式插接器
～	熔丝		连续符号
～	熔丝		
	搭铁符号 注：搭铁号码后，(m) 表示多线搭铁点，(s) 表示单线搭铁点		环形端子
	屏蔽线符号	SP1433	线路中压合点

253

(续)

图形符号	名称	图形符号	名称
 ∞	双绞线符号	 ⋈	CAN 总线符号
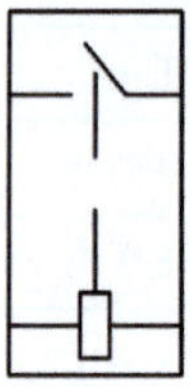 (四针继电器图形)	四针继电器	 (五针继电器图形)	五针继电器

7.9 北京汽车电路图

7.9.1 北京汽车电路图特点及识读方法

北京汽车电路图设计采用了三段式布局，即上中下三部分。具体而言，电源供应部分通常被安排在电路图的左上方，用电设备则分布于电路图的上方与下方。

控制模块作为电路图的核心部分，被巧妙地布置在电路图的中间位置，以便于对各个用电设备进行集中且有效地控制。同时，搭铁点则被设置在电路图的下方，以确保电路的清晰表达。

这样的电路图设计可使供电从上至下流动，控制模块的控制信号及传感器信号能够在上下方向进行传输。此外，该设计还显著减少了线路之间的交叉，从而较大地提升了电路图的清晰度与可读性，为电路图的识读工作带来了较大的便利。

北京汽车电路如图 7-9-1 所示。

1—系统名称。

2—熔丝（电器）盒。

3—熔丝，熔丝编号由熔丝代号和序列号组成。

4—电源供应状态。B+ 表示供应蓄电池电源；IG1 表示一键起动开关在"ON"位置时，IG1 继电器 87 号端子的电源输出；IG2 表示一键起动开关在"ON"位置时，IG2 继电器 87 号端子的电源输出；ACC 表示一键起动开关在"ACC"位置时，ACC 继电器 87 号端子的电源输出。

5—显示插接器端子编号，相互对插的线束插接器编号顺序互为影像，插接器端子编号如图 7-9-2 所示。

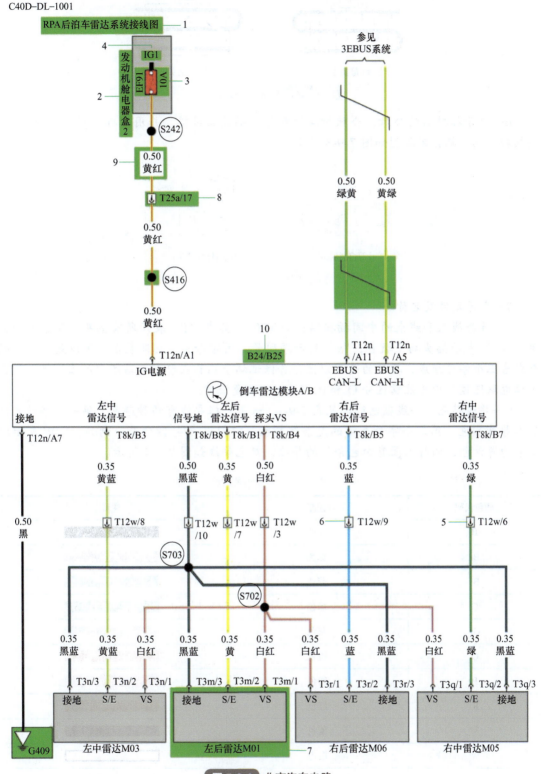

图 7-9-1 北京汽车电路

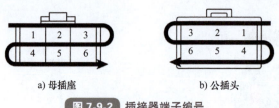

a) 母插座　　　　　　b) 公插头

图 7-9-2　插接器端子编号

6——显示插接器的公母，公状插接器和母状插接器对接，并用图标"▯"表示线束插头插接方向，插接器类型如图7-9-3所示。

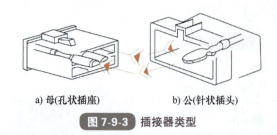

a) 母(孔状插座)　　　b) 公(针状插头)

图 7-9-3　插接器类型

7——电器元件及名称。

8——连接线束和线束的中间插接器；如T00x，其中"T"表示所有插头端子编号的前缀，"00"表示插头端子数量，"x"表示序列号，用字母a～z来表示，可以是一个、两个或者三个字母组成，其目的是用以区分并保证端子编号在整个电路图中的唯一性，但在识读电路图过程中要注意区分O和0，I和1，避免混淆。

9——导线颜色，导线颜色对比见表7-9-1，如果一根导线有两种颜色，第一个字母表示基本导线颜色，第二个字母表示的是条纹颜色。它们用"/"区分开。例如，Y/W表示以黄色为背景色，同时上面有白色条纹的导线，双色导线如图7-9-4所示。

表 7-9-1　导线颜色对比

颜色代码	导线颜色	注释
B	黑色	
Br	棕色	
Bl	蓝色	
G	绿色	
Gr	灰色	
O	橙色	
P	粉色	
R	红色	
V	紫色	
W	白色	
Y	黄色	

第7章 常见品牌汽车电路图特点及识读方法

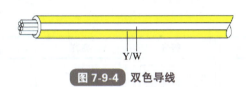

图 7-9-4　双色导线

10—线束插接器名称，北京汽车电路图中线束插接器是根据线束命名的。例如，发动机舱线束插接器 U07，U 是线束代号，07 是插接器编号。表 7-9-2 所列为所有线束代号及名称对比。

表 7-9-2　所有线束代号及名称对比

线束代号	线束名称	线束代号	线束名称
U	发动机舱线束	A-	空调线束插接器
U-	发动机舱线束插接器	R	顶棚线束
I	仪表线束	R-	顶棚线束插接器
I-	仪表线束插接器	M	前/后保险杠线束
B	车身线束	M-	前/后保险杠线束插接器
B-	车身线束插接器	F	前端线束
D	车门线束	F-	前端线束插接器
D-	车门线束插接器	P	PEU 线束
A	空调线束	P-	PEU 线束插接器

7.9.2　北京汽车电路图识读基础

（1）电器元件图形符号

北京汽车电路图中元器件的图形符号见表 7-9-3。

表 7-9-3　北京汽车电路图中元器件的图形符号

符号	名称	符号	名称	符号	名称
G101	搭铁		常闭继电器		蓄电池
	温度传感器		常开继电器		电容
	电磁阀		双掷继电器		点烟器
	电磁阀		电阻		天线

(续)

符号	名称	符号	名称	符号	名称
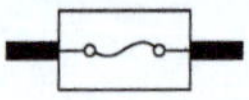	轻负荷熔丝	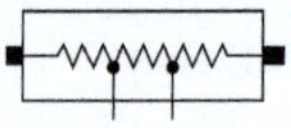	电位计	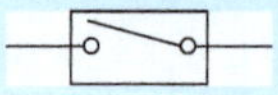	常开开关
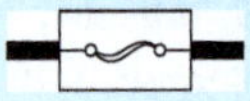	重负荷熔丝		可变电阻	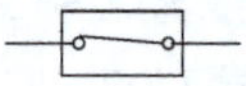	常闭开关
	电机	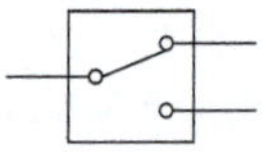	双掷开关	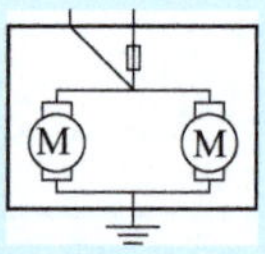	风扇组件
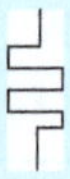	加热电阻丝		喇叭	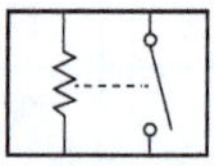	低速风扇继电器 B
	二极管		灯泡		限位开关
	光电二极管		线方向	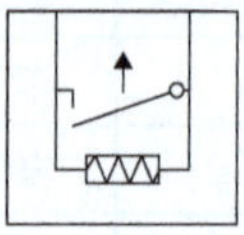	安全气囊
	光电二极管	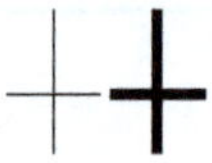	未拼接	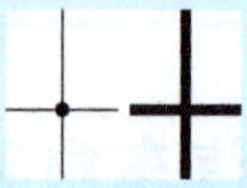	拼接
	时钟弹簧				

（2）电路图中的缩略语

北京汽车电路图中元器件及系统的缩略语与中文名称对比见表 7-9-4。

表 7-9-4 北京汽车电路图中元器件及系统的缩略语与中文名称对比

缩略语	中文名称	缩略语	中文名称
ABS	防抱死制动系统控制器	Diag BUS	诊断总线
AVM	全景式监控影像系统控制器	DC/DC	直流变换控制器
BBUS	电池内部总线	DC-CHM	快充系统
BCM	车身控制器	DLC	OBD 诊断接口
BMS	动力电池管理系统控制器	DVR	行车记录仪
Brake sw	制动开关	DRL	日间行车灯
CAN	控制器局域网	EAS	压缩机控制器
CBUS	底盘驱动总线	EBUS	车身舒适总线
CMU	充电管理控制器（慢充）	EHU	中控信息娱乐控制器

(续)

缩略语	中文名称	缩略语	中文名称
EPB	电子驻车制动器	MCU	驱动电机控制器
EPS	电动助力转向控制器	OBC	车载充电机控制器
ESCL	电子转向柱锁控制器	PCU	P挡控制器
ESK	电子旋钮换挡控制器	PEPS	无钥匙进入及起动控制器
EVBUS	新能源总线	PEU	高压驱动集成单元
EWP-FD	电子水泵控制器	PTC	电加热控制器
FCBUS	快速充电总线	RPA	后泊车雷达控制器
GW	网关控制器	SRS/SDM	安全气囊控制器
IBUS	信息娱乐总线	TBUS	远程监控总线
ICM	组合仪表控制器	TPMS	轮胎气压监测系统控制器
IEC	仪表板电器盒	T-BoX	智能远程控制终端
LIN	LIN总线	UEC	发动机舱电器盒

7.10 小米SU7汽车电路图

7.10.1 小米SU7汽车电路图特点及识读方法

小米SU7汽车电路图遵循了标准的上下式布局设计，其中，电路图的上方和下方分别布置了相关零部件，中间位置则清晰地展示了连接导线的布置情况。在电路图的布局中，供电线路遵循由上至下的传递方式，确保了电路传输的连贯性和稳定性。该电路图整体呈现出整洁规范的视觉效果，电路走向清晰明了，为使用者提供了便捷的查阅体验。

小米SU7电路图识读方法（超声波雷达电路）如图7-10-1所示。

7.10.2 小米SU7电路图线束插接器代码

小米SU7汽车电路图中的元器件名称采用了编码格式，未在图中直接标注中文，从而增加了电路图查找和识读的难度。

关于小米SU7电路图中的元器件名称编码，可在整车维修手册的第10部分电器功能中线束布置图中进行查找，以便准确识别各个元件。

以图7-10-1所示的小米SU7汽车的超声波雷达电路为例。

超声波雷达安装于车辆的前保险杠之上。在《整车维修手册》的"第10部分"，可定位至前部线束（10.4.2）的相关内容，进而查找前保险杠线束总成（10.4.2.2.4）的详细内容。

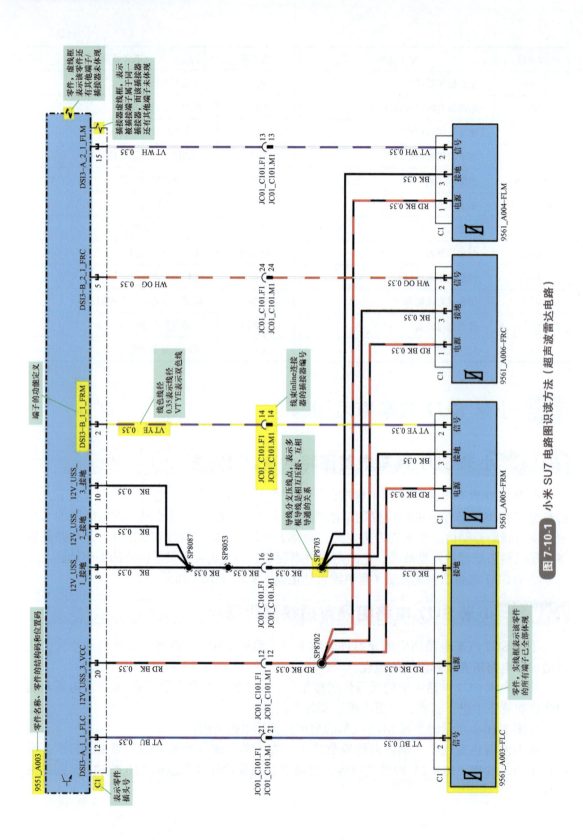

图 7-10-1 小米 SU7 电路图识读方法（超声波雷达电路）

小米 SU7 前保险杠线束总成页面如图 7-10-2 所示。

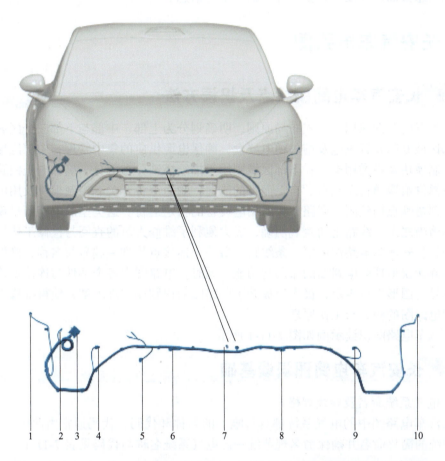

序号	插头号	插头名称
1	9561_A007.C1	超声波雷达传感器-FRS.C1
2	JC02_C101.M1	车身线束接前保险杠线束_M1
3	JC01_C101.M1	车身和前保险杠对接_M1
4	9561_A006.C1	超声波雷达传感器-FRC.C1
5	9511_A003.C1	前向毫米波雷达_C1
6	9561_A005.C1	超声波雷达传感器-FRM.C1
7	9526_A002.C1	前环视摄像头_C1
8	9561_A004.C1	超声波雷达传感器-FLM.C1
9	9561_A003.C1	超声波雷达传感器-FLC.C1
10	9561_A002.C1	超声波雷达传感器-FLS.C1

10.4.2.2.5 AGS转接线

图 7-10-2 小米 SU7 前保险杠线束总成页面

在图 7-10-2 的表格中,可以查找到相应的标号信息。例如,电路图中标注的元器件编号9561_A003，即代表超声波雷达传感器。

此外，还可以使用搜索功能，可迅速查找相关零部件编号，从而精准定位至线束或插头的详细信息页面，以便用户获取详尽的零部件信息。

7.11 长安汽车电路图

7.11.1 长安汽车电路图特点及识读方法

长安汽车电路图采用三段式布局原则，明确划分为上部、中部与下部三个区域。电路图的上部区域专门安置供电及熔丝继电器盒，确保电源供应的集中管理；中部区域则布局开关、控制模块及各类用电器；下部区域则用于描绘搭铁分布部分，确保电流回路的完整构建。电源供给遵循自左至右、自上而下的流向，输送至各开关、控制模块及用电器，随后通过底部搭铁点构建闭合回路，保障用电设备的稳定运行。这类型的电路图呈现整洁有序、条理清晰之态，线路走向直观明确，极大便利了维修人员的查阅与检修工作。

此外，长安汽车电路图中每一条线路、每一个连接点均唯一编号与名称，确保维修人员能够准确无误地理解电路图的布局与功能。同时，电路图中各个部件与连接点均采用标准化的符号与图形进行表示，极大地提升了电路图的识别度与理解度，使得维修人员能够轻松掌握电路图的构成与工作原理。

长安汽车电路图识读示例如图7-11-1所示。

7.11.2 长安汽车电路图识读基础

（1）电气系统命名及导线规格

长安汽车电路图中的电气系统都具备唯一的名称和代码，代码通常由两位字母组成，以实现系统的简化命名并确保命名规范统一。电气系统名称与代码见表7-11-1。

表7-11-1 电气系统名称与代码

代码	系统名称	代码	系统名称	代码	系统名称
AA	空调控制系统	LA	前照灯系统	SD	高清全景影像系统
AB	后除霜/后视镜加热系统	LB	室外灯系统	SE	车道偏移控制系统
CA	车身稳定系统	LC	室内灯系统	SG	无钥匙控制系统
CB	电子驻车系统	MA	刮水系统	SI	泊车辅助系统
CC	电动转向系统	MB	后视镜控制系统	TA	TCU控制系统
EA	座椅控制系统	PA	发动机控制系统	VA	多媒体控制系统
GA	起动/发电系统	PB	发动机附件系统	VB	T-BOX系统
IA	电气附件系统	SA	安全气囊系统	WA	车窗控制系统
IB	仪表系统	SB	并线辅助系统	WB	门锁控制系统
ID	网关系统	SC	自适应巡航系统	WC	天窗控制系统

第7章 常见品牌汽车电路图特点及识读方法

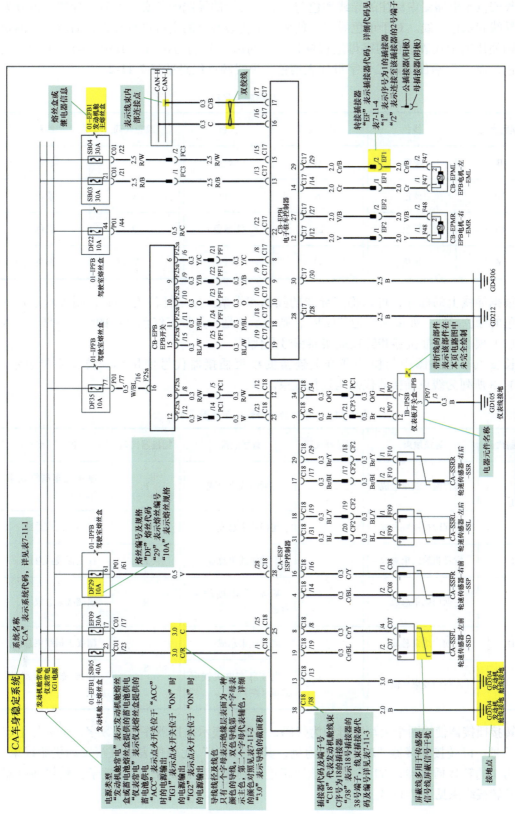

图 7-11-1 长安汽车电路图识读示例

长安汽车电路图中标注的导线颜色与车辆上实际的导线颜色必须一致。导线颜色分为单色导线和双色导线。对于单色导线，使用一个代表颜色的字母进行标识；而对于双色导线，则使用两个代表颜色的字母进行标识，中间以"/"符号隔开。其中，第一个字母代表主色，而"/"后面的第二个字母代表辅色。导线颜色代码见表 7-11-2。

表 7-11-2 导线颜色代码

颜色代码	线色	颜色代码	线色	颜色代码	线色
B	黑色	G	绿色	P	粉色
Bl	蓝色	S	灰色	V	紫色
Br	棕色	Lg	浅绿色	R	红色
Y	黄色	O	橙色	W	白色

根据导线上的标注，可以确定导线的颜色和类型。如果标注为"G"，则表示这是一条单色的绿色导线；如果标注为"G/R"，则表示这是一条带有红色条纹的绿色导线。

（2）模块线束插接器和转接插接器编号及代码

长安汽车电路图中与模块和开关连接的线束插接器代号使用单一英文字母表示，表 7-11-3 所列为线束插接器代码与连接线束。

表 7-11-3 线束插接器代码与连接线束

插接器代码	连接线束	插接器代码	连接线束	插接器代码	连接线束
B	前保险杠线束总成	D	右后门线束总成	F	电子驻车电机线束总成（右）
	后保险杠线束总成		尾门线束总成	L	牌照灯线束总成
C	发动机舱线束总成	E	发动机线束总成	P	仪表板线束总成
D	左前门线束总成		喷油器转接线束总成	R	顶棚线束总成
	右前门线束总成	F	底盘线束总成		副仪表板线束总成
	左后门线束忠诚		电子驻车电机线束总成（左）	S	日照传感器线束总成

转接插接器使用两个大写字母作为代码，并附上表示插接器序号的数字，最后加上连接端子号。以转接插接器"PC1/14"为例，其中"PC1"代表仪表线束接发动机舱线束，序号为 1 的转接插接器；"/14"表示该回路连接到该插接器的第 14 号端子。转接插接器代码及转接线束见表 7-11-4。

第7章 常见品牌汽车电路图特点及识读方法

表 7-11-4 转接插接器代码及转接线束

代码	连接线束	代码	连接线束	代码	连接线束
PF	仪表线束–底盘线束	EE	发动机线束–喷油器转接线束	PR	仪表线束–顶棚线束
FP	底盘线束–仪表线束	FD	底盘线束–四门/尾门线束	RP	顶棚线束–仪表显示
PC	仪表线束–发动机舱线束	DF	四门/尾门线束–底盘线束	LD	牌照灯线束–尾门线束
CP	发动机舱线束–仪表线束	CB	发动机舱线束–前保险杠线束	DL	尾门线束–牌照灯线束
PD	仪表线束–四门线束	BC	前保险杠线束–发动机舱线束	SP	副仪表板线束/日照传感器线束–仪表线束
DP	四门线束–仪表线束	FB	底盘线束–后保险杠线束	PS	仪表线束–副仪表板线束/日照传感器线束
EC	发动机线束–发动机舱线束	BF	后保险杠线束–底盘线束		
CE	发动机舱线束–发动机线束	FF	电子制动线束–底盘线束		

（3）电器元件图形符号和英文缩略语含义

长安汽车电路图中的电器元件图形符号见表 7-11-5。电路图中的英文缩略语及其含义见表 7-11-6。

表 7-11-5 长安汽车电路图中的电器元件图形符号

电气符号	含义	电气符号	含义
	安全气囊		双绞线
	侧碰传感器		安全带锁扣
	灯泡		倒车雷达探头

（续）

电气符号	含义	电气符号	含义
	电机		爆燃传感器
	转速传感器		继电器
	快熔熔丝		安全带预紧器
	线束与线束对接		开关
	防盗喇叭		车窗开关
	接地点		LED 灯
	开关		继电器

(续)

电气符号	含义	电气符号	含义
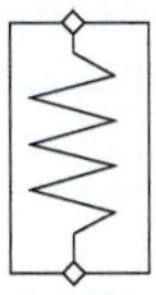	发热电阻	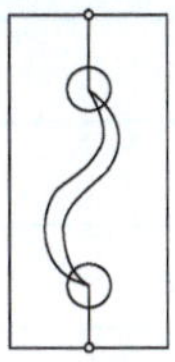	慢熔熔丝

表 7-11-6　电路图中的英文缩略语及其含义

缩略语	含义	缩略语	含义
AC	空调控制器	DTV	数字电视
ACC	自适应巡航控制模块	DVD	数字视频碟片（DVD 机芯）
ACM	换挡执行控制模块	DVR	行车记录
ADB	自适应驱动大灯	ECAS	电子控制空气悬架系统
AFS	自适应前照灯系统	EDL	电子差速锁
ALCU	氛围灯控制模块	EMS	电喷控制器（发动机管理系统）
ALS	头灯自动高度调节系统	EPB	电子驻车制动系统
AMP	外置功放	EPBi	电子驻车制动系统集成（EPB+ESP）
APA	自动泊车辅助控制器	ESCL	电子转向锁
AT	自动传动控制器	ESL	电子换挡杆
ATB	全地形开关模块	ESP	ESP 控制器（电子稳定程序）
AVM	全景模块	EPS	电动助力转向系统
BCM	车身控制器	FCP_AC	空调前控制面板
BMS	48V 锂电池管理系统	FCP_HU	娱乐前控制面板
BRM	启发一体机	FSCM	前排座椅加热通风模块
BSD	盲点检测控制器	GR	智能发电机
CCP	中央控制面板（娱乐＋空调控制面板）	GW	网关
DC/DC	直流变换器	HU	车载娱乐基础终端（车机头）
DC/DC48V	48V 系统直流变换器	HUD	抬头显示单元
DCT	双离合变速器	IAM	集成式天线模块
DDWCU	主驾车窗防夹控制器	IBS	智能电池传感器
DMS	驾驶员监测摄像头	iBCM	智能车身控制模块
DSM	主驾座椅模块	iCCU	智能座舱控制模块

(续)

缩略语	含义	缩略语	含义
IP	仪表控制器	RF	无线射频模块
LAS	车道辅助系统	RFBT	射频 & 蓝牙模块
LCDAL	左侧并线辅助模块	RLDM	左后显示模块
LCDAR	右侧并线辅助模块	RLS	阳光雨量传感器
LCM	灯光控制模块	RLWCU	左后车窗防夹控制器
MFS	多功能方向盘模块	RRDM	右后显示模块
NV	夜视控制器	RRWCU	右后车窗防夹控制器
OPI	变速器油泵控制器	RRS	倒车雷达系统
PCP	前排乘客控制面板	RSCM	后排座椅加热通风模块
PDWCU	乘员车窗防夹控制器	SAS	转角传感器
PEPS	无钥匙进入起动	SRCU	天窗控制单元
PSDL	电动滑门模块（左）	SRS	安全气囊控制器（约束系统）
PSDR	电动滑门模块（右）	SSCU	天窗遮阳帘控制单元
PTS	汽车尾门控制器	SWH	方向盘加热模块
Q-Driver	中央控制器	TBOX	车载通信基础终端
RADM	后视辅助监测模块	TDM	行李舱门模块
RCP_AC	空调后控制面板	WLCM	无线充电模块
RCP_HU	娱乐后控制面板		

7.12 广汽埃安汽车电路图

7.12.1 广汽埃安汽车电路图特点及识读方法

广汽埃安汽车电路图的设计同样遵循了严谨的三层架构原则。在电路图的顶部左侧绘制了供电系统，确保了供电由上而下的传输路径；中间区域则重点展示了控制模块，这是整个电路系统的核心与大脑，负责协调各部件的工作；而用电器则被有序地分布于控制模块的上下两侧，形成了功能明确、结构紧凑的用电区域。导线作为电路图中的关键元素，连接控制模块与用电器件。此外，搭铁点作为电气回路的重要组成部分，被清晰地标注在电路图的底部。此类电路图的设计，以其线路布局的清晰性、导线交叉的减少性为特点，极大地提升了电路图的易读性和可维护性。

广汽埃安汽车电路如图 7-12-1 所示。

第 7 章 常见品牌汽车电路图特点及识读方法

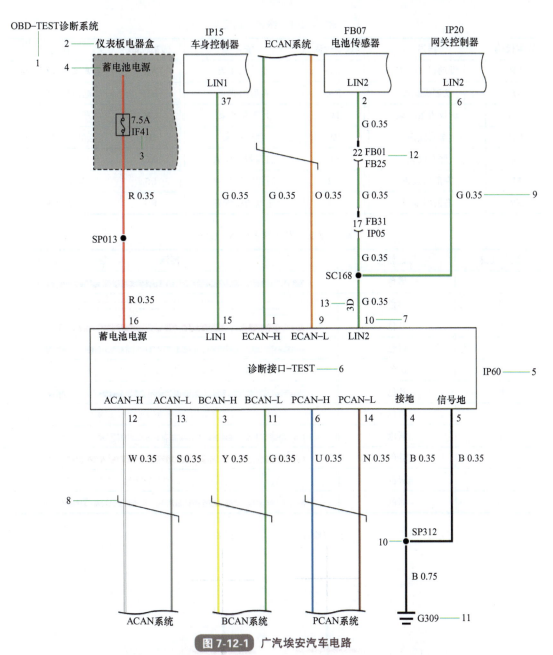

图 7-12-1　广汽埃安汽车电路

1—电路系统　2—电器盒，灰色填充的方框表示电器盒或插接器　3—熔丝说明
4—电器盒内的电源说明，根据车上不同的供电状态，将电源状态分为①蓄电池电源，表示常电，
②ACC 电源，ACC 继电器输出的电源，③IG1 电源，IG1 继电器输出的电源，④IG2 电源，IG2 继电器输出的电源
5—电器元件代码，若电器元件的全部端子在该系统线路图中显示，则用完整的实线框标示，否则用部分的实线框标示
6—电器元件名称　7—电器元件的端子编号，其中 FB 为发动机舱线束的线束代码（线束代码定义见表 7-12-1），
114 表示此电器元件的端子为 114 针，1 表示此电路连接在 114 针电器元件的第 1 号端子
8—此电路为双绞线，主要用于传感器的信号电路或数据通信电路
9—表示此电路的导线线径及颜色，导线颜色代码及定义见表 7-12-2
10—导线连接点，分为无交叉线路和交叉线路，如图 7-12-2 所示　11—接地点
12—对接件，主要用于线束与线束之间对接，插接器表示方法如图 7-12-3 所示
13—车型配置代码，广汽埃安车型配置代码见表 7-12-3

表 7-12-1 线束代码定义

线束代码	描述	线束代码	描述	线束代码	描述
FB	发动机舱线束	RL	左后门线束	AH	空调系统高压线束
IP	仪表板线束	RR	右后门线束	BH	电池高压线束
CN	副仪表板线束	TG	行李舱线束	CH	充电高压线束
BD	车身线束	RF	顶棚线束	IH	电机控制器线束
FU	底盘线束	FP	前保险杠线束	AC	空调线束
FL	左前门线束	RB	后保险杠线束	LS	左座椅线束
FR	右前门线束	CS	充电插座线束	RS	右座椅线束

表 7-12-2 导线颜色代码及定义

颜色代码	导线颜色	图示
B	黑色	
W	白色	
R	红色	
G	绿色	
Y	黄色	
U	蓝色	
K	粉色	
P	紫色	
O	橙色	
S	灰色	
N	棕色	

无交叉线路　　交叉线路

图 7-12-2 交叉线路节点说明

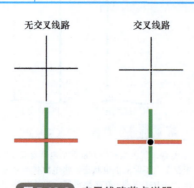

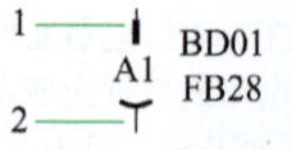

图 7-12-3 插接器表示方法

注：1—插接器 FB28 是插头，2—插接器 BD01 是插座。

表 7-12-3　广汽埃安车型配置代码

车型配置代码	说明	车型配置代码	说明
4F	电动助力转向电控单元（天合）	16B	全景天窗
4D	方向盘调节	16C	天窗遮阳帘电源
5C	智能可变阻尼电控悬架	18Q	热泵
6A	左前安全带预紧器	19E	前向雷达
6B	左侧气帘	19H	盲区监测
6E	左后安全带预紧器	19K	驾驶员状态监测
6F	左B柱侧碰撞传感器	19G	车道偏离预警
10E	前照灯自动调节	26B	高续驶里程
10K	智能氛围灯	26C	低续驶里程
10T	前照灯手动调节	28A	集成电源系统 6.6kW（双向）
10V	流水迎宾功能大灯	28B	集成电源系统 10kW
11B	后视镜折叠	28F	放电
12C	T-BOX	28G	集成电源系统 6.6kW（单相）
12F	GPS	29C	驱动电机（联电）
12H	左前低音扬声器	29D	驱动电机（日产电）
12V	IHU	29E	后驱动电机（日产电）
13E	全景泊车	34A	L3
13D	自动泊车	34B	自动驾驶域控制器
13G	倒车雷达	34D	CRR
15A	主驾驶员座椅调节	34E	电控助力器及制动总泵带储液罐总成
15B	主驾驶员座椅加热	34F	高精度地图定位模块
15C	主驾驶员座椅通风	34G	ICAN
15D	主驾驶员座椅记忆功能	34J	HOD 离手检测
15E	乘员座椅加热调节	34K	网关（ETHNET）
15J	后排座椅联动	35A	集成P挡电机

7.12.2　广汽埃安汽车电路图元器件图形符号

广汽埃安汽车电路图中元器件的图形符号见表 7-12-4。

表 7-12-4　广汽埃安汽车电路图中元器件的图形符号

符号	名称	符号	名称
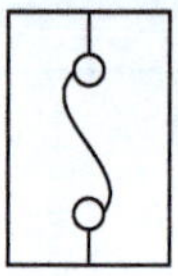	熔丝（小负载）		时钟弹簧
	熔丝（大负载）		电机
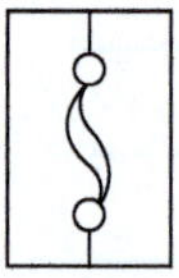	熔丝（中负载）	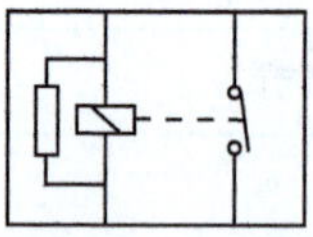	继电器
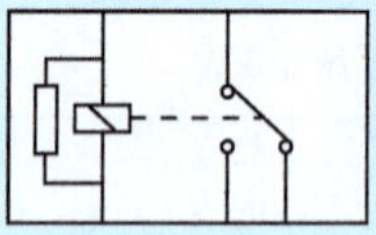	双掷继电器	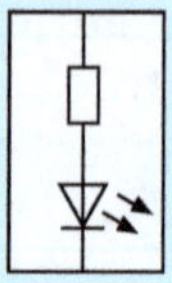	LED
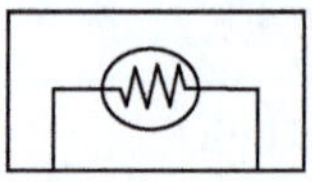	安全气囊	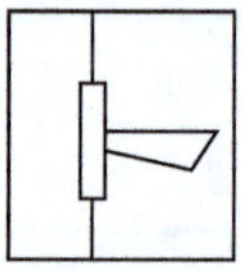	扬声器
	导线相交	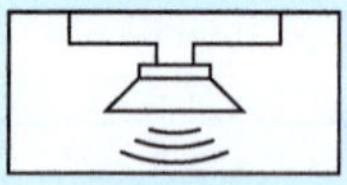	扬声器
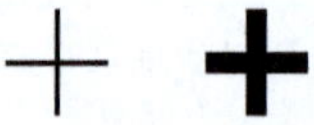	导线不相交		灯泡
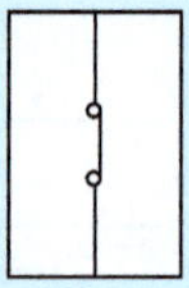	常闭开关	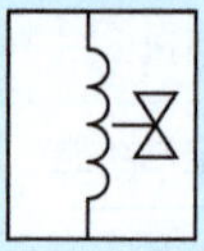	电磁阀
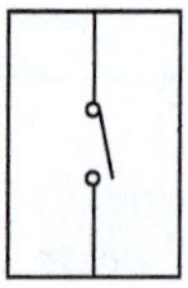	常开开关	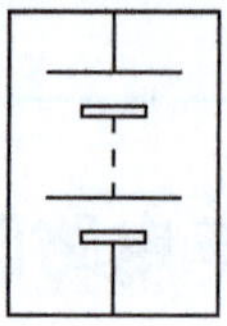	蓄电池

7.13 长城汽车电路图

7.13.1 长城汽车电路图特点及识读方法

长城汽车（哈弗、魏派、欧拉）的电路图设计采用了经典的上下布置形式，以供电电路位于上方，控制模块、开关等元器件布置在中间位置，用电器和接地（搭铁）点则通常布置在下方。电路图的导线绘制于中间位置，并且电路信号从上至下流动。这种布置形式的电路图具有清晰易懂的优点，能够明确供电和控制线路的走向，为维修保养工作提供了便利。哈弗 H6 电路图识读示例如图 7-13-1 所示。

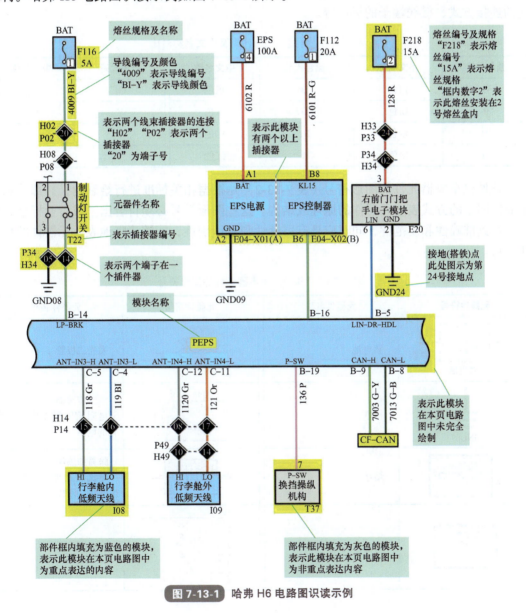

图 7-13-1 哈弗 H6 电路图识读示例

7.13.2 长城汽车电路图识读基础

（1）导线颜色及元器件图形符号

在哈弗汽车的电路图中，导线的绘制与车辆导线采用了相同的颜色标准，包括单色和双色。单色导线表示整个线束只有一种颜色，其颜色标注直接使用了表 7-13-1 中的字母来表示。例如，单色导线为红色时，标注为 R；对于双色导线，其颜色标注的第一位表示主色，第二位表示条纹色。例如，当双色导线的主色为绿色、条纹颜色为黑色时，标注为 G-B。导线的颜色代码及中文名称对比见表 7-13-1。此外，在哈弗汽车的电路图中，导线的绘制还遵循其他规范。例如，导线的大小（横截面积）可以根据电流的大小来选择，同时导线的布置也需要考虑到车辆的实际情况和安全性。在绘制电路图时，还需要注意到导线的连接方式、接线端子的标注等。

表 7-13-1 导线的颜色代码及中文名称对比

颜色代码	中文名称	颜色代码	中文名称	颜色代码	中文名称
W	白色	B	黑色	Gr	灰色
P	粉色	G	绿色	Y	黄色
Bl	蓝色	Br	棕色		
Or	橙色	R	红色		

长城汽车电器元件的图形符号（表 7-13-2）是根据相关标准进行绘制的，并部分采用了简洁明了的方式表达元器件的原理或结构。这些图形符号必须符合国家或行业标准，以确保达到准确性和规范性，同时应具有可读性和可识别性，能够清晰地表达元器件的功能和特点。

表 7-13-2 长城汽车电器元件的图形符号

元器件符号	元器件名称	元器件符号	元器件名称
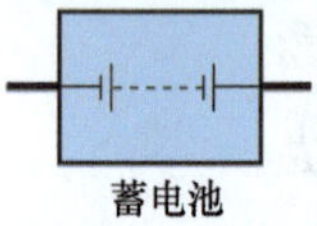 蓄电池	蓄电池	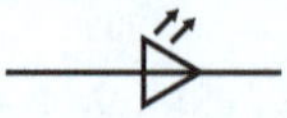 发光二极管	发光二极管
 GND07	搭铁	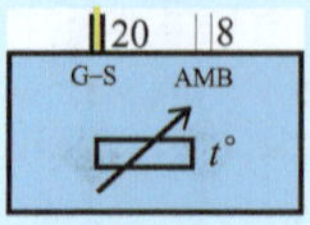 G-S AMB 20 8 t°	温度传感器 电阻值随温度变化而变化的电阻
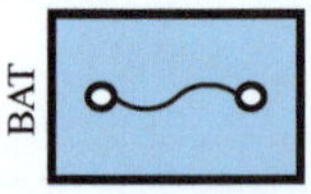 BAT	熔丝	 G B	除霜加热丝 电流通过加热丝时，产生热量，用以除霜
	微动开关	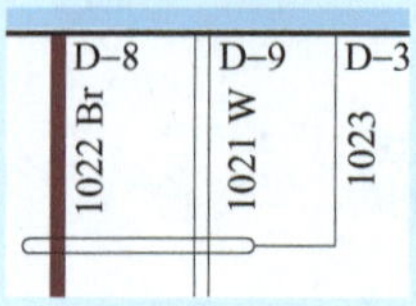 D-8 Br 1022 / D-9 W 1021 / D-3 1023	屏蔽线

(续)

元器件符号	元器件名称	元器件符号	元器件名称
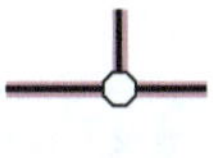	线束接合 在相交处有八角形标记的代表线束接合	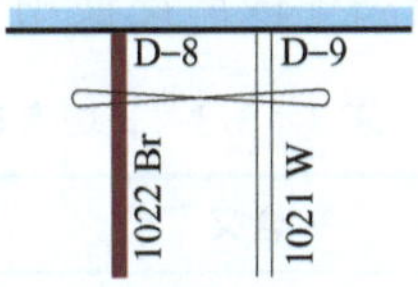 D-8 D-9 1022 Br　1021 W	双绞线
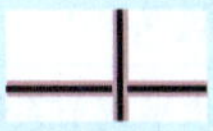	线束未连接 在相交处无八角形标记的代表线束未连接	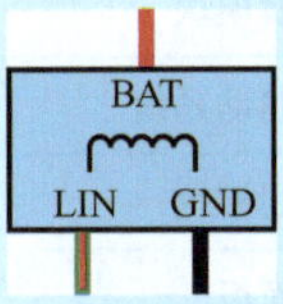 BAT LIN　GND	防盗线圈
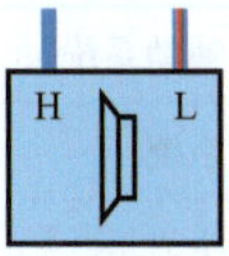 H　L	扬声器	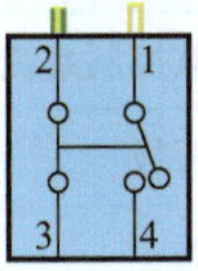 2　1 3　4	制动灯开关
常开 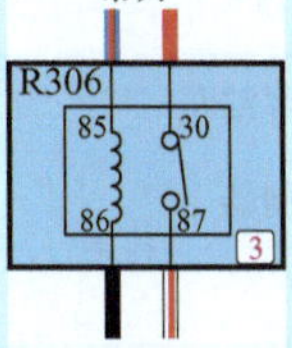 R306　85 30 86 87 常闭 R306　85 30 86 87 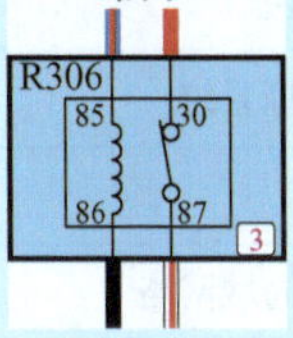	继电器 电子操作开关，一般分两种：常闭与常开。流经小线圈的电流可产生磁场，打开或关闭附属的开关	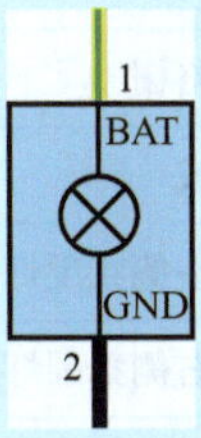 1 BAT GND 2	灯
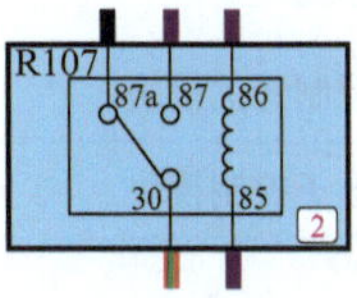 R107　87a 87 86 30　85	双掷继电器 一种使电流流过两组触点中任意一组触点的继电器	常开 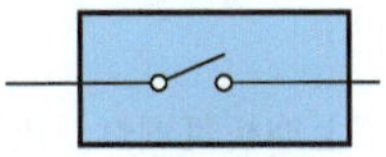 常闭 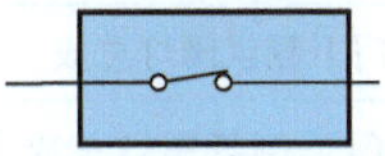	手动开关 断开和闭合电路，以此可阻止或允许电流通过。主要有两种：常开和常闭
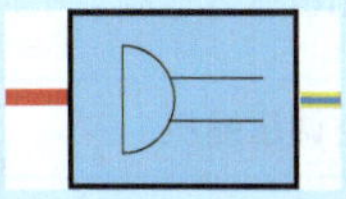	报警蜂鸣器		

（2）电路图及电控系统缩略语

由于电路图的幅面有限，各元器件的注释普遍采用缩略语，长城汽车电路图及电控系统缩略语见表7-13-3。这些缩略语有的源于系统英文名称的缩写，如ABS表示防抱死制动系统，BMS表示电池管理系统。另外，一些端子名称也采用了所连接电器的英文缩写作为缩略语，如BAT表示该端子连接的是蓄电池，INJ则表示该端子连接的是喷油器。为了正确理解和阅读电路图，必须准确理解其中的缩略语。可以通过查阅《英汉汽车缩略语词典》来了解缩略语的含义，同时也可以参考电路图中的相关说明来加深理解。除了以上提到的两种类型的缩略语，还有一些其他的缩略语，如 IGN 表示点火开关，F 表示熔丝等。这些缩略语在电路图中被广泛使用，可以帮助读者更好地理解和分析电路图。

表 7-13-3　长城汽车电路图及电控系统缩略语

缩略语	含义	缩略语	含义
ABM	安全气囊模块	ALA_IP_RH	仪表板右侧氛围灯总成
ABS	防抱死制动系统	ALCM	氛围灯控制模块
AC	空调控制模块	ALS	自动前灯水平调节系统
AC-FCP	空调前面板	AMP	运算放大器
ACC	自适应巡航控制系统	APA	自动泊车辅助系统
ACP	空调控制面板	APS	自动泊车系统
ACU	换挡控制器	AR-HUD	加强型抬头显示
AD	辅助驾驶	AVM	360°环视
ADAS	高级辅助驾驶	AVP	自动代客泊车
AGS	主动进气格栅	BCM	车身控制器
ALA	氛围灯总成	BD	车身
ALA_C_LH	副仪表板左侧氛围灯总成	BLE	蓝牙模块
ALA_C_RH	副仪表板右侧氛围灯总成	BMS	电池管理系统
ALA_DR_FL	左前门上饰板氛围灯总成	BWV	两通阀
ALA_DR_FL-1	左前门下侧氛围灯总成	CAN	控制器局域网络
ALA_DR_FL-2	左前门下侧氛围灯总成（用于右前门）	CANFD	带可变速率的控制器局域网
ALA_DR_FR	右前门上饰板氛围灯总成	CCSM	中央控制开关模块
ALA_DR_RL	左后门上饰板氛围灯总成	CEM	中央电子控制模块
ALA_DR_RL-1	左后门下侧氛围灯总成	CF	舒适
ALA_DR_RL-2	左后门下侧氛围灯总成（用于右后门）	CLM	角激光雷达传感器
ALA_DR_RR	右后门上饰板氛围灯总成	CMP	电动空调压缩机
ALA_FLA_L	左脚窝灯总成	CP	电动侧踏模块
ALA_FLA_R	右脚窝灯总成	CPIU	充电口指示灯控制器
ALA_IP_C	副仪表板氛围灯总成	CR_L	左前角雷达
ALA_IP_CTR	仪表板中部氛围灯总成	CR_R	右前角雷达
ALA_IP_LH	仪表板左侧氛围灯总成	CSA	组合开关总成
ALA_IP_RC	副仪表板后部氛围灯总成	CSM_L	左控制开关模块

（续）

缩略语	含义	缩略语	含义
CSM_R	右控制开关模块	ESOF	电控四驱控制单元
CVO	喷油器针阀控制策略	ESP	电子稳定程序控制
CVVL	连续可变气门升程	ETC	不停车电子收费系统
DDCM	驾驶员侧门模块	Ethernet	以太网
DG	诊断	EVCC	电动车辆通信控制器
DHL	左侧门把手模块	EWP	发动机电子水泵
DHR	右侧门把手模块	EXV	电子膨胀阀
Digital IP	数字虚拟仪表	F-PBox	前熔丝盒模块
DMCU	电机控制器总成	FCM	前向摄像头主控单元
DMS	智能识别系统	FGA	香氛发生器总成
DMSM	驾驶模式开关	FLM	前激光雷达传感器
DPWM	驾驶侧电动窗开关模块	FMCU	前驱动电机控制器
DR	数据回传	FPAS	前泊车辅助系统
DSC	驾驶员座椅控制器	FR	前向雷达
DSM	座椅记忆模块	FWV	四通阀
DSSM	主驾座椅支撑模块	GMCU	发电机控制器
DVR	行车记录仪	GPF	汽油颗粒物捕集器
E-Park	电子驻车控制器	GW	网关
E-Pump	智能电子油泵	Haldex	四驱控制器总成
EAC	空调压缩机总成	HAP	高级自动泊车控制器
EAH	空调加热器总成	HC	混合控制/前照灯控制器
EBS	蓄电池传感器	HCM_L	左组合前灯驱动模块
ECLK	电子时钟	HCM_R	右组合前灯驱动模块
ECM	发动机控制模块	HCU	混动控制器
ECU	电子控制单元	HDC	陡坡缓降
EDC	电磁减振控制	HFA	尾门感应开启控制器
ELD	电控式差速锁	HOD	方向盘脱手检测
EMS	动力管理系统	HUD	平视显示器（抬头显示）
EPB	电子驻车制动系统	HUT	多媒体播放器总成
EPS	电动助力转向	HVC	高压控制单元
ESCL	电子转向管柱锁	HVH	高压电加热器

(续)

缩略语	含义	缩略语	含义
HVS	加热通风开关	OBD	车载诊断系统
HVSM	座椅加热通风模块	OTR	外置终端电阻
IB	电子助力制动泵总成	P2M	P2驱动电机控制单元
iBooster		P4M	P4驱动电机控制单元
IDC_L2	智能驾驶控制器L2	PAS	泊车辅助系统
IDC_L3	智能驾驶控制器L3	PDCM	前排乘客侧门模块
IDCM	智能驾驶摄像头模组	PDCU	新能源动力域控制器
IFC	智能前视控制模块	PEPS	无钥匙进入与起动系统
IGC	智能电机控制模块	PIS	电源隔离器
IMMO	发动机防盗锁止系统	PIS1	电源隔离器1
IMU	惯性导航系统	PIS2	电源隔离器2
InMirror	内后视镜模块	PLG	电动尾门模块
IP	仪表	PM2.5	PM2.5传感器
IP3.5	3.5寸仪表	PPMI	预紧安全带
IP7	7寸仪表	PPWM	前排乘客侧电动窗开关模块
IPAS	全景融合控制器	Private	私有的
KBCM	车身域控制器，集成PEPS和BCM	PT	动力
LAM_L	左激光大灯辅助模块	PTS	压力温度传感器
LAM_R	右激光大灯辅助模块	PWM	电动门窗模块
LDC	激光雷达处理模块	R-PBox	后熔丝盒模块
LDM_L	左LED驱动模块	RC-L	左组合后灯总成（侧围侧）
LDM_R	右LED驱动模块	RC-R	右组合后灯总成（侧围侧）
LID-L	左组合后灯总成（背门侧）	RFM	高频接收模块
LID-R	右组合后灯总成（背门侧）	RFR	高频接收器
LIN	本地互联网络	RHVSM	后排座椅模块
LMU	高精地图定位单元	RLPWM	左后电动窗开关模块
MCU	驱动电机控制单元	RLS	阳光雨量传感器
MFSW	多功能方向盘开关模块	RMCU	后驱动电机控制器
NexTrac	智能四驱系统	RPAS	后雷达泊车辅助系统
OBC	车载充电机总成	RRPWM	右后电动窗开关模块

第 7 章　常见品牌汽车电路图特点及识读方法

（续）

缩略语	含义	缩略语	含义
RRR	后雷达控制模块	TMCU	驱动电机控制器
RSDS_L	左盲区检测并线辅助雷达控制模块	TOD	智能（适时）四驱
RSDS_R	右盲区检测并线辅助雷达控制模块	TPMS	胎压监测系统
SAS	方向盘转角传感器	Trailer	拖车控制器
SBWM	电子换挡器	TWPV	三通比例阀
SC	安全	TWV	三通阀
SEOP	智能电子油泵	UVC_LP	紫外线杀菌灯
SHM	座椅加热模块	VCU	整车控制器
SRR	侧雷达控制模块	VIMS	车辆智能监控系统
SST	维修专用工具	VIN	车辆识别代号
STBS	屏幕触摸按键开关控制器	VMDR	车辆乘客监测雷达总成
SunRoof	天窗	VSG	声音提示系统
SunShade	天窗遮阳帘	VVL	可变气门升程
SVM	智能内后视镜	VVT	可变气门正时
SWHM	方向盘加热模块	W-HUD2.0	抬头显示 2.0
T-BOX	车载无线终端	WP	电动刮水器
TCS	牵引力控制系统	WPC	无线充电系统
TCU	变速器控制单元	X-BOX	物联网域控制器
Tester Interface	诊断接口	XBOX-D	物联网外接设备插接器

7.14　上汽荣威汽车电路图

7.14.1　上汽荣威汽车电路图特点及识读方法

上汽荣威汽车电路图的电源线路被绘制于图纸顶端，并明确标注了电源线路的标号；熔丝供电线路则被绘制于电源线路之下，确保了供电流程的清晰与有序。至于接地线，则统一绘制于电路图的最底部，其上明确标注了搭铁点。此布局形式，确保了供电自上而下流动方向，为电路分析提供了直观的依据。

控制模块被绘制在电路图的中心区域，其上下两侧则分布着各类供电设备。这些设备与控制模块之间,通过导线进行连接,实现了信号的传递与指令的执行。此分布有效避免了导线之间的过多交叉,不仅提升了电路图的整洁度,更为后续的电路识读带来了极大的便利。

上汽荣威汽车电路图识读方法如图7-14-1所示。

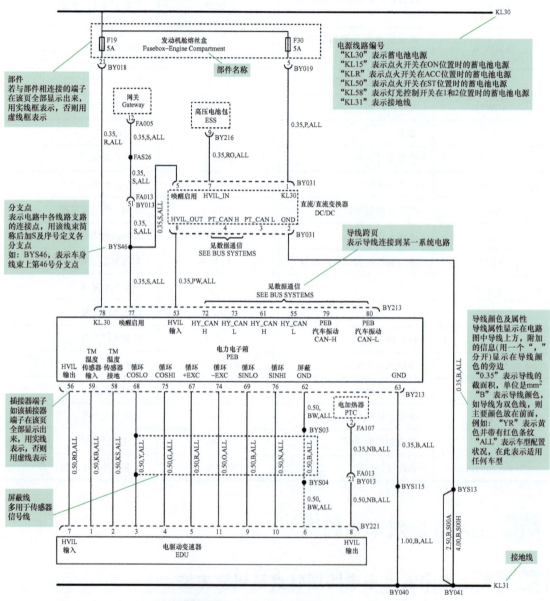

图7-14-1 上汽荣威汽车电路图识读方法

7.14.2 上汽荣威汽车电路图识读基础

(1)导线颜色、线束简称和配置代码

电路图中的导线颜色与车辆中的导线颜色保持一致,一般采用单色或双色导线进行标注。对于单色导线,整条导线的颜色应保持一致,但在经过插接器后,导线的颜色可能会发生变化,须注意颜色的准确性。双色导线的标注方法和电路图中的表现形式如图 7-14-2 所示。

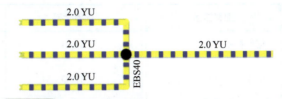

图 7-14-2 双色导线的标注方法和电路图中的表现形式

在图 7-14-2 中,"YU"代表双色导线,其中"Y"代表主色,而"U"则代表辅助色。导线代号及其相关说明见表 7-14-1。

表 7-14-1 导线代号及其相关说明

代号	英文	中文描述	代号	英文	中文描述
R	Red	红色	P	Purple	紫色
B	Black	黑色	W	White	白色
O	Orange	橙色	G	Green	绿色
S	Slate	灰色	LG	Light Green	浅绿色
K	Pink	粉色	LU	Light Blue	浅蓝色
N	Brown	棕色	TAN	Tawny	黄褐色
Y	Yellow	黄色	DU	Bark Blue	深蓝色
U	Blue	蓝色	DG	Dark Green	深绿色

整车线束根据其位置和连接部分,可以分为车身线束、中控台线束以及驾驶员车门线束等。为了统一命名,采用了双字母英文缩写的方法。表 7-14-2 所列为整车线束缩写代号及中文描述对比。

表 7-14-2 整车线束缩写代号及中文描述对比

代号	英文	中文描述	代号	英文	中文描述
BY	Body Harness	车身线束	HV	High Voltage Harness	高压线束
CE	Console Harness	中控台线束	PD	Passenger Door Harness	前排乘客车门线束
DD	Driver Door Harness	驾驶员车门线束	PS	Passenger Seat Harness	前排乘客电动座椅线束
DS	Driver Seat Harness	驾驶员电动座椅线束	RD	Rear Door Harness	后车门线束
ES	Steering Harness	电助力转向线束	SR	Sunroof Harness	天窗线束
FA	Facia Harness	仪表板线束			

电路图中的显示配置代码根据车型配置的不同进行标注，线束配置代码及中文描述见表 7-14-3。

表 7-14-3 线束配置代码及中文描述

配置代码	配置描述	配置代码	配置描述
C06C	巡航控制	S14B	普通灯泡制动灯
E102	两驱	S15D	驾驶员侧电动玻璃一键自动上下
H10H	ESP+ARP+HDC	S16D	仅驾驶员侧玻璃防夹
H11A	发光 Log	S19P	电动尾门
J17A	直接式胎压监测	S25C	后视摄像头
K17B	AUTO HOLD	S30P	双免钥匙进入以及免钥匙起动
K20B	电动折叠电动调节带加热外后视镜	S31E	无钥匙发动机按键起动
M05D	遮阳板带照明灯	S35A	全景天窗
M10E	自动防眩目内后视镜	S37B	蓝牙免提电话
M35A	行李舱电源插座	S40A	半自动泊车
M52B	车门内饰氛围灯	S40P	后倒车雷达
N00A	驾驶员电动座椅	S41L	车道偏离警示
N10D	前排乘客电动座椅	S45R	自动刮水器
N45W	前排座椅加热	S53F	娱乐系统
Q00S	双安全气囊（驾驶员侧及乘客舱侧）+侧安全气帘	S57A	行人警示系统
Q01B	胸及骨盆侧安全气囊	S76X	仪表背光不可切换
Q105	带预紧负载限制的驾驶员安全带	S78A	360°全景影像
Q11D	带预紧的负载限制的前排乘客安全带	S79A	车门照地灯
Q20R	前安全带提示报警	S85A	行车记录仪
R40A	12.3 英寸全虚拟仪表	T11H	自动恒温空调 – 双区域
S00A	带自动水平调节	T21V	空气净化系统
S00H	投射式卤素大灯及其水平调节	U01D	双 USB 端口

(续)

配置代码	配置描述	配置代码	配置描述
S02F	前雾灯	U058	8扬声器
S03F	后雾灯	U11N	导航
S04A	杂物箱灯	U35R	方向盘和音量调节
S10A	灯光自动控制系统	U40D	10.4英寸彩色显示屏
S11D	日间行车灯		

(2) 电路图中的相关缩略语

为了在有限的空间内标注更多的信息,电路图采用了缩略语来代替某些用电器或系统名称。缩略语及其对应的中文名称解释见表7-14-4。这些缩略语的应用有助于简化电路图的复杂性,同时提高了电路图的阅读效率。

表7-14-4 缩略语及其对应的中文名称解释

缩略语	中文名称	缩略语	中文名称
A	安培	ECU	电子控制单元
A/C	空调	EDU	电驱动变速器
ABS	防抱死制动系统	EF	发动机舱熔丝
ACFP	空调控制面板	EMS	发动机控制系统
ANT	天线	EPB	电子驻车制动
ATC	自动空调控制	EPS	电子助力转向
AUH	自动驻车	ESCL	电子转向柱锁
BCM	车身控制器	EVAP	蒸发器
BUS	数据总线	EVP	电子真空泵
CAN	控制区域网络	FB	反馈
CDL	中控门锁	FCD	中央娱乐屏幕
CHSML	高位制动灯	FCW	前方碰撞预警
CTRL	控制	FICM	前台娱乐控制模块
CYL	气缸	FL	左前
DDSP	驾驶员侧电动车窗开关	Flap	风门
DI	转向	FR	右前
EBS	蓄电池电流传感器	FVCM	前视摄像头模块

（续）

缩略语	中文名称	缩略语	中文名称
GND	接地	PSI	碰撞传感器
HDC	坡道缓降	PTC	电加热器
HRW	后风窗加热	PWM	脉冲宽度调制
HS	高速	PWR	电源
HSD	高速信号	Req	请求信号
HSU	门把手天线	RH	右侧
IACU	空气净化器	RL	左后
IGN	点火挡	RLS	阳光雨量传感器
ILLUM	背光	RLY	继电器
IMMO	防盗	RR	右后
INTS	集成热传感器	SCRN	屏蔽线
ISG	集成起动发电机	SCS	动态稳定控制系统
ITOS NTC Ref SNR	集成热指向参考传感器	SCU	换挡控制单元
ITOS NTC SNR	集成热指向传感器	SIG	信号
ITOS SUN SNR	集成热指向阳光传感器	SPK	扬声器
LDW	车道偏离报警系统	SW	开关
LF	低频信号	SYSTOT	通信串口到通信模块
LH	左侧	TBOX	通信模块总成
LVDS	低压差分信号传输	TCCM	四驱控制模块
MS	中速	TEMP	温度
NAV	导航	TM	驱动电机
PACM	行人警示模块	TPMS	胎压监测模块
PASS	前排乘客	TTOSYS	通信模块到通信串口
PDC	驻车辅助控制	UBR	经过主继电器的电压
PLCM	电动尾门控制模块	V	伏特

7.15 红旗汽车电路图

7.15.1 红旗汽车电路图特点及识读方法

红旗汽车电路图将蓄电池、熔丝、继电器等供电电路安排在电路图的左侧、左上方或正上方，开关则设置在电路图的中间偏上部位。控制单元被放置在电路图的中间部分，用电设备则安排在电路图的下方，而搭铁则布置在电路图的下方。蓄电池的电源从电路图的左侧或左上方开始，经过熔丝、继电器，再向下经过开关，最终供应给用电设备。此外，单元电路图的下方还会提供当前电路图中重要的插接器信息图，包括端子编号和端子定义。这种布局合理、清晰，符合汽车电路图的特点，便于维修人员识别和操作。此外，红旗汽车电路图还具有一些其他的特点。例如，每个电路图中都详细标注了各种元器件的名称和型号，以及它们之间的连接关系，使得维修人员可以更加清晰地了解电路的工作原理和各元器件的作用。

另外，红旗汽车电路图还采用了标准化的符号和标注方式，使得不同电路图之间的阅读和理解更加方便。这种标准化也使得维修人员可以更加快速地找到所需的元器件和连接关系，提高了维修的效率和准确性。

红旗汽车电路图识读示例分别如图 7-15-1～图 7-15-4 所示。

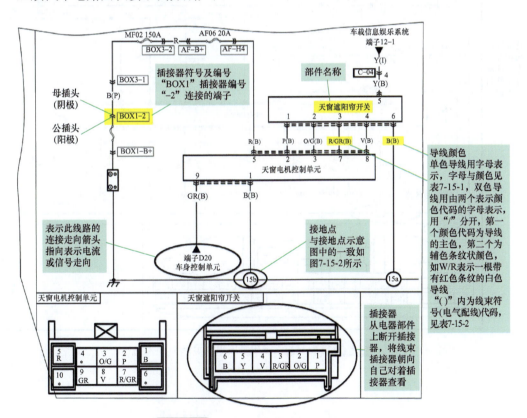

图 7-15-1　红旗汽车电路图识读示例（1）

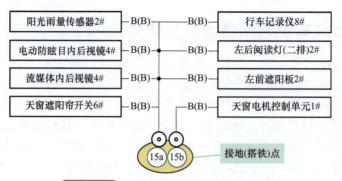

图 7-15-2 红旗汽车电路图识读示例（2）

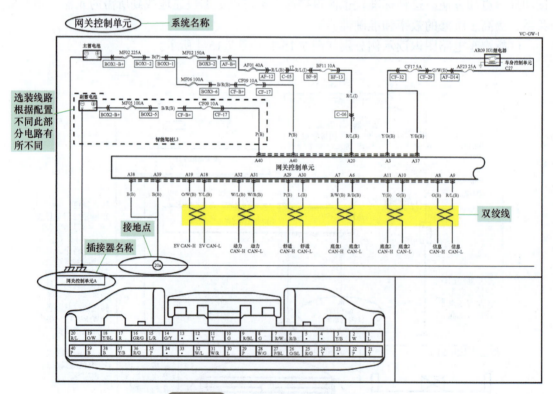

图 7-15-3 红旗汽车电路图识读示例（3）

第7章 常见品牌汽车电路图特点及识读方法

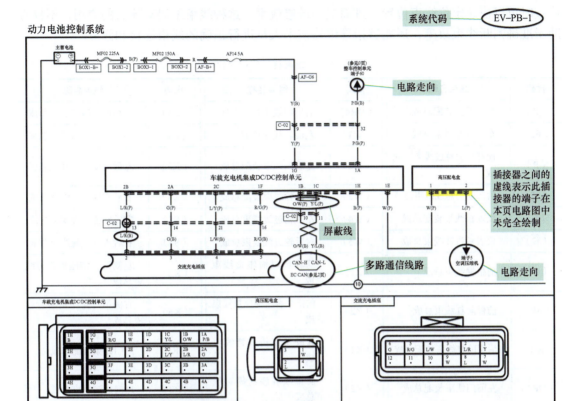

图 7-15-4　红旗汽车电路图识读示例（4）

7.15.2　红旗汽车电路图识读基础

（1）导线颜色及线束符号

红旗汽车电路图中的导线颜色标准与车辆导线颜色一致，分为纯色导线和双色导线。纯色导线只有一种颜色，并使用一个字母来表示颜色代码。双色导线则使用两个字母来表示颜色代码，两个颜色代码中间以"/"进行区分。第一个字母表示导线的基色，而后字母则表示条纹的颜色。举例来说，BR/Y 代表的是带有黄色条纹的棕色导线。导线颜色代码对比见表 7-15-1。

表 7-15-1　导线颜色代码对比

颜色代码	颜色	颜色代码	颜色	颜色代码	颜色
B	黑色	G	绿色	R	红色
L	蓝色	Y	黄色	V	紫色
BR	棕色	O	橙色	W	白色
GR	灰色	P	粉色	LG	浅绿色

红旗汽车电路图中的每条线束均具有编码，并在导线颜色后的括号内进行标注。表 7-15-2 所列为线束符号代码对比。红旗汽车线束编码的标注方式，使得其在维修诊断

检查时可以快速定位线束位置，进而提高维修效率。这种线束编码对比表的应用，不仅有助于准确判断线束故障，还能够指导维修技术人员进行正确的线束连接和修复。

表 7-15-2 线束符号代码对比

代码	线束名称	代码	线束名称	代码	线束名称
（B）	车身线束装配总成	（DR4）	右后门线束装配总成	（Z3）	左后座椅座垫线束总成
（B2）	车身过渡线束总成	（W1）	左前轮线束总成	（Z4）	右后座椅座垫线束总成
（P）	前部动力总成线束装配总成	（W2）	左后轮线束装配总成	（K3）	左后座椅靠背线束总成
（P2）	后部动力总成线束总成	（W3）	右后轮线束装配总成	（K4）	右后座椅靠背线束总成
（I）	仪表板线束装配总成	（W4）	左后轮过渡线束总成	（S3）	左后座椅气囊线束总成
（I2）	仪表板过渡线束总成	（W5）	右后轮过渡线束总成	（S4）	右后座椅气囊线束总成
（G）	前格栅线束总成	（Z1）	驾驶员座椅座垫线束总成	（K5）	左侧第三排座椅靠背线束总成
（FF）	前保险杠线束总成	（Z2）	前排乘客座椅座垫线束总成	（K6）	右侧第三排座椅靠背线束总成
（RR）	后保险杠线束装配总成	（K1）	驾驶员座椅靠背线束总成	（R）	尾门线束装配总成
（DR1）	左前门线束装配总成	（K2）	前排乘客座椅靠背线束总成	（R2）	尾门过渡线束总成
（DR2）	右前门线束装配总成	（S1）	驾驶员座椅气囊线束总成	（R3）	牌照板过渡线束装配总成
（DR3）	左后门线束装配总成	（S2）	前排乘客座椅气囊线束总成		

（2）电路图中的缩略语及电器元件图形符号

红旗汽车电路图中同样普遍采用了大量的缩略语，用来表达电器元件名称、开关状态、供电形式等，电路图中的缩略语及其对比见表 7-15-3。

表 7-15-3 电路图中的缩略语及其对比

缩略语	名称	缩略语	名称	缩略语	名称
A	安培	BCM	车身控制器	ELR	紧急锁紧式安全带卷收器
A/C	空调	CAN	控制器区域网络	EI	电子点火
ABS	防抱死制动系统	CM	控制模块	ELEC	电
ACC	主动巡航	CONT	控制	EPB	电子驻车制动
ACU	安全气囊控制器	DEF	除霜装置	EPS	电动助力转向系统
AMP	放大器	DLC	数据链路插接器	EHPS	电动助力转向系统
ANT	天线	DTC	诊断故障代码（S）	ESP	车身电子稳定系统
B+	电池正极电压	DTM	诊断测试模式	F	前

(续)

缩略语	名称	缩略语	名称	缩略语	名称
FM	调频制	M	电动机	P/S	动力转向装置
GND	接地	MID	中间	PCM	动力传动控制模块
H/D	发热器/除霜装置	MIL	故障指示灯	PJB	乘客分线盒
HEAT	发热器	MIN	分钟	R	后
HI	高	MPX	多路传输	RF	右前方
HU	液压装置	M	电动机	RH	右手
IG	点火	MID	中间	RPM	每分钟转数
ILLUMI	照明	N	空挡	RR	右后方
INT	间歇	NC	常闭	SECTION	部分
JB	接线盒	NO	常开	ST	起动
LCD	液晶显示器	OBD	车载故障诊断系统	SW	座椅加热
LF	左前方	OFF	关闭	TCS	牵引力控制系统
LH	左手	ON	打开	TEMP	温度
LCD	液晶显示器	PSP	动力转向压力	V	伏特
LO	低	PWM	脉冲宽度调制	VSS	车速传感器
LR	左后方	P	动力	W	瓦特

红旗汽车电路图中的电器元件图形符号及含义见表7-15-4。

表7-15-4 红旗汽车电路图中的电器元件图形符号及含义

图形符号	含义	图形符号	含义
蓄电池 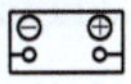	通过化学反应产生电流 向电路提供直流电	照明灯 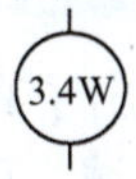  3.4W	电流流过灯丝时发光、发热
接地(1) 接地(2) 接地(3)	如果有电流从蓄电池的正极向负极流动，则连接点到车身或其他接地线的连接情况如下 接地(1)表明接地点通过线束与接地体之间的连接 接地(2)表明接地点（即部件）直接与接地体相连 接地(3)表明电线与接地体相连。 备注: 如果接地有故障，则电流将不能形成回路	电阻器 电动机	电阻值恒定的电阻器通过保持额定电压来保护电路中的电器元件 把电能转变成机械能

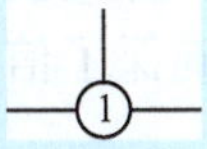

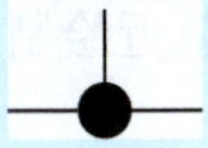

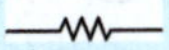

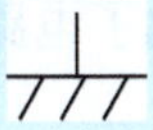

(续)

图形符号	含义	图形符号	含义
熔丝 	电流超过电路规定的电流值时，熔丝熔断 备注： 不要使用超过规定容量的熔丝进行更换 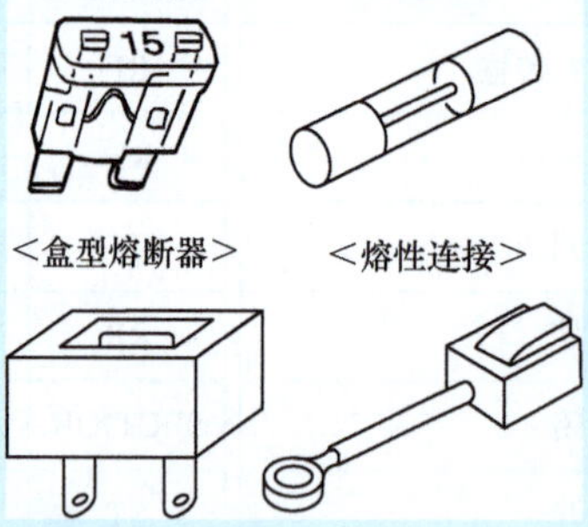 <刃型熔断器> <筒型熔断器>	泵	吸入和排出流体的机械
熔丝(适用于强电流的熔丝)/熔性连接 	<盒型熔断器> <熔性连接>	点烟器 	产生热量的电阻线圈
		附件插座 	内部电源
		喇叭 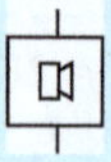	有电流通过时发出声音
加热器 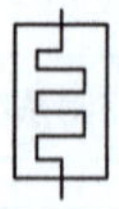	有电流通过时产生热量	扬声器 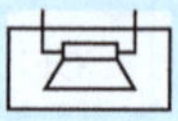	
发光二极管(LED) 	有电流流过时，二极管能够发光 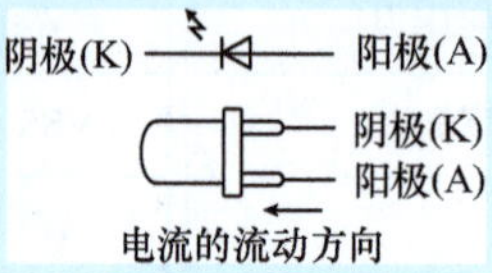 阴极(K) —▷|— 阳极(A) 阴极(K) 阳极(A) 电流的流动方向		

7.16 吉利汽车电路图

7.16.1 吉利汽车电路图特点及识读方法

吉利汽车电路图设计展现出了高度的整洁性与清晰度，显著特点在于其模块化设计理念的应用。在电路图的左上区域，明确标示了供电系统的核心——熔丝与继电器盒模块，该模块内部通过精细的线条描绘了熔丝与继电器的详细形态及其电路路径，确保了信息的精确传达。

位于电路图中部及下部的区域，则精心布局了各类用电器与控制模块，并通过明确的导线连接，直观地展示了它们之间的连接关系。接地连接则根据实际需要，就近绘制于电路的中部或下部，进一步提升了图纸的易读性与实用性。

此电路图的布局设计，不仅清晰地展现了供电电流自上而下的流动趋势，同时也为控制和传感器信号的双向传输（由上至下或由下至上）提供了便利，极大地简化了电路图的识读过程，为技术人员提供了高效、准确的参考依据。

吉利汽车电路图识读方法如图 7-16-1 所示。

第7章 常见品牌汽车电路图特点及识读方法

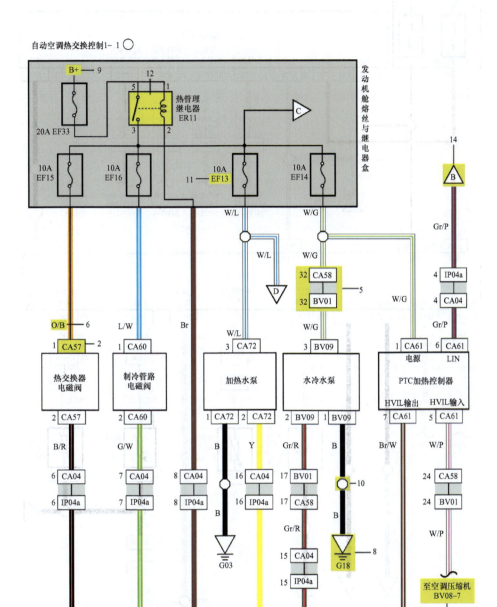

图 7-16-1 吉利汽车电路图识读方法

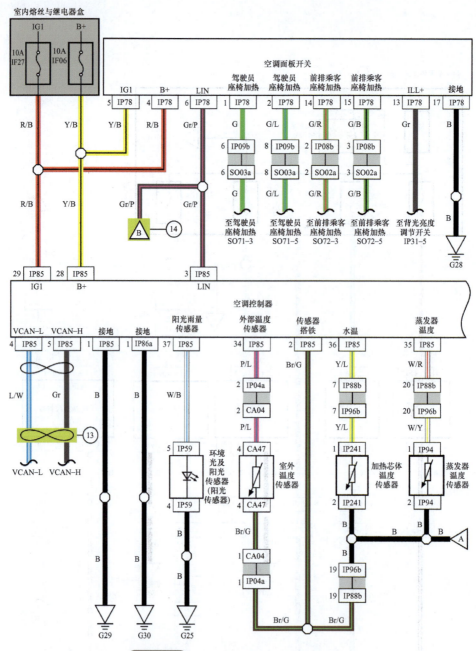

图 7-16-1 吉利汽车电路图识读方法（续）

1、2—线束连接器编号（表 7-16-1） 3—部件名称 4—显示此电路连接的相关系统信息
5—插接器之间连接（采用实现表示，并用灰色阴影覆盖，用于与物理线束进行区别）。
物理线束用粗实线表示，颜色与实际导线颜色一致）
6—导线颜色（表 7-16-2，如果导线为双色线，则第一个字母显示导线底色，第二个字母显示条纹色，中间用"/"分隔）
7—显示插接器端子号（插接器编号规律如图 7-16-2 所示） 8—搭铁点编号（以 G 开头的序列编号标识）
9—供于熔丝上的电源类型 10—导线节点（导线节点类型如图 7-16-3 所示）
11—熔丝编码（由熔丝代码和序列号组成，位于发动机舱的熔丝代码为 EF，室内熔丝代码为 IF）
12—继电器编码 13—双绞线（主要用于传感器的信号电路或数据通信电路，如图 7-16-4 所示）
14—表示当前系统内容过多，线路需要多页表示 15—端子名称

第 7 章 常见品牌汽车电路图特点及识读方法

表 7-16-1 各代码代表的线束

定义	线束名称	定义	线束名称
CA	发动机舱线束	SO	底板线束
BV	动力线束	DR	门线束
IP	仪表线束	RF	顶棚线束

表 7-16-2 颜色代码及线色对比

颜色代码	导线颜色	示例	颜色代码	导线颜色	示例
B	黑色		O	橙色	
Gr	灰色		W	白色	
Br	棕色		V	紫色	
L	蓝色		P	粉色	
G	绿色		Lg	浅绿色	
R	红色		C	浅蓝色	
Y	黄色				

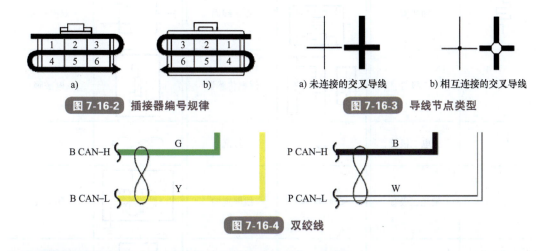

图 7-16-2 插接器编号规律

图 7-16-3 导线节点类型

图 7-16-4 双绞线

7.16.2 吉利汽车电路图元器件图形符号

吉利汽车电路中的元器件图形符号（表 7-16-3）采用标准电气符号绘制，外框使用粗实线绘制，内部采用细线绘制结构图，便于识读。

表 7-16-3 吉利汽车电路中的元器件图形符号

图形符号	含义	图形符号	含义	图形符号	含义
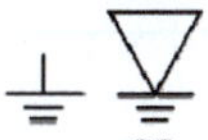	接地	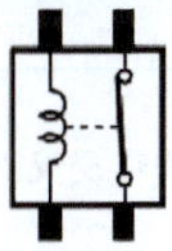	常闭继电器	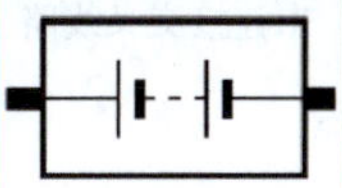	蓄电池

(续)

图形符号	含义	图形符号	含义	图形符号	含义
	温度传感器		常开继电器		电容
	短接片		双掷继电器		点烟器
	电磁阀		电阻		天线
	小负载熔丝		电位计		常开开关
	中负载熔丝		可变电阻器		常闭开关
	加热器		点火线圈		双掷开关
	二极管		爆燃传感器		电磁阀
	光电二极管		灯泡		双绞线
	发光二极管		线路走向		起动机
	电机		喇叭		电磁阀
	限位开关		时钟弹簧		氧传感器
	未连接交叉线路		安全气囊		安全带预紧器
			相连接交叉线路		

7.17 通用汽车电路图

7.17.1 通用汽车（别克、五菱、宝骏）电路图特点及识读方法

通用车系中汽车电路图按系统可分为电源分配图、熔丝图、系统电路图和搭铁电路图。其中系统电路图又将供电、搭铁、总线、传感器、执行器等分开单独画出，可快速查找相关电路图。如科鲁兹发动机控制系统电路图就分为了"电源、搭铁、串行数据和故障灯""发动机数据传感器——空气流量计、压力和温度""发动机数据传感器——节气门"等。

系统电路图中电源线从上方进入，通常从熔丝处开始，并于熔丝上方用黑线框标注此处与电源之间的通断关系；用电器在中部，接地点在最下方。如果是由电子控制的系统，电路图中除该系统的工作电路，还会包括与该系统工作有关的信号电路（如传感器等）。

在电路图中各导线除了标明颜色和横截面积，通常还标有该电路的编码，通过电路编码可以知道该电路在汽车上的位置，以方便识图和故障查找。

通用汽车电路图识读方法如图 7-17-1 所示。

在通用汽车电路中黑色三角形内的或方框内的图案符号表示电路中需要注意的地方，见表 7-17-1。

表 7-17-1 通用汽车电路中黑色三角和方框内的图案符号说明

符号	说明	符号	说明
 （信息图标）	信息图标 该图标用于提醒技术人员查阅相关的附加信息，以帮助维修相关系统	 （高压危险图标）	高压危险图标 该图标用于提醒维修技师该部件/系统包含300V电压电路
 （高压图标）	高压图标 该图标用于提醒维修技术人员该部件包含高于42V但低于300V的高压	 （安全气囊系统图标）	安全气囊系统图标 该图标用于提醒维修技术人员系统内有安全气囊系统部件，在维修前需要特别注意
 （告诫图标）	告诫图标 提醒告诉维修技术人员维修该部件时应小心	 （计算机编程图标）	计算机编程图标 示意图上的图标用于链接"控制模块参考"，确定更换时需要编程的部件
 （LOC图标）	主要部件列表图标 示意图上的图标用于链接"主要电气部件列表"	 （DESC图标）	说明与操作图标 示意图上的图标用以链接"特点系统说明与操作"
 （右箭头图标）	下页示意图图标 示意图上的图标用于进入子系统的下一个示意图	 （左箭头图标）	上页示意图图标 示意图上的图标用于进入子系统的前一个示意图
 （上下箭头图标）	串行数据通信功能 该图标用于向维修技术人员标明该串行数据电路详细信息未完全显示也能提供一个有效连接至该电路的数据通信图标完全显示		

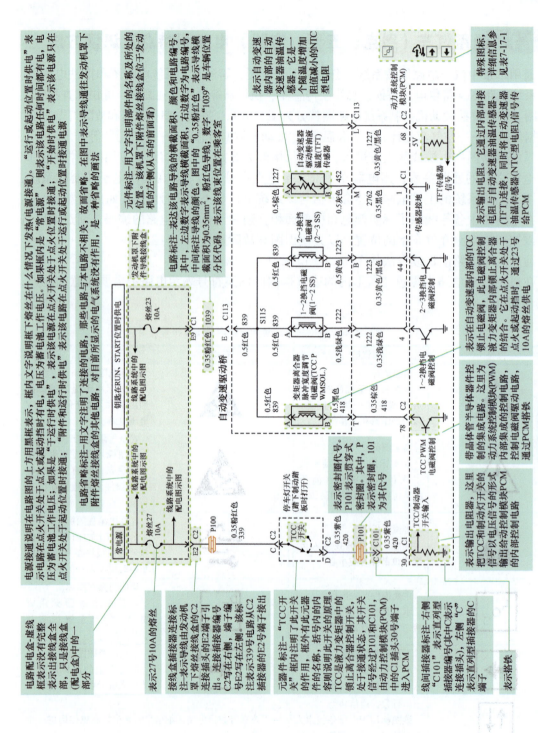

图 7-17-1 通用汽车电路图识读方法

7.17.2 通用汽车电路图识读基础

(1) 车辆分区策略

电路图中，所有搭铁、直列式插接器、穿线护环和星形插接器都有与其在车辆上的位置相对应识别代码，车辆分区策略如图7-17-2所示，区位说明见表7-17-2。

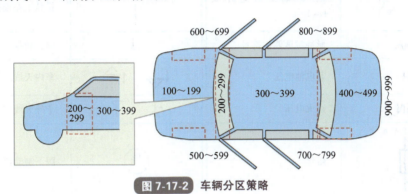

图 7-17-2　车辆分区策略

表 7-17-2　区位说明

插图编号	区位说明
100～199	发动机舱 – 前围板的所有前部区域 注意事项：001～099 是发动机舱备用编号 – 仅在 100～199 的所有编号已用完时才使用
200～299	仪表板区域内
300～399	乘客舱 – 从仪表板到后轮罩
400～499	行李舱 – 从后轮罩到车辆后部
500～599	左前门内
600～699	右前门内
700～799	左后门内
800～899	右后门内
900～999	行李舱盖或舱盖内

(2) 电路图形符号

通用汽车电路图形符号及说明见表7-17-3。

表 7-17-3　通用汽车电路图形符号及说明

符号	说明	符号	说明
	输入/输出下拉电阻器（–）	5V	参考电压
	输入/输出上拉电阻器（+）	5V AC	空调电压
	输入/输出高压侧驱动开关（+）		低电平参考电压

(续)

符号	说明	符号	说明
	输入/输出低压侧驱动开关（+）	9	绞合线
	输入/输出双向开关（+/−）		搭铁电路连接
	脉冲宽度调制符号	↑↓	串行数据
B+	蓄电池电压		车内天线信号
IGN	点火电压		车外天线信号
	熔丝		踩下制动器
	断路器	PWR/TRN Relay	继电器供电的熔丝
	搭铁		易熔线
	搭铁		壳体接地
X100 阳端子 12 阴端子	直列式线束插接器	×100 12	引线连接
	临时连接或诊断连接线		钝切线
	不完整连接接头		导线交叉
	完整连接接头		屏蔽线
	完整物理接头		插接器短路夹

(续)

符号	说明	符号	说明
	直接固定在部件上的插接器		蓄电池
	完整部件 但某个部件采用实线框表示时，标明该部件或其导线已完全显示		单丝灯泡
	非完整部件 但某个部件采用虚线框表示时，标明该部件或其导线并未完全显示		双丝灯泡
	点烟器		计量计表
	2位常开开关		可变电阻器
	2位常闭开关		可变电阻器 NTC
	接触片开关（1根导线）		加热元件
	接触片开关（2根导线）		引线插接器
	3位开关		摇压式开关
	4位开关		5针常闭继电器
	5位开关		蓄电池总成（动力电池）混合动力系统
	6位开关		二极管
	4针单刀单掷常开继电器		位置传感器

（续）

符号	说明	符号	说明
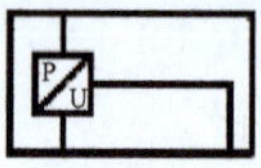	压力传感器	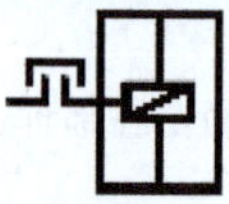	离合器
	2线式感应型传感器	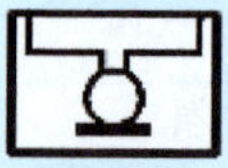	麦克风
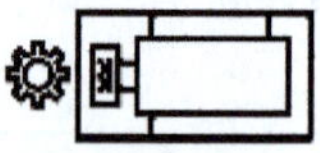	3线式感应型传感器		安全气囊系统线圈
	2线式霍尔效应传感器	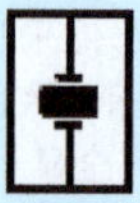	爆燃传感器
	3线式霍尔效应传感器	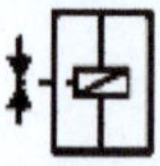	电磁阀
	2线式氧传感器		正温度系数电机
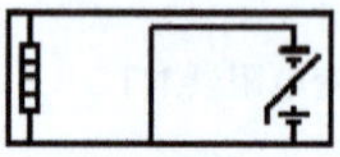	4线式加热型氧传感器	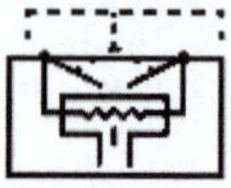	安全气囊
	执行器电磁阀	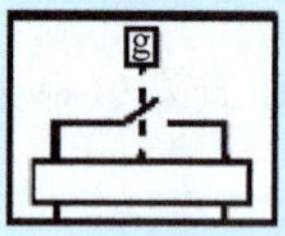	安全气囊系统碰撞传感器

（3）电路导线颜色

通用汽车导线颜色对比分别见表7-17-4、表7-17-5。

表7-17-4 通用汽车电路图中单色导线颜色对比（包含已停产车型）

颜色		车型					
		通用	荣誉	陆尊	新赛欧	君越	景程
黑	Black	BLK	BK	BLK	SW	BK	BK
棕	Brown	BRN	BN		BR		
棕黄			TN			TN	TN
蓝	Blue	BLU	BU	BLU	BL	BU	BU
深蓝	Dark Blue	DK BLU	D-BU	BLN DK		D-BU	D-BU
浅蓝	light Blue	LT BLU	L-BU	BLN LT		L-BU	L-BU
绿	Green	GRN	GN	GRN	GN	GN	GN
灰	Grey	GRY	GY	GRA	GR	GY	GY

(续)

颜色		车型					
		通用	荣誉	陆尊	新赛欧	君越	景程
白	White	WHT	WH	WHT	WS	WS	WS
橙	Orange	ORG	OG			OG	OG
红	Red	RED	RD	RED	RT	RD	RD
紫	Violet	VIO	PU	PPL		PU	PU
粉紫							
黄	Yellow	YEL	YE	YEL	GE		
褐	Brown	TAN		TAN		BN	BN
深绿	Dark Green	DK GRN	D-GN	GRN DK		D-GN	D-GN
桔黄							
粉红	Pink	PNK					PK
透明	Clear	CLR					
浅绿	Light Green	LT GRN	L-GN	GRN LT		L-GN	L-GN
紫红	Purple	PPL					

表 7-17-5 通用汽车电路图中双色导线颜色对比

导线颜色	示意图中的缩写	导线示例	导线颜色	示意图中的缩写	导线示例
带白色标的红色导线	RD/WH		带白色标的深绿色导线	D-GN/WH	
带黑色标的红色导线	RD/BK		带黑色标的浅绿色导线	L-GN/BK	
带白色标的棕色导线	BN/WH		带黄色标的红色导线	RD/YE	
带白色标的黑色导线	BK/WH		带蓝色标的红色导线	RD/BL	
带黄色标的黑色导线	BK/YE		带蓝色和黄色标的红色导线	RD/BL/YE	
带黑色标的深绿色导线	D-GN/BK				

7.18 丰田汽车电路图

7.18.1 丰田汽车电路图特点及识读方法

丰田汽车电路图中的电气元件通常用文字直接标注。在电路总图中各系统电路按横轴方向逐个布置，并在电路图上方标出各系统电路的区域和代表该电路系统的符号及文字说明。电路图中绘出了搭铁点，并标注代号与文字说明。部分电路图中还直接标出电路插接器的端子排列和各端子的使用情况，给识图和电路故障查询提供了方便。

丰田汽车电路图识读方法如图 7-18-1 所示。

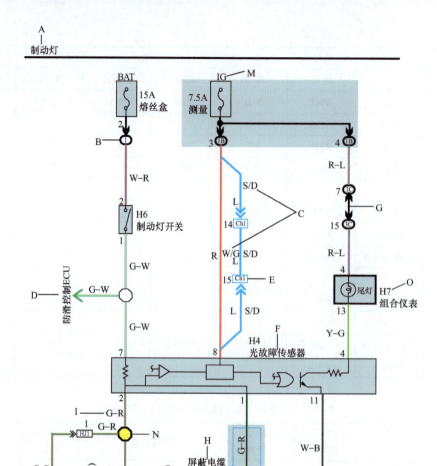

图 7-18-1　丰田汽车电路图识读方法

A—系统标题　B—继电器盒（未用阴影表示，仅表示继电器盒编号，与接线盒加以区分，①表示 1 号继电器盒）
C—车型、发动机类型或规格不同时，用（）来表示不同的配线和插接器等　D—表示相关联的系统
E—表示用来连接线束的插头式插接器和插座式插接器的代码（图 7-18-2a）
F—表示零件（所有零件均以天蓝色表示）　G—接线盒（圆圈中的数字为接线盒编号，插接器代码显示在旁边。接线盒以阴影表示，用于明确区分其他零件，图 7-18-2b）　H—表示屏蔽电缆（图 7-18-2c）
I—表示配线颜色（第一个字母表示基本配线颜色，第二个字母表示条纹颜色，见图 7-18-2d，导线颜色代码对比见表 7-18-1）
J—表示连接器的端子编号（图 7-18-2e）　K—表示搭铁点。该代码由两个字符组成：一个字母和一个数字。
L—页码　M—向熔丝供电时，用来表示点火钥匙的位置　N—表示配线接合点（图 7-18-2f）
O—线束代码（各线束以代码表示。线束代码用于表示零件代码、线束间插接器代码和搭铁点代码。
例如：H7（组合仪表）、CH1（插头式线束间插接器）和 H2（搭铁点）表示它们是同一线束"H"的零件。

第 7 章 常见品牌汽车电路图特点及识读方法

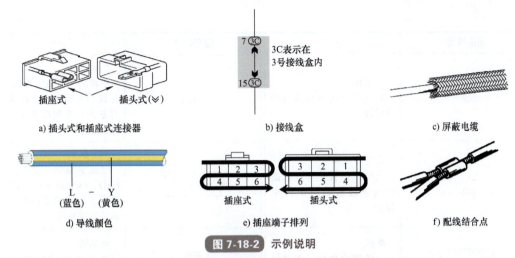

图 7-18-2 示例说明

插接器代码的第一个字符表示插座式插接器线束上的字母代码，第二个字符表示插头式插接器线束上的字母代码。第三个字符是在存在多个相同线束组合时用来区别线束组合的系列号（如 CH1 和 CH2）。

符号（≫）表示插头式端子插接器。连接器代码外侧的数字表示插头式插接器和插座式插接器的端子编号。

注：插接器代码由两个字母和一个数字组成。

导线颜色代码对比见表 17-18-1。

表 7-18-1 导线颜色代码对比

颜色代码	颜色	颜色代码	颜色	颜色代码	颜色
B	黑色	L	蓝色	BR	棕色
DL	深蓝色	DG	深绿色	GY	灰色
G	绿色	LB	浅蓝色	LG	浅绿色
O	橙色	P	粉红色	R	红色
SB	天蓝色	T	黄褐色	V	紫色
W	白色	Y	黄色		

7.18.2 丰田汽车电路图元器件图形符号

丰田汽车电路图图形符号见表 7-18-2。

表 7-18-2 丰田汽车电路图图形符号

图形符号	含义	图形符号	含义
	蓄电池 存储化学能量并将其转换成电能 为车辆的各种电路提供直流电		电容器 临时存储电压的小型存储单元
	点烟器 电阻加热元件		断路器 通常指可重复使用的熔丝 如果有过量的电流经过，断路器会变热并断开 有些断路器在冷却后自动复位，有些则必须手动复位

（续）

图形符号	含义	图形符号	含义
	二极管 只允许电流单向流通的半导体		模拟仪表 电流会使电磁线圈接通，并使指针移动，从而比照背景的校准刻度提供一种相对显示
	光电二极管 光电二极管是一种根据光线强度控制电流的半导体	FUEL	数字仪表 电流会激活一个或多个LED、LCD或荧光显示屏，这些显示屏可提供相关显示或数字显示
	熔丝 一条细金属丝，当通过过量电流时会熔断，可以阻断电流，防止电路受损	M	电动机 将电能转化为机械能（特别是旋转运动）的动力装置
	中等电流熔丝 置于高电流电路中的大号线束，在负载过大时会熔断，因此可保护电路 数字表示线束横截面面积		稳压二极管 允许电流单向流动，但只在不超过某一个特定电压时才阻挡反向流动的二极管 超过该特定电压时，稳压二极管可允许超过部分的电压通过 可作为简易稳压器使用
	大电流熔丝或熔丝 置于高电流电路中的大号线束，在负载过大时会熔断，因此可保护电路 数字表示线束横截面面积		LED（发光二极管） 电流流过发光二极管时会发光，但发光时不会像同等规格的灯一样产生热量
	单丝前照灯 电流使前照灯灯丝发热并发光		搭铁 配线与车身相接触的点，为电路提供一条回路，没有搭铁，电流就无法流动
	双丝前照灯		扬声器
	灯		扬声器 一种可利用电流产生声波的机电装置

第7章 常见品牌汽车电路图特点及识读方法

(续)

图形符号	含义	图形符号	含义
	点火线圈 将低压直流电转换为高压点火电流，使火花塞产生火花		短接销 用来在接线盒内部建立不可断开的连接
	继电器（正常闭合） 电子控制开关 流经小型线圈的电流生成一个磁场，可断开或闭合所附接的开关		电磁线圈 一种电磁线圈，可在电流流过时产生磁场以便移动铁心等
	继电器（正常断开） 电子控制开关 流经小型线圈的电流生成一个磁场，可断开或闭合所附接的开关		手动开关 正常断开（上） 正常闭合（下） 断开和闭合电路，从而可阻断或允许电流通过
	双掷继电器 使电流流过两组触点中任意一组的一种继电器		点火开关 使用钥匙操作且有多个位置的开关，可用来操作各种电路，特别是初级点火电路
	电阻器 有固定电阻的电器零部件，置于电路中，可将电压降至某一个特定值		双掷开关 使电流持续流过两组触点中任意一组的一种开关
	抽头式电阻器 一种电阻器，可以提供两种或两种以上不同的不可调节的电阻值		刮水器停止开关 刮水器开关关闭时可自动将刮水器返回到停止位置的开关
	可变电阻器或变阻器 一种带有可变电阻额定值的可控电阻器 也被称为电位计或变阻器		晶体管 主要用作电子继电器的一种装置 根据在"基极"上施加的电压来阻止或允许电流通过
	传感器（热敏电阻） 电阻值随温度而变化的电阻器		线束（未连接） 线束在电路图上以直线表示 连接处没有黑点或八角形的交叉线束表示未连接
（舌簧开关型）	速度传感器 使用电磁脉冲断开和闭合开关，以生成一个信号，用来激活其他零部件		线束（连接） 线束在电路图上以直线表示 连接处有黑点或八角形的交叉线束表示为结合连接

7.19 本田汽车电路图

7.19.1 本田汽车电路图特点及识读方法

本田汽车电路图中的各类符号一般都有文字说明，当理解文字的含义后，识读电路图就比较容易了。每条导线上都标有颜色，分单色线和双色线，以英文缩写来表示。同一电气系统中颜色相同但功能不同的导线加上标进行区别，如 BLU^2、BLU^3 是不同的导线。

本田汽车的电路图与其他车系的不同点还在于其并没有标出导线的横截面积，只是根据和导线相连熔丝的通电电流大小来判断导线的截面积大小。

本田汽车电路图识读方法如图 7-19-1 所示。

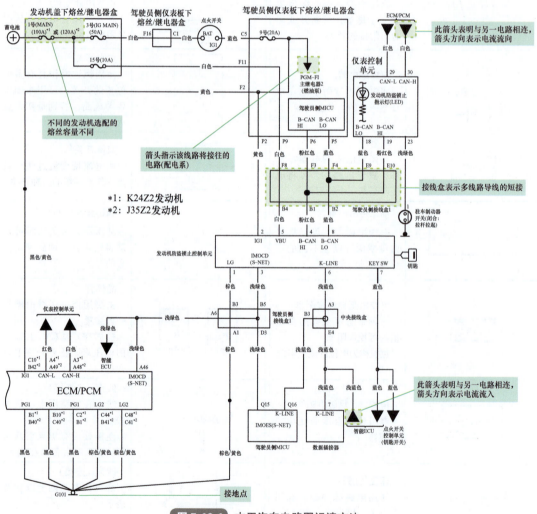

图 7-19-1 本田汽车电路图识读方法

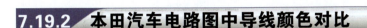

7.19.2 本田汽车电路图中导线颜色对比

本田汽车电路图中导线颜色对比见表 7-19-1。

表 7-19-1 本田汽车电路图中导线颜色对比

颜色代码	颜色	颜色代码	颜色	颜色代码	颜色
WHT	白色	YEL	黄色	BLK	黑色
BLU	蓝色	GRN	绿色	RED	红色
ORN	橙色	PNK	粉红色	BRN	棕色
GRY	灰色	PUR	紫色	TAN	黄褐色
LT BLU	浅蓝色	LT GRN	浅蓝色		

注：有的导线绝缘层只有一种颜色，有的导线绝缘层则在一种颜色的基础上加上另一种颜色的条纹。第二种颜色即为条纹颜色。

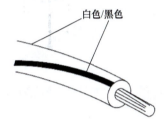

7.20 现代 / 起亚汽车电路图

7.20.1 现代 / 起亚汽车电路图特点及识读方法

现代 / 起亚汽车电路中电源部分画在电路图的顶部，搭铁部分画在电路图的底部。原版电路图中导线按照实际线束颜色和线径着色，用电设备和模块采用浅蓝色背景。模块虚线框表示在当前电路中未完全显示，实线框表示在当前线路中已完全显示。导线由白、黑、红、黄、绿、棕、蓝、浅绿、橙 9 种主色加辅助颜色条纹的双电线组成，按一定规律连接起来，构成完整的全车电气系统。现代 / 起亚汽车电路图识读方法如图 7-20-1 所示。

1—系统名称 / 系统代码。

每一页由系统电路组成。示意图包括电流的路径，各个开关的连接状态，以及当前其他相关电路的功能，它适合在实际的维修工作中使用。

在故障检修前正确地理解相关电路是非常重要的。

系统的电路依据部件编号并表示在电路图索引上。

2—插接器视图（部件），如图 7-20-2 所示。

1）部分显示如下：插接器（线束侧，非部件侧）正视图。

2）按照第 4 项的插接器视图和编号顺序，在每个插接器的端子上标记编号。

3）没有连接线束的端子以（–）进行标记。

3—插接器配置（线束插接器）如图 7-20-2 所示。

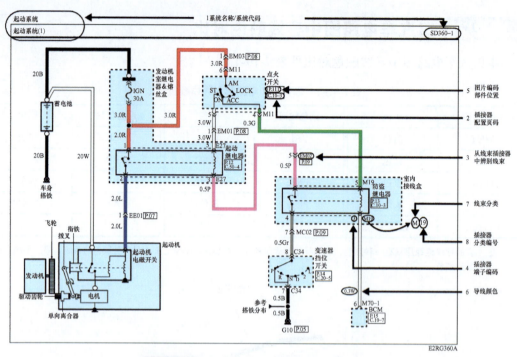

图 7-20-1 现代/起亚汽车电路图识读方法

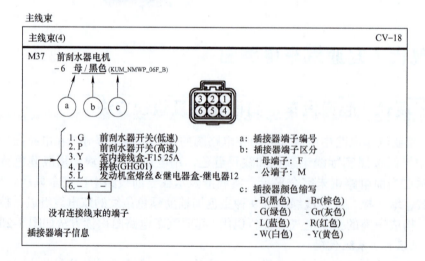

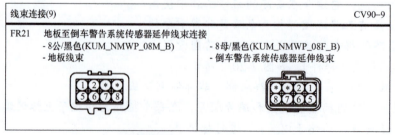

图 7-20-2 插接器编号规则

1)在线束间连接的插接器,分为公母插接器,表示在插接器视图篇上。
2)按照第 4 项的插接器视图和编号顺序,在每个插接器的端子上标记编号。
3)没有连接线束的端子以(*)进行标记。
4—插接器视图和编码顺序(表 7-20-1)。

表 7-20-1 插接器视图和编码顺序

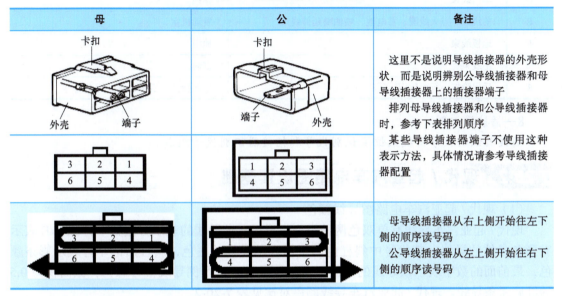

5—部件位置。

为了方便寻找部件,在示意图上用"PHOTO ON"表示在部件名称的下面。为了方便区别插接器,图片内的插接器为安装到车上状态进行表示。

6—导线颜色缩写(表 7-20-2)。

表 7-20-2 现代/起亚汽车导线颜色对比

颜色代码	颜色	颜色代码	颜色	颜色代码	颜色
B	黑色	L	蓝色	R	红色
Br	棕色	Lg	浅绿色	W	白色
G	绿色	O	橙色	Y	黄色
Gr	灰色	P	粉色	Li	浅蓝色
B	黑色	L	蓝色	R	红色

注:有的导线绝缘层只有一种颜色,有的导线绝缘层则在一种颜色的基础上加上另一种颜色的条纹。第二种颜色即为条纹颜色。

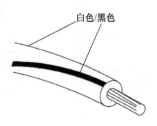

7—线束分类。

根据线束的不同位置，线束分类见表7-20-3。

表7-20-3　线束分类

符号	线束名称	位置
D	车门线束	车门
E	前线束、点火线圈、蓄电池、喷油嘴延伸线束	发动机室
F	地板线束	地板
M	主线束	室内
R	后保险杠、行李舱门、后除霜器线束	后保险杠、后除霜器、行李舱门

8—插接器识别。

插接器识别代号由线束位置识别代号和插接器识别代号组成。

7.20.2　现代／起亚汽车电路图识读基础

（1）现代／起亚汽车电路图导线颜色

现代／起亚汽车导线有单双色两种类型组成。双色导线的表示方法如下：0.5R/B 表示有彩色条纹的导线，其代号中斜杠前的字母表示导线的底色，斜杠后的字母表示彩条颜色，最前面的数字表示该导线的截面积，单位是 mm^2。本例导线代号意为：截面积为0.5的红底黑条导线。现代／起亚汽车导线颜色对比见表7-20-2。

（2）现代／起亚汽车电路图元器件图形符号

现代／起亚汽车电路图图形符号见表7-20-4。

表7-20-4　现代／起亚汽车电路图图形符号

部分	符号	说明	部分	符号	说明
部件		表示部件全部	部件		表示导线插接器用螺纹固定在部件上
		表示部件的一部分			搭铁符号（圆点和3条重叠连接在部件上）表示部件的壳体连接到车辆上的金属部件上
		表示导线插接器在部件上			加热器
		表示导线插接器通过导线与部件连接			部件名称：上部显示部件名称　下部显示部件位置图编号

第7章　常见品牌汽车电路图特点及识读方法

(续)

部分	符号	说明	部分	符号	说明
插接器	公插接器 / 母插接器 M05-2	表示在部件位置索引上插接器编号表示对应端子编号(仅相关端子)	一般部件符号		传感器部
	R Y/L 3 1 E35 R Y/L	虚线表示2根导线同一在E35导线插接器上(E35)			喷油器
导线	B Y/R	(上)表示下页继续连接 (下)表示黄色底/红色线条导线			电磁阀
	从C52 A A 至MC02	表示这根导线连接在所显示页 箭头表示电流方向 可以在标记位看到"A"		M	电动机
	R 电路图名称	箭头表示导线连接到其他线路			蓄电池
	自动变速器 G 手动变速器 G G	表示根据不同配置选择线路(指示版别有关选择配置为基准的电路)			电容器
连接	L L	一定数量线束连接以圆点表示 精确的位置和连接根据车辆不同			
搭铁	G06	表示导线末端在车辆金属部件上搭铁			扬声器
一般部件符号		传感器			喇叭、蜂鸣器、警笛、警铃

311

(续)

部分	符号	说明	部分	符号	说明
屏蔽导线	G06	表示为防波套，防波套要永久搭铁，（主要用在发动机和变速器的传感器信号线上）	二极管		二极管
					发光二极管
短接插接器		表示多线路短接的导线插接器			稳压二极管
继电器		常开式	开关		联动开关 表示开关沿虚线摆动，而细虚线表示开关之间的联动关系
		表示线圈没有流过电流时的状态 当线圈流过电流时连接转换			开关（单触点）
		二极管内装继电器	晶体管	B C E	NPN 型
		电阻器内装继电器		B C E	PNP 型
灯泡		双丝灯泡			
		单丝灯泡	电源连接		蓄电池电源
	常时电源 发动机熔丝&继电器盒 F/FOG FUSE 15A	常电时提供电源 名称 容量	熔丝	CN电源 室内熔丝盒 熔丝10 10A	表示点火开关ON时的电源 表示短接片连接到每个熔丝 编号 容量